清史稿

趙爾巽等撰

第三九册

卷三九二至卷四一四（傳）

中華書局

清史稿卷三百九十二

列傳一百七十九

賽尚阿　訥爾經額

賽尚阿，字鶴汀，阿魯特氏，蒙古正藍旗人。嘉慶二十一年繙譯舉人，授理藩院筆帖式，充軍機章京。宣宗命樞臣甄別所屬，賽尚阿列一等，予優敍。洊遷郎中。道光十一年，擢內閣侍讀學士，偕將軍富俊按吉林將軍福克精阿剋扣兵餉，得實，劾罷之。予頭等侍衞，充哈密辦事大臣，擢內閣學士。丁父憂回旗，留京，遷理藩院侍郎，兼副都統，調工部。迭赴盛京、廣東、察哈爾按事。十五年，命在軍機大臣上學習行走。調戶部，擢理藩院尙書，兼都統，調工部。

二十一年，海疆戒嚴，詔赴天津、山海關勘築礮臺，復偕御前大臣僧格林沁查閱海口。二十二年，命爲欽差大臣，赴天津治防。和議成，撤防回京。初，京師添設槍隊，命賽尚阿偕左都御史恩桂司訓練。至是上閱武，槍隊獨整，嘉其督率有方，賜花翎。二十四年，命覆訊通州民婦康王氏勒斃親姑獄，白其冤，論坊官逼供罪如律。調戶部尚書，赴江南查閱江防善後事宜。三十年，兼步軍統領、協辦大學士。咸豐元年，拜文華殿大學士，管理戶部。

時廣西匪亂方熾，巡撫周天爵、提督向榮會剿，不能制賊，起用林則徐，未至，道卒。李星沅督師，諸將不用命，亦無功。文宗深憂之，以賽尚阿親信近臣，命為欽差大臣，赴湖南防堵，將以代星沅也，特賜遏必隆刀，給庫帑二百萬兩備軍餉。副都統巴清德、達洪阿率京軍隨行，姚瑩、嚴正基參軍事；又調湖南在籍知縣江忠源赴營。未幾，星沅卒於軍，趣賽尚阿馳往督師，授內大臣。六月，至廣西，疏陳汰兵勇，明紀律，購間諜，散脅從，斷接濟五事，詔嘉其能通籌全局。

周天爵與向榮不協，解其任，以鄒鳴鶴代之。又疏陳賊勢，略言：「粵西股匪繁多，馮雲山、洪秀全、淩十八等俱奉天主教，凶狠稱最，來往於金田、東鄉、廟旺、中坪，官兵壁上環觀，有無可如何之勢。宜先用全力攻剿大股，一經得手，則分兵剿辦，方免顧此失彼之虞。省垣兵少，暫居中調遣，分派巴清德、達洪阿進剿。」於是向榮連破賊於中坪及桂平新墟。烏蘭泰設伏，殲賊甚衆。賊竄踞紫荊山，以新墟、雙髻隘為門戶。達洪阿、烏蘭泰攻雙髻，燬其巢，賊自焚新墟而逸。官軍失利，遂陷永安州，賽尚阿坐失機，降四級留任。

詔責諸軍併力進攻，水竇爲永安要隘，烏蘭泰攻拔之，乃合圍。向榮任北路，烏蘭泰任南路。永安城小而堅，環攻四閱月不能下，嚴詔趣戰。二年正月，賽尙阿親往督之，用向榮策，缺城北一隅不置兵，縱其出，因而擊之。烏蘭泰爭之不得，素與榮不協，至是益相水火。二月，賊果由此路突出，官軍不能禦，僅獲洪大全，檻送京師，以收復永安上聞；而賊遽犯桂林，向榮走間道入城守禦，烏蘭泰尾追至將軍橋，猝被礮傷，旋殞於軍，總兵長瑞、長壽、董光甲、邵鶴齡亦戰歿。賽尙阿自請治罪，詔責戴罪以圖補救，命兩廣總督徐廣縉率師赴援。

賊見桂林守具已完，援師漸集，解圍北竄，連陷興安、全州。賽尙阿始入駐省城，遣提督余萬清、總兵劉長清進攻全州。江忠源破賊於蓑衣渡，斃悍賊馮雲山。賊遂入湖南，連陷道州、江華、永明、嘉禾、藍山、桂陽，賽尙阿尾之，抵衡陽。賊由郴州分竄醴陵、攸縣，尋犯長沙，勢益鴟張。湖南巡撫羅繞典以聞，文宗震怒，詔斥賽尙阿調度無方，號令不明，賞罰失當，以致勞師糜餉，日久無功，褫職逮京治罪。命大學士等會鞫，賽尙阿伏地流涕，自言不忍殺人辜負聖恩，論大辟，籍其家，三子並褫職。未幾，釋出獄，發往直隸，交訥爾經額差遣，調京隨辦巡防。五年，遣戍軍臺，尋釋之，命練察哈爾蒙古兵。十年，回京，總統左翼巡城事宜，予侍郎銜，授正紅旗蒙古副都統。以病免。光緒元年，卒。子崇綺，自有傳。

訥爾經額，字近堂，費莫氏，滿洲正白旗人。嘉慶八年繙譯進士，授妃園寢禮部主事，調工部，洊升郎中。道光元年，出爲山東兗沂曹道，遷湖南按察使，丁憂去職。三年，起署山東按察使，尋實授。承鞫教匪馬進忠獄得實，賜花翎，就遷布政使。六年，擢漕運總督。九年，調山東巡撫。十二年，擢湖廣總督。十六年，湖南新寧瑤生藍正樽習教傳徒，聚衆數千，攻武岡州城，爲官兵擊退。捕獲黨羽，而正樽逃逸，詔責訥爾經額嚴緝，久不獲，革職留任。十七年，京察考績，詔斥訥爾經額玩泄無能，降湖南巡撫，限一年捕正樽。尋以正樽已被鄉勇毆斃，奏下繼任總督林則徐確查虛實，則徐疏言鄉勇毆斃三賊，有正樽在內，以衣物爲證，詔斥衣物出於事後呈驗，不足信，褫訥爾經額職，予三等侍衞，充駐藏辦事大臣。逾年，晉頭等侍衞，調西寧辦事大臣。二十年，擢熱河都統。俄授陝甘總督，未之任，命署直隸總督，尋實授。

二十一年，英吉利兵船遊弋秦王島，命訥爾經額移駐天津籌防，加太子太保。時漸多事，財政支絀，疆臣猶因襲承平舊制，憚於興革。廷議興屯墾及畿輔水利，訥爾經額疏言：「屯田不能行於畿輔，先朝試行水利，屢興屢廢。良由南北異宜，民多未便。」寢其議。又言官請長蘆懸岸鹽額如河南、山東，改歸官辦。訥爾經額言：「懸岸由於私充引滯，但使梟販斂迹，民販亦可持久，諸商不招自至。不必務官辦之虛名，徒事更張，無裨實用。」咸豐二年，以直隸總督協辦大學士，尋拜文淵閣大學士，仍留總督任。

三年，粵匪既踞江寧，分黨由安徽入河南，歸德、睢州、寧陵、蘭封相繼陷，河南巡撫陸應穀敗績。賊窺開封，命訥爾經額防守大名，遏賊北竄。令總兵花里雅遜布屯延津防河，雙祿守彰德爲後繼，而賊酋林鳳祥、李開芳已自汜水渡河，陷溫縣，犯懷慶。訥爾經額檄總兵董占元赴援，自駐臨洺關，請增調盛京、吉林步騎。詔授訥爾經額爲欽差大臣，節制河南、北諸軍。賊圍懷慶久，知府余炳燾率紳民固守，賊周樹木栅爲久困計。援軍四集，惟都統勝保、將軍托明阿軍戰最力，花里雅遜布、董占元等隔丹水駐軍，畏賊不敢進。勝保屢以爲言，詔促訥爾經額進師夾擊，並防賊竄入山西，乃進駐清化鎭。八月，諸軍五路合擊，破賊栅，賊大潰，圍乃解。文宗大悅，賜訥爾經額雙眼花翎、黃馬褂，賚擢諸將有差。

賊之敗竄也，諸軍以久戰疲罷，未能力追；山西兵多調援，設防不密。賊遂由濟源入太行山，連陷垣曲、陽城、曲沃，犯平陽府，擾及洪洞，並失守。追軍皆落後，惟勝保先進，戰於平陽，挫之。繞前扼賊北路，賊乃東趨。訥爾經額回駐臨洺關，素不知兵，束手無措。或告潞城、黎城間有孔道，循太行東出武安，密邇臨洺，然險隘可扼。訥爾經額以非直隸轄境，咨山西巡撫守禦。既而賊果破黎、潞，猶謂賊不能遽至。忽有冒欽差大臣旗幟責州縣供張者，蓋賊之前驅已出山矣。俄而驟至，官軍出不意，驚潰，訥爾經額以數十人走保廣平府城，關防、令箭、軍書、資械委棄皆盡。事聞，褫職，留於直隸隨同辦理軍務。賊遂大熾，畿輔半被蹂躪，京師震動。命惠親王緜愉爲大將軍，科爾沁郡王僧格林沁副之，勝保督師前敵追剿。於是逮訥爾經額下獄，論斬監候。逾年始殄賊，先後擒首逆林鳳祥、李開芳伏誅，畿輔肅清。赦訥爾經額出獄，遣戍軍臺。逾年釋回，予六品頂戴，命守慕陵。尋以四五品京堂候補。七年，卒。子蘊秀、衍秀，並官內閣學士。

論曰：清沿故事，有大軍事，輒以滿洲重臣督師。乾、嘉時，如阿桂、福康安、勒保、額勒登保等，皆胸有韜略，功在旂常。道光以來，惟長齡平定回疆，差堪繼武。其後禧恩之征猺，奕山、奕經之防海，或以驕侈召謗，或以輕率僨事。至粵匪初起，李星沅不勝任，易以賽尚阿，馭將無方，遂致寇不可制。訥爾經額庸懦同之，畿甸震驚，自是朝廷始知其弊。惟僧格林沁猶以勳望膺其任，不復輕以中樞閣部出任師干，即有時親藩遙領，亦居其名不行其實。蓋人材時會使然，固不可與國初入關時並論也。

清史稿卷三百九十三

列傳一百八十

李星沅　周天爵　勞崇光

李星沅，字石梧，湖南湘陰人。道光十二年進士，選庶吉士，授編修。十五年，督廣東學政。粵士多健訟，檄通省籍諸生之干訟者，牒報詗治之，士風以肅。任滿，授陝西漢中知府，歷河南糧道，陝西、四川、江蘇按察使。在川、陝嚴治刀匪、嘓匪，屢擒其魁置之法。遷江西布政使，調江蘇。二十二年，擢陝西巡撫，署陝甘總督。二十五年，調江蘇巡撫。二十六年，擢雲貴總督，兼署雲南巡撫。

先是，永昌回亂，迤西道羅天池濫殺，不分良莠，衆回益擾。總督賀長齡、提督張必祿急於主撫，降者輒復叛。至是，緬寧匪首馬國海被剿亡走，潛結雲州回馬登霄、海連升等復起事，迤西大震。星沅追論肇亂之由，長齡、天池等並獲譴。二十七年，遣兵進剿，解散被脅回衆，首逆就殲，餘匪肅清。詔嘉其功，加太子太保銜，賜花翎。尋調兩江總督。

星沅未第時，客陶澍幕中，爲掌章奏。又歷官江南，習於鹽、漕、河諸利弊。時度支告匱，廷臣主南漕改徵折色解部，於北省採買。星沅謂折多徵收不易，折少採買不敷。穀賤銀貴，民間展轉虧折。且州縣藉端浮勒，胥吏高下其手，防之皆難。迭疏論列，議遂寢。

淮鹽自陶澍整頓之後，歷年又多積欠。星沅疏陳引鹽壅積、課款支絀情形：「揆厥所由，官以畏難而因仍，商以畏難而取巧。成本增於雜費，行銷滯於售私。年復一年，幾同痼疾。先當以內清場私，外敵鄰私，爲急則治標之計。本年回空糧私，奏請查禁。其川私、粵私、潞私、浙私，均咨行堵緝。又引船夾帶，爲害最鉅，扼要搜查，於揚州仙女廟及江寧下關緝獲百餘萬斤，提省審辦。他如愼出納，提緩課，派懸引，删繁文，配運殘引，提售新鹽，裁浮巡費，禁揑報淹銷，酌議章程八條，以圖整理。」疏入，下部議行。

舊制，總督兼管河務，自道光二十二年後停止，至是復命兼管。會兼署河督，疏請嚴禁廳員聚處清江，飭各歸工次。奏籌外海水師事宜，曰磨厲人才，曰變通營巡，曰覈實會哨，曰扼要堵緝，曰配兵足數；又請添造戰船，勸捐給獎：並允行。俄羅斯通商舊由陸路，忽有商船至上海，執約拒之。在任兩年，宣宗甚加倚任。因久病，請解職回籍，允之。

三十年，宣宗崩，赴京謁梓宮，復以母老陳請歸養。會廣西匪亂方熾，起林則徐督師，卒於途，命星沅代爲欽差大臣。是年十二月，抵廣西，駐柳州。時左右江匪氛蔓延，諸賊尤以桂平金田洪秀全爲最悍。巡撫鄭祖琛、提督閔正鳳皆以貽誤黜去，周天爵、向榮繼爲巡撫、提督。二人者並有重名，負意氣，議輒相左，星沅調和之，仍不協，軍事多牽掣。咸豐元年春，向榮進剿，賊由大黃江、牛排嶺竄新墟、紫荆山。星沅檄總兵秦定三、李能臣率滇、黔兵追躡，賊復竄武宣。榮、天爵各進擊，賊踞東鄉，兩軍攻之不克。星沅以事權不一，奏請特簡總統將軍督剿，詔斥其推諉。尋命大學士賽尚阿率總兵達洪阿、都統巴清德赴湖南防堵，將以代之。賽尚阿至湖南，遂授欽差大臣，赴廣西督師，命星沅回湖南治防。四月，星沅力疾赴武宣前敵督戰，至則已憊甚，數日卒於軍。遺疏言：「賊不能平，不忠；養不能終，不孝。歿後斂以常服，用彰臣咎。」文宗覽而哀之，依總督例賜䘏，賜金治喪，存問其母，子二人命俟服闋引見，謚文恭。子桓，官至江西布政使。

周天爵，字敬修，山東東阿人。嘉慶十六年進士，歸班銓選。道光四年，授安徽懷遠知縣，調阜陽。天爵少以堅苦自立，篤信王守仁之學。及爲令，盡心民事，廉介絕俗。皖北盜賊橫恣，與胥吏通，天爵極刑痛懲之。有劾其殘酷者，總督蔣攸銛奏言：「天爵愛民如子，嫉惡如仇，古良吏也。」由是受宣宗之知，諭曰：「不避嫌怨之員，最爲難得，小過可宥之。」連擢宿州知州、廬州知府、廬鳳潁泗道。所至捕盜魁，無漏網者。十五年，擢江西按察使，仍調安徽，遷陝西布政使。

十七年，署漕運總督，尋實授。時漕務積弊，運丁水手尤恣悍，特用天爵嚴馭之，劾衞官十二員以儆衆，詔褒勉之。

十八年，調署湖廣總督，尋授河南巡撫，擢閩浙總督，皆未行，調授湖廣總督。漢口鎭爲商船所聚，苦盜。川匪充鉛船水手，每行劫殺人；陝、楚交界奸徒掠販婦女，並爲民害：天爵捕治如律，劾失察有司及承審縱延者，悉褫其職。荆州沿江舊於冬季委員巡緝盜賊，天爵謂屬具文，罷之；遴幹吏暗偵，與地方官掩捕，以獲盜多寡定功過。襄陽匪徒傳習牛八邪教，又有天主、十字各教，捕誅數十人。每有疏陳，宣宗輒手詔褒嘉。連年水災，濱江、濱漢隄垸多壞，疏請依治黃河法，遇險立挑壩，並以草護隄；飭治河州縣，有大工解任專治，立限保工，限內失事者罰，紳董亦如之；漢水多灣曲，立磚石斗門以備蓄洩：並如議行。

天爵馭吏嚴，多怨者。二十年，已革大冶知縣孔廣義揭訐多款，天爵置不問。事上聞，嚴斥之，議革職留任。尋言官劾天爵酷刑，與廣義言略同，命侍郎麟魁、吳其濬往按，得天爵信任候補知縣楚鏞用非刑，外委黃雲邦誣執良民諸狀，上震怒，褫天爵職，戍伊犂。二十一年，命赴廣東交靖逆將軍奕山差遣，尋免罪，留粵効力。二十二年，予四品頂戴，以知府候補，調江蘇辦理清江防務。海防事竣，留治淮、揚善後事宜，尋予二品頂戴，署漕運總督，兼署南河總督。二十三年，因濫刑及失察漕書私鐫關防，連被吏議，疏請去職，命以二品頂戴休致。

久之，廣西賊起，日益熾。文宗御極，求知兵大臣，尚書杜受田以天爵對，遂起廣西巡撫，偕欽差大臣李星沅辦賊。咸豐元年春，親率兵與向榮會剿金田匪洪秀全等。賊竄武宣東鄉，合擊於東嶺村，力戰，兵有退者，天爵手刃之，援桴鼓而前，賊始却。時懷集、賀縣及都康、下雷土司，淩雲、東蘭、橫州、博白並有匪踞，檄各屬力行團練，合力防剿。詔加天爵總督銜，專辦軍務，以布政使勞崇光攝巡撫事。天爵年近八旬，每戰親臨前敵，惟與李星沅、向榮皆不協。星沅既疏請特簡總統督師，尋病歿，命天爵暫署欽差大臣。賊由武宣竄象州，詔斥天爵等相持日久，不能制賊，褫總督銜，解軍務，回省暫署巡撫。洎賽尚阿至軍，議復不合，自陳衰病，詔命來京。既至，連召對十一次，極言軍事，文宗爲之動容，然方倚賽尚阿，亦未盡用其言。

二年，粵匪擾及兩湖，天爵僑居宿州，命偕安徽巡撫蔣文慶治防務。三年，疏陳盧、鳳爲江淮要區，赴正陽關撫舊捻張鳳山等一千二百人用之，請江蘇、山東、安徽、河南舉行團練。未幾，安慶陷，文慶死之。命天爵署安徽巡撫，尋實授。江寧亦陷，天爵請扼黃河杜賊北竄，辭巡撫專任兵事。命以兵部侍郎銜督師剿宿州、懷遠、蒙城、靈壁捻匪。北路漸清，進規廬、鳳，擒定遠捻首陸遐齡，散其衆四千餘，被褒賚。疏論廬州知府胡元煒劣迹，請革職逮治，巡撫李嘉端置不問。元煒通賊內應，廬州陷，江忠源死之。粵匪踞臨淮關，天爵外遏來賊，內清土匪，孤軍支拄。方奉命往援廬州，以疾卒於軍。

上震悼，詔嘉其秉性忠直，勇敢有爲，心地品行迥超流俗，追贈尙書銜，依贈官賜卹，特謚文忠，不由內閣擬上；擢其子光碧都司，賜光岳舉人。

勞崇光，字辛陔，湖南善化人。道光十二年進士，選庶吉士，授編修。二十一年，出爲山西平陽知府。調太原，擢冀寧道，遷廣西按察使。

二十八年，奉使赴越南册封。事竣入關，値匪亂，駐思恩、南寧，督軍進剿。二十九年，遷湖北布政使，未行而湖南賊李沅發起新寧，仍留廣西治防。沅發平，敍功賜花翎。三十年，就授廣西布政使。慶遠賊竄武緣、賓州，崇光偕提督向榮會剿。擒賊首陳勝，又平上林，遷江竄匪，設方略解散匪黨凡數十起。撫張家祥收隸部下，改名國樑，後以戰功顯。尋署巡撫，副將伊克坦布戰歿於桂平，檄總兵周鳳岐赴援。時命李星沅督師，周天爵爲巡撫專治軍。崇光仍攝巡撫事，會辦軍務。

咸豐元年，大學士賽尚阿代星沅，而鄒鳴鶴繼爲巡撫，崇光會辦如故，平西林、博白、懷集竄賊。廣東賊顏品瑤擾南寧、太平，崇光駐兵南邕，與廣東軍合擊，屢戰皆捷，品瑤就殲，又平貴縣賊，被優敍。偕左江鎭總兵谷韞燦平白山賊，舉行南、太、泗、鎭四府團練，殲顏品瑤餘黨於靈山，加頭品頂戴。二年，駐梧州，會廣東軍剿艇匪。尋金田賊洪秀全等永安突圍出犯桂林，命崇光回援，至則賊已北竄，連陷興安、全州，偕總兵和春追擊之，賊遂入湖南。會雲貴總督吳文鎔疏稱崇光有膽略血性，請重其事權，就擢巡撫。上疏略曰：「桂林雖解圍，賊氛不遠，羣情尚復驚疑，增兵置防，皆非倉卒能辦。惟就現有兵力布置，省標調赴各處者，次第撤回，駐防城內，遴選練丁分扼城外要隘。激勵團練以作民氣，招撫流亡以復民力，訓練兵勇以肅軍紀，搜緝土匪以靖內奸。各屬游匪、土匪不時蠢動，額兵不敷分撥，鼓舞團練，以資捍衞而備援剿。」

時賽尚阿旣黜，崇光專任廣西軍務，詔以匪雖已出粵境舊巢穴，慮渠魁踞之爲回竄地步，責以搜捕黨羽。三年，洪秀全等旣踞江寧，分黨北犯中原。兵事日棘，朝廷不暇顧及邊遠，廣西伏莽時起，旋滅旋萌，餉絀兵單，惟恃團練，不能大創賊。崇光且剿且撫，支拄數載。洎英人踞廣州後，廣東賊氛復熾。艇匪竄擾廣西，潯州、柳州、慶遠、梧州、南寧相繼陷。近地土匪益起，屢逼桂林。軍中多降將，心皆叵測。崇光乞師於湖南，七年，駱秉章令蔣益澧率湘軍赴援，屢破賊，復興安、靈川，入屯省城，乃誅反側，易守軍，桂林始安。八年，奏留益澧在廣西剿賊，連擊艇匪於平樂令公渡、五塘，大破之，斬馘萬餘，由是艇匪始衰，慶遠、柳州相繼復。

九年，調廣東巡撫，兼署兩廣總督。英軍猶踞省城，前任總督黃宗漢、巡撫耆齡等，皆駐外縣不敢入。崇光至，坦然入城，與敵軍狎居。尋實授總督，迭遣將禦湖南、江西竄匪，擊走之。本境土寇時起，皆不久撲滅。與廣西軍會剿艇匪，梧州、潯州賊匪漸清。至十一年，英法聯軍犯京師，和議成，廣州敵軍始退。同治元年，以失察都司陶昌培、知縣許慶鎔營私納賄，降三級調用，命仍以一品頂戴赴貴州按事。前巡撫耆齡、御史華祝三復劾崇光任用非人，調度乖方，詔命自陳，下署總督晏端書、提督崑壽察按，得免議。

尋授雲貴總督。雲南自總督潘鐸被戕，巡撫徐之銘結回酋以自保，張凱嵩繼署總督，久不至，以規避黜，命崇光代之。崇光至貴州，會粵匪石達開餘黨陷綏陽，督兵擊走之，遂駐貴陽。三年春，土匪、苗匪屢來犯，偕巡撫張亮基勒兵固守，賊敗退。時雲南叛回猶雜處省城，議者皆言不可遽往。崇光逕行，軍民父老喜，迎於郊，回衆始稍斂。逆首馬榮、馬連升踞曲靖爲巢穴。崇光知候補道岑毓英、降回總兵馬如龍可用，四年春，令參將馮世興與二人合師攻克曲靖，擒榮、連升等斬以徇，遂收馬龍、尋甸，迤東肅清；遣提督趙德光克平江外賊巢，復廣順，進克貴州，黔西大定。五年，復普洱及思茅，雲南軍事漸利。

六年，卒，優詔賜卹。嘉其「沉毅有爲，歷官兩廣、雲貴，皆不避艱險，俾地方日有起色」，贈太子太保，謚文毅。廣西請建專祠，雲、貴祀名宦祠。

論曰：粵匪之起也，始由疆臣玩誤，繼復將帥不和。李星沅、周天爵皆素以忠勤著，文宗採時譽而付以重任，於軍事皆不得要領。及易以賽尚阿，而敗壞益甚，虎兕出柙，遂不可制矣。勞崇光久在兵間，洪秀全北竄後已不顧舊巢，然伏莽四起，終賴湘軍之力，數年而後克定；其於廣東、雲南皆受事於萬難措置之時，履虎不咥，權略有足稱焉。

清史稿卷三百九十四

列傳一百八十一

徐廣縉　葉名琛　黃宗漢

徐廣縉，字仲升，河南鹿邑人。嘉慶二十五年進士，選庶吉士，授編修，遷御史。道光十三年，出爲陝西榆林知府，歷安徽徽寧池太道、江西督糧道、福建按察使。擢順天府尹，尋出爲四川布政使。丁母憂，服闋，補江寧布政使。二十六年，擢雲南巡撫，調廣東。二十八年，擢兩廣總督，兼通商大臣。

自江寧定約五口通商，許廣州省城設立棧房，領事入城，以平禮相待。粵民堅執洋人不准入城舊制，聚衆以抗，官不能解。總督耆英旣與英人議緩俟二年之後，尋內召，廣縉繼任。會黃竹岐鄉民毆殺英人六，領事德庇時要挾賠償保護，廣縉治殺人者罪，而拒其非理之求，戒諭人民毋暴動，事得解。德庇時回國，文翰代爲領事，初至請謁。廣縉赴虎門閱礮臺，延見之，遂登其舟，示以坦白。二十九年，文翰以兩年入城之期已屆，要踐約，廣縉諭以耆英所許，乃姑爲權宜之計，民情憤激，衆怒難犯，非官所能禁止。文翰則堅持成約，且以他省入城相詰難，揚言將駕兵船至天津訴諸京師，相持不下。

廣縉疏聞，自請嚴議。密詔許暫入城一次，以踐前言，不得習以爲常。廣縉復疏言：「入城萬不可行。廣東民情剽悍，與閩、浙、江蘇不同。阻其入城而有事，則衆志成城，尙有爪牙之可恃；許其入城而有事，則人心瓦解，必至內外之交訌。明知有害無利，詎敢輕於一試。」卒堅拒之。英人乃集兵船三於香港，放小艇至海口各港測水探路，示恫喝。廣縉增兵守諸礮臺及要隘，嚴備以待。時民團號十萬，聲勢甚張。華商會議暫停各國貿易，密告美、法兩國領事，啓釁實由英人。於是諸洋商慮受擾累，將以損失歸領事負責。士紳聯名致文翰，爲反覆陳利害甚切。文翰內受牽制，乃罷入城之議，乞照舊通商。與要約，停市開市皆非由官令，不進城卽通商，後有反覆，仍行停止。事既定，廣縉疏聞，宣宗大悅。詔曰：「洋務之興，將十年矣。沿海擾累，糜餉勞師。近雖略臻安謐，而馭之之法，剛柔未得其平，流弊因而愈出。朕恐瀕海居民或遭蹂躪，一切隱忍待之。昨英酋復伸入城之請，徐廣縉等悉心措理，動合機宜。入城議寢，依舊通商。不折一兵，不發一矢，中外綏靖，可以久安，實深嘉悅！」於是錫封廣縉一等子爵，賜雙眼花翎。是役商民一心，尤得紳士許祥光、伍崇曜之力爲多，二人並被優擢。逾數月，文翰復言國王以進城未能如約，爲人所輕，似覺赧顏，請爲轉奏，廣縉以罷議進城之後貿易始復，豈可再申前說，拒之。三十年，文翰又遺書大學士穆彰阿、耆英，遣人至上海、天津投遞。文翰尋自赴上海，欲有所陳請，先後却之；乃回香港，蓋覬覦未已也。

時兩廣盜賊蜂起，以廣西金田洪秀全爲最悍。巡撫鄭祖琛柔懦縱賊，廣縉疏劾其養癰貽患，罷之。廣東韶州、廉州匪亦蔓延，廣縉遣軍扼梧州、肇慶。詔廣縉赴廣西勦辦，尋起林則徐督師，命廣縉勦捕廣東游匪。咸豐元年，出駐高州。匪首淩十八、陳二、吳三、何茗科踞羅鏡圩及信宜，與洪秀全聲勢相倚。廣縉遣兵進擊，殲吳三，追何茗科至貴縣擒之；又破廉州賊顏品瑤，擒李士青。二年春，乘勝進攻羅鏡圩，擒淩十八。捷聞，加太子太保。命馳赴梧州，而洪秀全大股已犯桂林，竄入湖南。賽尙阿以罪黜，授廣縉欽差大臣，署理湖廣總督。十月，至衡州，賊攻長沙甚急，駱秉章、張亮基力守，屢挫賊，乃下竄岳州。廣縉始抵長沙。未幾，岳州亦陷，直犯武昌。廣縉進駐岳州，而漢陽、武昌相繼陷。

詔斥廣縉遷延不進，調度失機，株守岳州，擁兵自衞，褫職逮問，籍其家，論大辟。三年夏，粵匪入河南境，釋廣縉，交巡撫陸應穀差遣，責令帶罪自効。率兵駐歸德，防勦捻匪有功。八年，命赴勝保軍營，尋予四品卿銜，留鳳陽從袁甲三勦捻匪。未幾，卒。

葉名琛，字崑臣，湖北漢陽人。道光十五年進士，選庶吉士，授編修。十八年，出爲陝西興安知府。歷山西雁平道、江西鹽道、雲南按察使，湖南、甘肅、廣東布政使。二十八年，擢廣東巡撫。二十九年，英人欲踐入城之約，名琛偕總督徐廣縉堅執勿許，聯合民團，嚴爲戒備。華商自停貿易以制之，英人始寢前議。論功，封一等男爵，賜花翎。三十年，平英德土匪，被優敍。咸豐元年，殲羅鏡會匪吳三，加太子少保。二年，廣縉赴廣西督師，命名琛接辦羅鏡剿捕事宜，出駐高州。是年秋，羅鏡匪首淩十八就殲，加總督銜，署總督，赴南、韶一帶督剿。尋實授兩廣總督，兼通商大臣。

時廣東盜賊蠭起，四年，廣州羣匪擾及省城，遣將分路進剿，連戰皆捷。近省之佛山、龍門、從化、東莞、陽山、河源、增城、封川，韶州之海豐、開建，潮州之惠來，肇慶府城及德慶並陷，先後克復。隣省軍務方亟，糧餉器械多賴廣東接濟，名琛籌供無缺，益得時譽。五年，以總督協辦大學士。六年，拜體仁閣大學士，仍留總督任。

名琛性木彊，勤吏事，屬僚憚其威重。初以偕徐廣縉拒英人入城被殊眷，因狃於前事，頗自負，好大言，遇中外交涉事，略書數字答之，或竟不答。會匪之逼廣州，或議借外國兵禦賊者，斥之退。匪既平，按察使沈棣輝功最多，列上官紳兵練出力者請奬，格不奏，兵練皆解體。又嚴治通匪餘黨，或藉捕匪仇殺，從賊逃不敢歸，其黠者投香港，勸英人攻廣州。會水師千總巡河，遇划艇張英國旗，搜獲十三人，拔其旗。英領事巴夏禮索之不得，貽書名琛責問，謂捕匪當移取，不當擅執，毀旗尤非禮。名琛令送十三人於領事，不受，必欲併索千總，遂置之。未幾，遣通事來告：「越日日中不如約，卽攻城。」至期，英兵果奪獵德、中流礮臺。名琛曰：「彼當自走。」令水師勿與戰，於是鳳皇山、海珠諸礮臺皆被踞，發礮擊省城，十月朔，毀城，旣入復出。遣廣州知府往詰用兵之故，英人曰：「兩國官不晤，情不親。誤聽傳言，屢乖和好。請入城面議。」名琛勿許。請於城外會議，亦不許。兵練數萬來援，怵敵火器，不能力戰。民憤甚，焚英、法、美三國居室，凡昔十三行皆燼。英兵亦焚民居數千家，退泊大黃滘，各報其國。

英遣額羅金來粵，聚兵澳門、香港，貽書索償款。名琛以其言狂悖，不答。法、美兩國領事亦索賠償，且告英兵已決計攻城，願居間排解。名琛慮其合以脅我，亦不聽；且不設備。七年，英兵攻東莞，總兵董開慶與戰，軍潰。額羅金遣艇遞照會，名琛答以通商而外，概不能從。累疏言：「英國主厭兵，粵事皆額羅金等所爲。臣始終堅持，彼窮當自伏。」密詔戒勿輕視，猶信其事有把握，仍褒勉之。九月，英兵驟至，法、美兵皆從。將軍司道商戰守，名琛惟恃通事張雲同爲內應，待敵窮蹙。民間見其夷然不驚，事皆秘不宣示，轉疑其陽拒陰撫，人心益渙。十一月，敵張榜城外，限二十四時破城，勸商民遷避。礮擊總督署，延燒市廛，城遂陷。巡撫柏貴檄紳士伍崇曜等議和，名琛猶持不許入城之議，夜避左都統署，英人大索得之，舁登舟。將軍、巡撫以聞，詔斥名琛剛愎自用，辦理乖謬，褫其職。英人遂踞省城，禁巡撫等官不得出，責以安民。民各集團練，設總局於佛山，相持數年。各國聯師赴天津，事乃益棘矣。

名琛既被虜，英人挾至印度孟加拉，居之鎭海樓上。猶時作書畫，自署曰「海上蘇武」，賦詩見志，日誦呂祖經不輟。九年，卒，乃歸其尸。粵人憾其誤國，爲之語曰：「不戰、不和、不守，不死、不降、不走；相臣度量，疆臣抱負；古之所無，今之罕有。」

黃宗漢，字壽臣，福建晉江人。道光十五年進士，選庶吉士。散館改兵部主事，充軍機章京。歷員外郎、郎中，遷御史、給事中。二十五年，出爲廣東督糧道，調雷瓊道，歷山東、浙江按察使。咸豐初，巡撫吳文鎔薦宗漢可重用，遷甘肅布政使。二年，擢雲南巡撫，未之任，調浙江。值試辦海運，湖郡漕船淺滯，改留變價，虧銀三十餘萬兩，布政使椿壽情急自縊。宗漢疏請原米隨新漕運京，允之。

三年，粵匪犯江寧，調浙江兵二千名赴援。江寧尋陷，宗漢赴嘉興、湖州籌防，疏言不可僅於本境畫疆而守。於是分兵赴江蘇、安徽境內協防，詔嘉其妥協。尋上海匪起陷城，請海運改於劉河受兌。時江南大營需餉甚鉅，宗漢貽書向榮，通盤籌算，請於江蘇、浙江、江西三省確定每月額數。榮據以上聞，文宗韙之。四年，特詔褒宗漢辦理防務、海運，及本境治匪、察吏，精詳無瞻顧，深堪嘉尙，特賜御書「忠勤正直」扁額，勉其愼終如始，以成一代良臣。

擢四川總督。給事中張修育疏言：「宗漢治浙，布置合宜，未可更易。」詔不允。會因數月未奏事，降旨詢問，以疾爲言，詔斥之，議降三級調用，加恩降二品頂戴，仍留總督任。五年，馬邊夷匪爲亂，平之。遵旨遣松潘鎭總兵德恩以兵二千援荆州，又調兵四千赴貴州剿苗，並協餉十萬兩。六年，復因久無奏報，命將軍樂斌查奏，以痰疾聞，下部議降調，命來京另候簡用。補內閣學士，兼署刑部侍郎、順天府尹。

廣東軍事起，葉名琛被擄，授宗漢兩廣總督，兼通商大臣。時廣州爲英人所踞，巡撫柏貴在城中爲所脅制。民團四起，文宗因徐廣縉等前拒英人入城，賴紳民之力，欲復用之，命在籍侍郎羅惇衍、京卿龍元僖、給事中蘇廷魁治團練。惇衍等號召鄉團，得數萬人，戒期攻城，卒無功；又禁華人不得受雇爲洋人服役以困之。

八年春，各國遣人赴江蘇投書致京師大學士訴粵事，請遣大臣至上海會議；且言逾期卽赴天津。詔仍回廣東候宗漢查辦，而英、俄兩國兵船已泊吳淞。宗漢過江蘇，總督何桂清堅留在上海開議，宗漢不可，遽去；取道浙、閩，調兵不可得。及至廣東，敵兵已犯天津。宗漢駐惠州，惟恃聯絡民團，出示空言激勵，爲英人所禁格，不能徧及。旣而天津和約成，俟償款六百萬兩分年交畢，始退出廣州，粵民愈憤。英領事宣布和議，新安鎭鄉勇殺其張示者數人，遂發兵陷新安。民團大舉攻城，初勝終挫，懸賞格購洋官首，亦僅時伺隱僻，有所殺傷而已。宗漢外怵强敵，內畏民嵒，不能有所措施。洎大學士桂良等至上海議稅則及換約事宜，將與商交還廣州，向宗漢詢近狀，輒不答。而英人以旣議和，民團復相仇殺，來相詰問，且揭團紳告示載諭旨有異，必欲去宗漢及三團紳。桂良等疏聞，詔責宗漢捕僞造諭旨之人，罷其通商大臣，改授何桂清。英使額羅金猶不慊，遽率艦赴廣東。九年，遂復有天津之役。

尋調宗漢四川總督，召至京，改以侍郎候補。十年，署吏部侍郎，尋實授。四川京官呈請飭赴四川督辦團練，不許。

宗漢與載垣、端華、肅順等交結。十一年，穆宗卽位，載垣等獲罪。少詹事許彭壽疏劾宗漢與陳孚恩、劉崑並黨肅順等，蹤迹最密。詔曰：「黃宗漢本年春赴熱河，危詞力阻迴鑾。迨皇考梓宮將回京，又以京城可慮，徧告於人，希冀阻止。其意存迎合載垣等，衆所共知。

聲名品行如此，若任其濫厠卿貳，何以表率屬僚？革職永不敍用，以爲大僚輭媚者戒。」並追奪前賜御書「忠勤正直」扁額。同治三年，卒。

論曰：當道、咸之間，海禁大開，然昧於外情，朝野一也。粵民身創夷患之深，目擊國威之墮，憤懼交乘，遂因拒入城一事，釀成大釁。朝廷誤信民氣可用，而不知虛聲之不足恃也。徐廣縉操縱有術，倖安一時；葉名琛狃於前事，驕愎致敗，宜哉。黃宗漢依違貽誤，終以依附權要被譴。廣縉在粵東剿平羅鏡匪有功，及代賽尚阿督師，軍事已壞，旁皇失措，咎無可辭焉。

清史稿卷三百九十五

列傳一百八十二

常大淳 雙福 王錦繡 常祿 王壽同 蔣文慶
陶恩培 多山 吉爾杭阿 劉存厚 綳闊 周兆熊
羅遵殿 王友端 繆梓 徐有壬 王有齡

常大淳，字蘭陔，湖南衡陽人。道光三年進士，選庶吉士，授編修，遷御史。湖南鎮筸兵變，戕營官，鎮道莫敢誰何，大淳疏劾之。出爲福建督糧道，署按察使。晉江縣獲洋盜三百八十餘人，總督欲駢誅之，大淳力爭，全活脅從者近三百人。司獄囚滿，大淳曰：「囚不皆死罪，獄無隙地，疫作且死。」乃分別定擬遣釋，囹圄一清。歷浙江鹽運使、安徽按察使。母憂歸，服闋，授湖北按察使，遷陝西、湖北布政使。三十年，擢浙江巡撫。

咸豐元年，海盜布興肆擾，疏劾黃巖、溫州、乍浦三鎮總兵應調遲延，親赴寧波，與提督會剿，降其渠，凡五月事定。二年，調湖北。粵匪犯長沙，土匪蜂起，或議停文武鄉試，大淳不可，終事無譁。尋調山西，未行，時總督程矞采駐防湖南，失機獲罪，徐廣縉代之，駐湖南督師，而賊勢益張。兩湖集兵長沙，防岳州者僅千人，大淳奏調陝甘兵未至，岳州土匪王萬里等踞桃林，檄防兵討之。萬里遁，而粵匪已走寧鄉，破益陽，出臨資口。

先是，大淳檄巴陵紳士吳士邁練漁勇防水路，扼土星港設栅，千人守之，商賈民船萬餘，皆阻栅不得行。及賊至，漁勇潰，船悉爲賊有，水陸並下。提督博勒恭武守岳州，不戰而走，城遂陷。武漢大震，兵不滿五千，奏留江南提督雙福募勇繕城爲守禦計，而兩司以下亦少應變才。大淳性仁柔，但以好語拊循士卒，莫能得其死力。賊至，先陷漢陽，作浮橋攻武昌。提督向榮自湖南來援，距城十餘里，阻賊不得前。十二月，賊由江岸穴地轟城，遂陷，大淳死之，妻劉、子集松、子婦馬、孫女淑英並殉。詔贈總督，謚文節，祀昭忠祠，並於湖北建立專祠。

同城文武被難者，提督雙福，學政、光祿寺卿馮培元，布政使梁星源，按察使瑞元，道員王壽同、王東槐、林恩熙，知府明善、董振鐸，同知周祖衔，知縣繡麟，而總兵王錦繡、常祿皆以援師入城助守，同殉焉。馮培元、王東槐自有傳。

雙福，他塔拉氏，滿洲正白旗人。由護軍從征喀什噶爾，洊升參領，出爲湖北副將。剿崇陽匪鍾人杰，功最，賜號烏爾瑪斯巴圖魯，累擢河北、古州兩鎭總兵，江南提督。大淳疏請留防，改授湖北提督。城陷，死之。子德齡，同遇害。予騎都尉兼雲騎尉世職，謚武烈。

王錦繡，廣西馬平人。由行伍累擢雲南曲尋協副將。率滇兵赴廣西剿匪，擢鄖陽鎭總兵。常祿，富察氏，滿洲鑲白旗人。由護軍校洊擢雲南副將。剿廣西匪，擢河北鎭總兵，賜號强謙巴圖魯。錦繡、常祿轉戰廣西、湖南，皆有功績。及湖北告警，偕同赴援，戰於蒲圻，獲勝，遂入武昌嬰城固守。城陷，巷戰，同死之，並優卹，予騎都尉兼雲騎尉世職。錦繡謚壯節，常祿謚剛節。

王壽同，江蘇高郵人，尚書引之子。捐納刑部郎中。道光二十四年進士。用原官遷御史，出爲貴州黎平知府，擢湖北漢黃德道。在黃州募勇，令子恩晉訓練，得精銳四百人。武昌被圍，壽同率以赴援。衝賊營縋城入，任戰守，屢擊斬攻城賊。以甕聽法知賊由江岸穴地道，方鑿穴出擊，地雷發，壽同率恩晉巷戰，同遇害。予騎都尉世職，祀京師昭忠祠，與子恩晉同於本籍建忠孝祠，賜兩子恩錫、恩炳並爲舉人。後左都御史單懋謙疏陳壽同治績，追謚忠介。

蔣文慶，字蔚亭，漢軍正白旗人。嘉慶十九年進士，授吏部主事，遷員外郎。出爲雲南曲靖知府，調雲南府。道光十二年，擢甘肅寧夏道。在邊十年，濬渠，興水利。遷浙江按察使，護理巡撫，遷安徽布政使。文宗卽位，下詔求賢，巡撫王植薦之，咸豐元年，就擢巡撫。奏請鳳、潁所屬宜練團，與保甲並行。

二年，粵匪犯長沙，命遣安徽兵一千赴援湖北。總督陸建瀛慮賊窺吉安，請所調兵改赴江西。文慶疏言：「安慶、潛山等營已起程者，毋庸北還；其未出境之徽、寧二營改赴江西，仍各募足千人，俾資援應。惟安徽兵僅六千，各有分防汛地，省垣單危。潁、鳳民團强勁，臣擬增募二千；如賊氛益熾，請調江蘇兵三千。統計庫帑撥解甘肅、河工及本省兵餉銀五十五萬兩，近又以十餘萬解楚，實已無餘。乞將續收地丁契雜及蕪、鳳兩關稅入截留備用。」建瀛以文慶張皇，漸生異議。及賊至岳州，復申募勇留餉前議，始奉總理安徽防剿之命，遣按察使張熙宇、游擊賡音布扼小孤山，自與壽春鎭總兵恩長籌守禦。

三年正月，賊已陷武昌，陸建瀛督師迎剿，令福山鎭總兵王鵬飛以二千人防安慶，而調恩長爲行營翼長。鵬飛駐兵北門外，以客將馭新兵，安慶勢益危。文慶母年八十餘，久病，送之登舟。建瀛方溯江而上，見之大怒，將具疏劾之，語頗聞。及至，文慶稱病不出，曰：「我旦夕且得罪去耳！」建瀛至黃州，賊連舟蔽江下，恩長戰歿，兵潰於武穴，建瀛遂返，過安慶，文慶要入城計事，已不及，熙宇、鵬飛皆棄防地走。漕督周天爵奉命助守安慶，方留剿鳳、穎土匪，書抵文慶畫退守廬州之策。文慶奏上其書，賊遽至，城北兵潰，而城中譁言將退廬州，紛紛縋城下，斬之不可止。文慶呑金不死，飲藥悶絕，家人輿之出，遇賊於門，遂被害。從僕以席覆尸，赴桐城呈報，漏言自裁事。賊旣去，子長綬集僚屬耆老集視，然後殮。

詔詰遺疏與呈報不符，向榮疏陳本末，乃賜卹如例，予騎都尉世職，入祀昭忠祠，安慶建專祠，謚忠愍。

陶恩培，字益之，浙江山陰人。道光十五年進士，選庶吉士，授編修，遷御史。出爲湖南衡州知府。咸豐元年，廣西賊起，衡州奸民左家發謀響應，捕誅之，晉秩道員。二年春，粵匪犯衡陽。總督程矞采方駐郡，聞警，遽欲退保省城。恩培曰：「衡州，楚之門戶，棄則全楚震矣！」勿聽。乃與約，毋撤糧臺，得便宜行事。恩培誅鋤內奸，撫循兵士。賊知有備，由他道竄陷道州，犯長沙，所至皆破，惟衡州獨完。御史黎吉雲以狀聞，文宗嘉之。三年，超擢湖南按察使。剿平衡山、安仁、瀏陽、醴陵土匪，遷山西布政使。巡撫駱秉章以恩培在湖南久，疏留襄辦防務，允之。尋調任江蘇。

四年，擢湖北巡撫。時武漢再復，城郭殘破，旁近皆賊蹤，總督楊霈擁兵廣濟，按察使胡林翼出省防剿。或說恩培曰：「省城不可守，宜遷治他郡。」恩培斥其非，兼程進，歲將盡蒞任，文武員弁不足三十，兵不盈千，餉不逾萬。恩培馳書曾國藩乞援，檄胡林翼回保省城。會楊霈敗走蘄州，次於德安。五年正月，漢陽、漢口並爲賊踞，興國、通山、嘉魚土匪應之，武昌益孤。恩培盡焚沿江木植，盡驅諸船，故賊未得渡，而道員李孟羣、知府彭玉麐以水師至，胡林翼以陸師至，聲勢稍壯。賊城沙坡堆，恩培欲先發制之，令林翼統諸軍冒雪出不意，三路攻賊。士卒畏寒不欲戰，渡江營沌口，師期頗洩，賊得爲備。林翼慮兵力分，併爲一路。舟師先薄小龜山，陸師繼進。賊出馬步數千，從漢口鈔我軍，復敗退大軍山。賊舟大集，晝夜攻城。楊霈約三路來援，以火爲號。林翼、孟羣整軍以待，屢見火起，爲所紿，而霈軍不至。二月，賊由興國、通山來助攻。林翼兵隔江爲賊所綴，不能渡。城中出兵連戰於青山、望江樓，皆挫。直逼大小東門，恩培自當之，令武昌知府多山守西北城。方戰，忽報漢陽門破，多山戰死。至暮賊麕集，士卒死傷略盡，恩培投蛇山紫陽塘殉焉。詔優卹，予騎都尉兼雲騎尉世職，諡文節，祀昭忠祠。後在湖北與吳文鎔合建一祠。

多山，赫舍里氏，滿洲鑲藍旗人。道光十四年舉人，刑部郎中。出爲襄陽知府，舉行團練，剿賊有功，晉秩道員。調武昌府，署按察使。時司道多駐城外督戰，惟多山助城守，城陷，力戰死之，予騎都尉世職，諡忠節。

吉爾杭阿，字雨山，奇特拉氏，滿洲鑲黃旗人。由工部筆帖式洊遷郎中，充坐糧廳監督。咸豐三年，以孝和睿皇后奉安山陵，晉秩道員。揀發江蘇，補常鎮道，署按察使。粵匪已踞江寧、鎮江，會匪劉麗川陷上海。巡撫許乃釗檄吉爾杭阿偕總兵虎嵩林、參將秦如虎合師進剿。

劉麗川者，廣東香山人。貿易上海，習於洋商，與蘇松太道吳健彰有舊。素行不法，見粵匪勢盛，遂倡亂，糾客籍粵、閩、江右會黨二千人，於三年秋襲上海城，戕知縣袁祖悳，劫道庫，吳健彰遁入領事署。鄰境亂民紛起應之，寶山、嘉定、青浦、南滙、川沙五城連陷。蘇紳捐募川勇千人，刑部主事劉存厚領之，隸於吉爾杭阿爲軍鋒，連克青浦、嘉定。諸軍至，五城以次復。合圍上海，分南北兩營。

四年春，存厚穴地轟城，以援兵不繼退。賊由北門出犯，吉爾杭阿親燃礮擊却之。賊又劫北營，虎嵩林兵挫。吉爾杭阿固守，得不潰，復擊退西門撲營之賊，超擢布政使，賜花翎，尋擢巡撫。復於南門掘地道，火發，副將清長先登，沒於陣，兵又退。地鄰租界，匪人暗濟餉械，久不下，乃於洋涇浜築牆塞濠，斷其糧道，賊始困。負嵎已經年，洋商貿易不便，吉爾杭阿開誠曉以利害，於是法國兵官請助剿，英、美領事允讓地設防。築土牆於陳家木橋，移營進逼，下令投誠免死，縋城出者日以千計。賊襲陳家木橋，擊敗之，擒斬悍黨僞將軍林阿朋。除夕，乘賊不備，地雷發，督兵躍城入，麗川縱火逸，追擒伏誅，餘賊盡殲。捷聞，文宗嘉其功，加頭品頂戴，賜號法施善巴圖魯。

五年，命率得勝之兵馳往向榮大營，幫辦軍務，專任鎮江一路。鎮江賊酋吳汝孝最黠，恃金山爲犄角，銀山、寶蓋山並有伏賊。是年秋，迭攻鎮江西門、南門，堵截金山、瓜洲沿江援賊，累戰皆捷。虎嵩林克寶蓋山，吉爾杭阿駐營其上，乘黃山發巨礮轟城，賊卡盡燬。江寧賊集大股由北岸渡江來援，吉爾杭阿策高資鎭爲賊糧道，遣兵截擊，賊退棲霞石埠橋。偕總兵德安扼剿，留劉存厚率三營守高資烟墩山。

六年春，賊糾悍黨陳玉成、李秀成等來援，提督張國樑禦之於倉頭鎭。賊潛由小港出江順流下，城賊突出應，官軍爲所乘，賊遂長驅進金雞嶺，逼寶蓋山大營。吉爾杭阿拒，賊未得逞，乃渡江犯儀徵、揚州。五月，賊數萬復犯高資，存厚告急。大營兵僅八千，或謂：「賊衆且銳，不可當，姑舍高資，徐圖大舉爲便。」吉爾杭阿奮然曰：「一戰絕賊糧道，鎭江旦夕且下。吾寧以死報國耳！」遂馳抵烟墩，被圍，鏖戰五晝夜，親執旗指麾，猝中礮，殞。存厚護屍突圍出，爲賊所要截，歿於陣，並遺骸失之。副都統綳闊投江死。鎭江軍亦潰，副將周兆熊死之。事聞，文宗震悼，追贈吉爾杭阿總督，予一等輕車都尉世職，諡勇烈。於殉難地方建專祠，上海亦建專祠。子文鈺襲世職，賜員外郎。

存厚，字仲山，四川滎縣人。捐納刑部主事。好談兵，侍郎王茂蔭疏薦，命赴江南大營，向榮命率勇擊賊，輒勝。上海之役，始自領一軍，吉爾杭阿甚倚之。克青浦，冒矢石先登，洊保知府。及攻上海，誤殺洋婦，洋人憤，將發兵相攻。存厚單騎往曰：「此不足啓邊釁，請以一身償。若欲戰，雖死不相下也！」卒議償卹而定。圍攻凡數月，方略多出存厚。旣克，以首功頒賞荷囊，授江寧知府，記名道員。從攻鎭江，奪銀山，破瓜洲援賊，爭金雞嶺，皆功最。吉爾杭阿以存厚有謀略，故令守高資，及赴援戰歿，存厚大慟，力戰突圍，欲返其屍，中道遇伏，殺賊數百人，馬陷淖，被戕。予騎都尉世職，謚剛愍。

綳闊，戴佳氏，滿洲正白旗人。官頭等侍衞。從僧格林沁剿林鳳祥，戰連鎭、高唐、馮官屯，積功授正紅旗蒙古副都統。調京口，偕吉爾杭阿援高資，軍潰，墮水中，從人拯之，曰：「吾與吉公偕！吉公死，吾不獨生。」復投江死，謚勇節。

兆熊，四川成都人。官副將。從攻鎭江，駐軍城南破子岡，當賊衝。吉爾杭阿旣歿，破子岡爲賊困，汲道斷，兆熊固守，時以計誘擊賊，殺傷甚多。乞援於張國樑，未至，圍益逼，素得士心，無一逃者。營破，燃火藥自焚，一軍同死，謚果愍。

羅遵殿，字澹村，安徽宿松人。道光十五年進士，直隸卽用知縣。歷南樂、唐山、清苑諸縣，冀州直隸州，皆有聲績。擢浙江湖州知府，調杭州，擢湖北安襄鄖荆道。遵殿在浙，以捕盜名。至湖北，檄所屬治團練，楚北民團自此始。

咸豐二年，粵匪陷武昌，土匪郭大安謀應賊，捕斬之。三年，署按察使。會捻匪窺襄、樊，遵殿還襄陽籌防。總督張亮基疏陳遵殿得民心，請提標歸其調遣。四年，武昌再陷，皖賊竄德安、安陸、荆門，遵殿率五千人出屯王家河遏賊衝，克潛江，賜花翎。尋破賊於京山，復其城，屢遣襄勇助總督楊霈防剿。五年春，武昌復陷，襄陽有備，賊不犯境。六年，遷兩淮鹽運使，留湖北治糧臺。游勇煽饑民爲亂，蔓延荆、襄、鄖、宜四郡，遵殿固守，待援兵至，大破之。是年秋，武漢克復，遵殿力固上游。以盜賊起於饑寒，勸置義倉七十餘所，以稅餘銀修老龍隄捍水患，就遷湖北按察使。八年，遷布政使。時胡林翼爲巡撫，百廢具舉，重遵殿清德，吏事悉倚之。

九年，擢福建巡撫，未之任，調浙江。自賊踞江寧，皖南軍事餉事悉隸浙江。屯兵寧國，恃爲屏蔽。及胡興仁爲巡撫，不欲餉鄰軍，又劾統將鄭魁士他調去，賊窺浙益急。遵殿到官，痛吏習浮競，乃嚴舉劾，察營伍，或不便其所爲，多毀之。省垣獨總兵李定太軍六千人，知不足恃，與胡林翼商調楚軍，倉猝難應。賊已由寧國竄入浙境。遣李定太出防湖州，而廣德已陷。

十年二月，賊由獨松關逼杭州，湖南遣蕭翰慶、李元度兩軍來援，翰慶戰死，元度道阻不得前。賊壁城南山上，下臨城中。乞師江南，未至，兵少，實不能戰。浙西初經寇亂，人不知兵，議戰議守，紛紜不定。會久雨，遵殿徒步泥淖中，守浹旬，城陷，仰藥死，妻女同殉，詔予優卹。尋以御史高延祜奏劾遵殿不能禦賊，罷其卹典。

遵殿任外吏二十年，廉介絕俗，家僅土屋數椽，胡林翼集賻，乃克歸喪。同治初，詔允曾國藩之請，念其歷官有聲，到浙未久，追贈右都御史，予騎都尉世職，謚壯節。

城陷時，署布政使王友端、署按察使繆梓、杭嘉湖道葉堃、寧紹台道仲孫樊、署杭州知府馬昂霄、署仁和知縣李福謙同殉節。

友端，安徽婺源人。道光二十七年進士，授戶部主事，遷郎中。出爲浙江糧道，署布政使。當粵匪之窺浙也，言於遵殿曰：「皖邊軍弱，湖州空虛，請速備廣德。」遵殿至事急始遣軍，已無及。賊遂長驅至城下，友端復請列塹湧金、清波兩門爲犄角，亦不用其言。賊穴道攻城，友端懸金三千募死士縋擊，遇雨，火器不燃而敗。臨死，自書「浙江布政使王友端」八字於衿上，予騎都尉世職，謚貞介。

梓，江蘇溧陽人。道光八年舉人，大挑知縣。歷署仙居、石門、奉化諸縣。詿誤去官。

值清查倉庫、水災籌賑，奉檄佐理，皆得其力。准捐輸復官，晉同知。咸豐二年，河決阻漕，獻策行海運，卽以任之。蕆事，擢知府。上海爲賊陷，率兵助剿；復創議疏濬劉河海口以通漕運。歷寧波、杭州知府，署杭嘉湖道，兼鹽運使。六年，署按察使。粵匪由江西窺浙，梓統軍駐常山防之，授金衢嚴道。八年，粵匪陷江山，犯衢州，偕總兵李定太合擊走之，再署按察使。當賊圍杭州，梓署鹽運使兼按察使，管營務處，城守事專任之。臨時調集，兵不滿四千，城大，不敷守堞。人心惶懼，動輒譁譟。或以閉城爲張皇，繼又謂戰緩爲退縮。梓奔走籌守禦，兩次縋城攻賊皆失利。城紳促戰急，而民與兵相仇。梓知不可爲，以死自誓。守清波門雲居山，偵賊掘地道，急開內壕。未竣，地雷猝發，城圮軍潰。身被數十創，死之。事聞，賜卹。巡撫王有齡追論梓創議株守，奪卹典。及杭州再復，舉人趙之謙訴於京，下巡撫左宗棠確查。疏言：「梓居官廉幹，臨難慘烈，請還卹典。」後巡撫李瀚章、楊昌濬屢爲疏請，贈太常寺卿，祀昭忠祠，並建專祠，予騎都尉世職，謚武烈。

徐有壬，字鈞卿，順天宛平人，原籍浙江烏程。道光九年進士，授戶部主事，洊升郎中。出爲四川成緜龍道，署按察使。治嘓匪，擒其魁，餘黨解散。遷廣東鹽運使，署按察使。清遠土匪戕官，馳剿平之。遷四川按察使。文宗卽位，下詔求言，司道率引嫌，罕所陳奏。

有壬獨密疏，論事切直。遷雲南布政使，調湖南。咸豐五年，以母憂回原籍。浙江巡撫何桂清奏起有壬治團防。粵匪由寧國窺湖州，有壬扼長興，設伏敗之，賊去。八年，服闋，命筦江蘇糧臺，擢江蘇巡撫。槍船匪首程鵬士擾嘉興、湖州，地方官不能制，潛至蘇州，偵獲之，置諸法。

有壬之起，由何桂清所薦。及同官江蘇，無所阿附。十年春，粵匪復犯湖州。有壬咨商桂清，遣游擊曾秉忠率舟師往援。水陸夾擊，賊被創退。尋復出東壩、溧陽，間道徑趨杭州。急請調提督張玉良馳援，杭州甫陷旋復。桂清奏捷，惟言藩司王有齡功，得優擢，有壬僅予議敍。未幾，和春等師潰，退守丹陽，有壬急運糧械濟之，而張國樑、和春先後戰歿，何桂清棄常州不守。四月，賊遂長驅犯蘇州。有壬移檄責讓，桂清抗疏劾之。張玉良自請助守城，令屯葑門外，忽夜遁。明日，有壬巡城，廣勇通賊，開門納賊。短兵巷戰，賊矛刺有壬冠，抗聲罵賊，遇害。子震翼與妾、女同死。詔優卹，予騎都尉世職，謚莊愍，蘇州建專祠。

有壬幼時嘗覽族譜，得遠祖應鑣闔門殉節事，慨然曰：「吾他日當如此！」至是果驗。八歲解勾股術，父死，依叔父於京師，師事姚學塽。學必求有用，尤精曆算，著有務民義齋算學行世。

王有齡，字雪軒，福建侯官人。道光中，捐納浙江鹽大使，改知縣。歷慈谿、定海、鄞、仁和，皆有聲。以勞晉秩知府。咸豐五年，授杭州知府。巡撫何桂清器其幹略，迭署鹽運使、按察使，擢雲南糧儲道，仍留浙治防。桂清總督兩江，奏調赴上海議通商稅則。七年，擢江蘇按察使，遷布政使。有齡長於理財，桂清素信之深，一切倚畀，益得發舒，事皆專斷，巡撫受成而已。

十年，粵匪陷杭州，將以掣動江南全局，故援兵至，賊卽不戰而走。桂清推功於有齡，遂擢浙江巡撫。詔趣率兵速赴，會辦軍務及善後事宜，而賊已回撲江南大營。和春等軍潰，常州、蘇州相繼陷，進逼嘉興，提督張玉良迎擊，敗績，杭州戒嚴。有齡率閩兵屯北新關外，遣撫標兵要賊於賣魚橋，夾擊敗之，賊乃卻。設捐輸局，奏請派在籍前左副都御史王履謙、前漕運總督邵燦督同辦理。賊衆十餘萬由徽州入浙，陷嚴州，合嘉興、廣德兩路分撲省城，有齡偕將軍瑞昌調兵迎擊走之，圍得解，復餘杭，加頭品頂戴。尋復嚴州。

十一年，復江山、常山、富陽、遂安、海寧、臨安等縣。賊擾太湖東山，總兵王之敬戰失利。至夏，賊復陷江山、常山、長興、金華、遂昌、松陽、處州、永康、義烏，革職留任。張玉良扼要隘爲諸軍應援，兵先潰，賊勢益橫。檄諸將往援，無應者，處州鎮總兵文瑞率江西援兵三千，有齡待之素厚，乃自請行。進駐金華孝順街，聞蘭谿兵敗，遽潰；退守浦江，賊躡之，檄師往援，半途復潰：浦江、嚴州相繼陷。總兵劉季三、副將劉芳戰死於富陽。諸將見賊多走，不任戰，惟要索軍食。富民捐輸已倦，而有司持之急。於是團練大臣王履謙劾有齡虐捐，遇事多齟齬，上疏互訐。十月，蕭山、諸暨及紹興府皆陷，餉源遂絕。時援軍多不足恃，有齡復奏用李元度爲按察使，募湘勇八千入浙，至龍游，阻不得前。賊酋李秀成悉衆圍杭州城，副將楊金榜敗死；張玉良攻克羅木營賊壘，亦中飛礮死：城中奪氣，且食盡，飢民死者枕藉。十二月，賊梯城入，兵潰，有齡服毒不死，縊於閤，秀成見之，爲具棺殮焉。

事聞，言官顏宗儀、高延祜、朱潮先後疏劾勒捐斂怨，下曾國藩按，奏言：「有齡在浙，官紳不和，不能馭兵，以致僨事；仍以糧盡援絕，見危授命，大節無虧。」詔依例賜卹，謚壯愍。入祀昭忠祠，浙江，福建建專祠。同殉者，學政張錫庚、提督饒廷選、總兵文瑞、署布政使麟趾、按察使甯曾綸、督糧道暹福、仁和知縣吳保豐。錫庚、廷選、文瑞並自有傳。

論曰：粵匪自陷岳州，勢不可遏。及犯武昌，援兵雖至，無能爲力。安慶倉猝籌防，益無措手矣。武昌凡三陷，湖北兵不可用，曾國藩言之痛切。杭州初陷，由於無兵，後則蘇、常已失，唇亡齒寒。蘇州素倚江南大軍爲屏蔽，大軍潰，則勢難倖全。常大淳、蔣文慶、陶恩培、羅遵殿、徐有壬諸人，皆不失爲承平良吏，短於應變，或因受事於已危，莫能挽救。王有齡素負才略，以掊克失人心，措施亦未盡當焉。吉爾杭阿治兵有法，克上海爲全功，朝廷倚以規復鎮江，使非中道而殞，必有成效，其建樹非諸人所可同語也。

清史稿卷三百九十六

列傳一百八十三

吳文鎔　潘鐸　鄧爾恆

吳文鎔，字甄甫，江蘇儀徵人。嘉慶二十四年進士，選庶吉士，授編修。屢膺文衡，稱得士。六遷爲翰林院侍讀學士。督順天學政，剔弊清嚴，在任累擢詹事、內閣學士。召回京，署禮部侍郎，尋實授。調刑部，兼署戶部侍郎。迭命偕大學士湯金釗赴安徽、浙江、江蘇及南河按事。道光十九年，出爲福建巡撫。時方嚴烟禁，英吉利窺伺沿海，偕總督鄧廷楨籌防，敵兵至，不得逞。二十年，調湖北巡撫，未行，暫護閩浙總督。明年，入覲，改江西巡撫。值歲祲，力籌撫卹，裁減漕丁陋規。在江西數年，舉廉懲貪，吏治清明。捕斁匪戴理劍等，及南安、贛州會匪，並置諸法。

二十八年，調浙江巡撫。入境過衢州，廉得游擊薛思齊貪劣，劾戍新疆；又劾不職縣令五人。因官多調攝，徒煩交代，政無考成，奏革其弊，風氣爲之一變。以覈辦清查，本省官吏不可信，請簡派戶部司員來佐理，詔不許。未幾，命偕侍郎季芝昌清查浙江鹽務，奏籌變通章程以專責成，除浮費爲要務，鹽課日有起色。浙東漁山島爲盜藪，檄水師捕獲百餘人，毀其巢。二十九年，大水，文鎔以遇災恐懼，上疏自劾請罷，詔以其言近迂，嚴斥之。文鎔親赴嘉、湖諸屬察災輕重，力行賑撫。秀水令江忠源勤廉稱最，治賑治盜及塘工皆倚辦，以憂去。文鎔歎曰：「賢如江令，可令其無以歸葬乎？」自支養廉五百兩畀之，奏辦賑功，以忠源首列。三十年，海塘連決，文鎔馳勘，落水幾殆，自劾疏防，革職留任。塘工竣，復職。

擢雲貴總督。咸豐元年，入覲，文宗甚重之，嘉其忠誠勇於任事，勗以察情僞，惜身體，文鎔益感奮。永昌邊外夷匪肆掠，久不靖，文鎔至，檄土守備左大雄深入搜捕，擒斬數百，匪遁雪山外。粵匪日熾，文鎔疏論提督向榮冒功託病，恐誤軍事，詔選將才，奏保游擊巴揚阿等九人。貴州黎平知府胡林翼治團練剿土匪，令得便宜從事，疏薦之。江忠源在廣西軍中，文鎔致書曰：「永安賊不滅，若竄湖南，不可制矣！」二年，調閩浙總督，未行，而粵匪果由湖南北竄，破武昌。三年春，遂踞江寧，東南大震。雲南永昌回匪亦蠢動，文鎔調兵扼險，親駐尋甸督剿。

尋調湖廣總督。粵匪方自下游上竄，連陷黃州、漢陽。文鎔九月抵任，是日田家鎭諸軍失利，武昌戒嚴，城晝閉，居民一夕數驚。巡撫崇綸欲移營城外爲自脫計，文鎔誓與城存亡，約死守待援，議不合。賊已逼城，文鎔坐城上激厲將士，守數旬，圍解。崇綸轉以閉城坐守奏劾，詔促進復黃州。文鎔方調胡林翼率黔勇來會勦，又約曾國藩水師夾攻，擬俟兩軍至大舉滅賊。崇綸屢齕之，趣戰益急。文鎔憤甚，曰：「吾受國恩厚，豈惜死？以將卒宜選練，且冀黔、湘軍至，收夾擊之效。今不及待矣！」四年正月，督師進薄黃州，屯堵城。大雪，日行泥淖，拊循士卒，而輜糧不時至。賊分路來犯，都司劉富成擊却之。賊復大至，文鎔揮軍力戰，後營火起，衆潰，投塘水死之。崇綸奏稱失蹤，署總督台湧至，乃得實以聞。詔依總督陣亡例賜卹，予騎都尉兼雲騎尉世職，諡文節，祀京師昭忠祠。

逾數月，曾國藩進兵黃州，訪詢居民，備言戰歿狀，皆流涕。於是疏陳當時無水師，不能制賊。文鎔籌置之難，爲崇綸傾陷牽掣，以至於敗；且諱死狀，欲以誣之。文宗震怒，逮崇綸治罪，文鎔志節乃大白。同治中，湖北請建專祠。

潘鐸，字木君，江蘇江寧人。道光十二年進士，選庶吉士，散館改兵部主事，充軍機章京。洊升郎中，遷御史。二十年，出爲湖北荆州知府，擢江西督糧道。歷廣東鹽運使、四川按察使、山西布政使，署巡撫。

二十八年，擢河南巡撫。時議漕糧酌改折色，鐸疏言：「戶部有南漕折價交河南等省採買之議，是他省且須在河南採買。若將本省額徵之米分別改徵折色，於政體兩歧，於倉儲有損無益。河南歷年辦運踴躍，一經改徵，轉滋流弊，循舊章爲便。」議遂寢。賈魯河經祥符朱仙鎮，爲商賈舟楫所集。自黃河決於中牟，賈魯河淤塞，責工員賠濬，久未復。鐸勘鎮街南北淤最甚，議大濬，請率屬捐銀五萬兩興辦；又奏擇要增培沁河民隄以資捍禦：並如所請行。咸豐元年，坐所薦陳州知府黃慶安犯贓，降二級調用，授山西按察使。二年，遷湖南布政使。粵匪方由湖南北竄，漢陽、武昌相繼陷，巡撫張亮基擢署總督，以鐸暫代之，命赴岳州督防。三年，巡撫駱秉章至，乃以病乞罷，許之。直隸總督訥爾經額疏薦，詔赴山西會辦防剿事宜。尋因前在湖南布政使任內岳州等城失守，下部議，俟補官日降二級調用。復以病乞退，居山西久之。

十一年，予二品頂戴，起署雲貴總督。雲南回、漢相仇，稔亂已久。巡撫徐之銘傾險，挾回自重，總督張亮基爲所齮齕去。布政使鄧爾恆擢陝西巡撫，行至曲靖，之銘嗾副將何有保遣黨戕害，以盜殺聞，命鐸往治之。亮基亦被命赴滇督辦軍務。時之銘已爲回衆所挾持，所陳奏多夸誕，莫可究詰。鐸、亮基先後取道四川，與駱秉章籌商，冀資其兵力以規進取。四川亂亦未平，遽不得要領。滇將林自清爲亮基舊部，與回衆不協，率所部入川。之銘慮亮基至於己不利，嗾回衆揚言拒之，亮基益觀望。鐸秉性忠正，詔屢敦促，命赴貴州按事，遂由黔入滇，僅從僕數人。在途或以危詞相怵，不之顧。

同治元年九月，抵任，治鄧爾恆被戕之獄。何有保已前死，捕兇犯誅之。見撫局初定，省城稍安，屢密疏陳：「徐之銘尚能撫回，被劾各款，請俟張亮基到後會同查辦。」又云：「馬如龍求撫出於誠心，岑毓英鯁直有戰功，加以閱歷，乃有用之材。」鐸意欲因勢利導，徐圖補救。於是詔亮基移署貴州巡撫，滇事專責鐸與之銘，蓋羈縻之也。回人掌教馬德新，之銘所諂事。初見鐸貌爲恭順，後漸跋扈。武職多越級僭用翎頂，之銘所擅賞，鐸面斥之。元新營參將梁士美乃臨安土豪，不與回教聯和。馬如龍誓欲剿滅，鐸不可，强出師，與岑毓英同敗歸，欲添調兵練，鐸復阻之。回紳田慶餘議設公局，通省糧賦稅釐悉歸之，文武職官亦由公舉，鐸以非政體斥止，由是馬如龍等皆不悅。

馬榮者，迤西回酋杜文秀之黨，之銘檄署武定營參將。二年正月，榮忽率二千人至省城，踞五華書院，鐸令出，遷延三日，乃親往諭遣，榮抗恣不聽，其所部回練遽攢刺，鐸臨殞罵不絕口。雲南知府黃培林、昆明知縣翟怡曾同被害。榮遂縱兵大掠，官衙民居悉徧。惟岑毓英勒兵守藩署，之銘遁往潛匿。越兩日，毓英始殮鐸尸。回衆擁馬德新爲總督。馬如龍在臨安，聞警馳至，馬榮已率衆攜所掠散去。如龍殺餘匪數十人及附亂者百餘，謂馬德新不當爲總督，取關防授之銘兼署。之銘以巡撫讓如龍，如龍不受，遂令署提督，一切拱手聽之。事聞，詔嘉鐸「萬里赴滇，不避艱險，見危授命，大節懍然」。依總督陣亡例賜卹，贈太子太保，予騎都尉兼雲騎尉世職，入祀雲南昭忠祠，謚忠毅。子四人，並錄授京職。

當鐸之親諭馬榮也，約之銘同往，竟不至。事定，疏奏諉爲杜文秀勾結武定匪犯省城，又諱匿馬榮委署參將事。論者謂榮之爲亂，之銘實與知之。於是褫之銘職，聽候治罪。授勞崇光總督，賈洪詔巡撫，皆不能至。雲南軍事分隸於馬如龍、岑毓英，崇光駐貴陽遙制之，至五年，始入滇履任。馬榮已先爲如龍等剿除，之銘亦死，迄未就逮云。

鄧爾恆，字子久，江蘇江寧人，總督廷楨子。道光十三年進士，選庶吉士，授編修。出爲湖南辰州府知府。父憂，服闋，補雲南曲靖府。平尋甸叛回馬二花，彌勒土匪吳美、朱順，招撫昆陽回匪，甚有聲績，擢鹽法道，累遷按察使、布政使。咸豐十一年，擢貴州巡撫，未行，調陝西。徐之銘祖回，營將多與通。副將何有保者，之銘私人，尤不法。慮爾恆入覲發其罪，諷有保害之以滅口。爾恆行次曲靖，宿於知府署。有保使其黨史榮、戴玉棠僞爲盜，戕之，掠其行橐。有保索所劫物不得，執拷二人。玉棠潛逸，糾黨攻殺有保。鐸至，擒二人誅之。詔爾恆依陣亡例賜卹，予騎都尉世職，謚文慤。

論曰：吳文鎔由卿貳出膺疆寄，凡十餘年，風采嚴峻，時推其治行亞於林則徐。潘鐸亦負端人之望。二人者晚任艱危，並受事於岌岌之日，守正不阿，盡瘁完節，不可復以成敗苛論矣。其死也，皆由同官所搆陷。國家於巖疆要地，督撫同駐，豈非以資鈐制，備不虞哉！然推諉牽掣，因之而生；甚且傾軋成釁，貽禍封疆。楚、滇覆轍，蓋其昭著者也。至光緒中，其制始改焉。

清史稿卷三百九十七

列傳一百八十四

陸建瀛 楊文定 青麐 崇綸 何桂清

陸建瀛，字立夫，湖北沔陽人。道光二年進士，選庶吉士，授編修，直上書房，洊遷中允。大考擢侍講，轉侍讀。二十年，出爲直隸天津道，累擢布政使。時英吉利擾浙江，沿海戒嚴，徵西北兵聚畿輔，建瀛供防軍，處善後，皆應機宜。所歷有名績。

二十六年，擢雲南巡撫，俄調江蘇。先是，南漕缺額，部議設局江蘇，官民捐米運京以裕倉儲。當陶澍撫蘇，即以漕河費鉅病國，議行海運，官吏爭撓之，暫行輒罷。至是建瀛與兩江總督壁昌主海運甚力，合言其便，議蘇州、松江、太倉白糧改由海運，從之。後復推至常、鎮諸府。二十九年，廷臣會議南漕改折，建瀛與總督李星沅極言其窒礙，事遂不行。

擢兩江總督。值大水，民饑，招徠米商，籌議撫卹，並疏消積水，請籌撥帑一百五十萬備賑。吳城六堡河決阻運，命偕侍郎福濟往勘，疏陳通籌湖、河大勢，添塘避淤，對壩逼溜，攻刷海口各事宜，並如議行。淮鹽積敝，自陶澍創改淮北爲票鹽，稍稍蘇息；而淮南擅鹽利久，官吏衣食於鹽商，無肯議改者，建瀛悉其弊。會淮南鹽大火於武昌，官商折閱數百萬，課大虧，引滯庫絀。三十年，乃疏請立限淸查運庫，並統籌淮南大局，改訂新章十條，務在以輕本敵私，力裁繁文浮費。鴻臚寺少卿劉良駒亦請變通淮南舊章，仿淮北行票法，與建瀛所議同。方施行矣，而給事中曹履泰奏請復根窩舊制，御史周炳鑑言淮南改票不便，併下建瀛議。覆疏辨駁詳至，文宗韙之，詔綜幹全局，除弊興利，以裨國計。建瀛議於揚州設局收納，以淸運署需索之源；於九江等處驗發，以淸楚西岸費之源。正雜錢糧並納，則課額不虧；新舊商販一體，則引額無缺。竈私場私，專責江南；江私鄰私，兼責各省；而以徠商販，積帑賦，自總其成。由是奪官吏中飽歲百餘萬，甚謗叢作，建瀛銳自發舒，不之恤。朝廷信任益專，命有掣肘撓法者罪之。湖北鹽道鄒之玉沿用整輪，江西鹽道慶雲强索月給，湖北同知勞光泰作移岸三論，刊板傳播，並劾罷之。

咸豐元年，河決豐北，命建瀛往勘，奏請以工代賑，偕南河總督楊以增督工。二年，以盛漲停工，降四品頂戴。

是年秋，粵匪洪秀全犯湖南，越洞庭而北，勢張甚。建瀛猶在豐工，疏上戰守事宜，文宗嘉之，諭以審度軍情，如須親往，可速籌方略，不遙制。既而漢陽、武昌相繼陷。十二月，復建瀛頭品頂戴，授欽差大臣，督師赴九江上游扼守。建瀛由工次還江寧，徵調倉猝。三年正月，賊棄武昌，蔽江東下，建瀛欲行，或謂賊鋒銳難驟當，建瀛尙輕之，檄壽春鎭總兵恩長爲翼長，領標兵二千當前鋒，自率兵千餘進次九江。恩長猝與賊遇，戰死江中，師大潰。建瀛途逢潰卒白敗狀，從兵盡駭。江西巡撫張芾壁九江，亦引軍退走，賊遂陷九江。建瀛駕小舟經小孤山不敢留，過安慶，巡撫蔣文慶邀之，不入；徑回江寧，收蕪湖、太平兵屯東西梁山，閉城爲守禦計。布政使祁宿藻故不滿建瀛，面責之。將軍祥厚兵防內城，無任戰守者。建瀛大窘，稱疾謝客者三日。於是祥厚、宿藻等疏劾建瀛棄險失機，進退無據；並及江蘇巡撫楊文定違旨去江寧，上大怒，諭曰：「陸建瀛一戰兵潰，不知收合餘燼，與向榮大軍協力攻擊；並不力守小孤山，扼賊入皖之路；又不親督兵據守東西梁山，以障金陵。倉皇遁歸，一籌莫展，以致會垣驚擾，士民播遷。楊文定藉詞出省，張皇自全，罪均難逭。建瀛已革職，交祥厚拿問，解刑部治罪。」尋籍其家，革其子刑部員外郎鍾漢職。時建瀛收兵乘城，閱十三日，城破遇害。事聞，詔建瀛尙不失城亡與亡之義，復總督銜，如例議卹，並還其家產。御史方俊論之，乃撤卹典。

建瀛才敏任事，喜賓禮名流，又善事要津，多爲延譽，由是聞望猋起，朝寄日隆。乃昧於軍旅，略無宿備，一敗失措，名城陷爲賊窟，糜爛東南，遂獨攖天下之重咎云。子鍾漢，後官江蘇知府，咸豐十年，在軍治糧餉，遇賊江陰，死之，贈太僕寺卿。

楊文定，安徽定遠人。道光十三年進士。由刑部主事洊升郎中，出爲廣東惠潮嘉道，累擢江蘇巡撫。咸豐三年，文定奏江南兵力柔脆，節經徵調，城內兵單，請濟師，命山東兵二千赴援。未至，奉命守江寧，聞建瀛兵敗，退守鎭江。江寧陷，賊分黨犯鎭江，副都統文藝集兵七百守陸路，文定自率艇船八、舢板十二泊江中，賊至不能禦，鎭江復陷，退江陰，詔革職逮治，論大辟。六年，減死遣戍軍臺，尋歿。

青麐，字墨卿，圖們氏，滿洲正白旗人。道光二十一年進士，選庶吉士，授編修，遷中允。大考二等，擢侍講。五遷至內閣學士。督江蘇學政有聲。咸豐二年，擢戶部侍郎。學政任滿，命督催豐北塞決工程。三年，回京，復出督湖北學政，調禮部侍郎。

時粵匪由江西回竄湖北，青麐按試德安，聞警停試，督率知府易容之募鄉勇籌防守，府城獲全。疏陳軍事，請湖北、江西、安徽三省合剿，以期得力。四年，授湖北巡撫。城中兵僅千人，荊州將軍台湧署總督，未至；而賊由黃州進至漢陽、漢口，渡江欲撲武昌。青麐督總兵楊昌泗、游擊侯鳳岐與副都統魁玉水陸合擊，却之；復敗之豹子海、魯家港，毀賊壘五。已而賊撲塘角、鮎魚套，逼攻省城，青麐出武勝門督戰，城中忽火起，土匪內應，兵盡潰，遂失守。青麐將自經，衆擁之趨長沙，折赴荆州。

初，文宗聞其出家貲犒軍，甚嘉之；至是憤武昌屢失，棄城越境，罪尤重，詔曰：「青麐簡任封圻，正當賊匪充斥，武昌兵單餉匱。朕以其任學政時保守德安，念其勤勞，畀以重任。省垣布置，屢次擊賊獲勝。八十餘日之中，困苦艱難，所奏原無虛假，朕方嚴催援兵接應。六月初間，魁玉、楊昌泗等連破賊營，但能激厲力戰，何致遽陷？嬰城固守，解圍有日，猶將宥過論功。縱力盡捐軀，褒忠有典，豈不心迹光明？乃倉皇遠避，徑赴長沙，直是棄城而逃。長沙非所轄之地，越境偷生，何詞以解？若再加寬典，是疆臣守土之責，幾成具文，何以對死事諸臣耶！朕賞罰一秉大公，豈能以前此微勞，稍從末減？俟到荆州時，交官文傳旨正法。」遂棄市。

逾數月，曾國藩復武昌，奉命查歷任督撫功罪，疏言：「武昌再陷，實因崇綸、台湧多方貽誤，百姓恨之，極稱吳文鎔忠勤愛國，於青麐亦多恕辭。查文鎔既沒，青麐幫辦軍務，崇綸百端齟齬：求弁兵以護衞，不與；請銀兩以製械，不與；或軍務不使聞知，或經旬不得相見。自賊踞漢陽、漢口，縱橫蹂躪，廬舍蕩然。百姓尚恃有青麐督兵驅逐，出示憐民。崇綸則並此無之矣。」疏入，乃斥罷台湧，論崇綸罪。

崇綸，喜塔臘氏，滿洲正黃旗人。由內閣貼寫中書充軍機章京，洊升侍讀。出爲陝西鳳邠道，調直隸永定河道，歷雲南按察使、廣東布政使。

咸豐二年，擢湖北巡撫，時武昌方爲賊踞。次年春，賊棄武漢東下，分擾江南、江西，崇綸始抵任。既而賊復上竄，陷興國州田家鎮，進黃州。崇綸疏言：「武漢民遷市絕，餉乏兵單。請移內就外，以剿爲先。」未幾，賊犯漢陽，窺武昌。總督吳文鎔初至，與崇綸意相迕。及賊退，崇綸遂以閉城株守劾之。文宗慮兩人不能和衷，且僨事，命文鎔出剿，而責崇綸防守。文鎔率師薄黃州，崇綸運輸餉械不以時，惟促速戰。四年正月，文鎔兵敗，死之。崇綸自請出剿，謀脫身走避，文宗燭其隱，不許。會丁憂，青麐代之，仍命崇綸留湖北協防。又以病乞罷，上怒，褫其職。六月，武昌陷，崇綸先一日出走，徑往陝西。及曾國藩論劾，命逮治。服毒自盡，以病故聞。

何桂清，字根雲，雲南昆明人。道光十五年進士，選庶吉士，授編修。遷贊善，直南書房。五遷至內閣學士。二十八年，擢兵部侍郎，以憂去，服闋，補原官，調戶部。咸豐二年，督江蘇學政。粵匪擾江南，桂清疏陳兵事，劾疆吏巽耎僨事，侃侃無所避，文宗奇之。四年，調倉場侍郎，旋授浙江巡撫。

自賊踞江寧，東南震動。安徽徽州、寧國二府爲浙江屛蔽，桂清嚴防要隘，別遣一軍屯守黃池，扼蘇、浙之衝，賊來犯，會提督鄧紹良擊卻之。五年，檄道員徐榮勦賊黟縣、石埭，戰頗利，賊衆大至，徽勇潰走，榮衆寡不敵，遂戰歿。桂清因言徽、浙脣齒，宜主客一心，事乃濟。疏入，諭戒地方官吏不分畛域。時賊陷徽州各屬，桂清檄知府石景芬、副將魁齡等，攻復徽州府城及休寧，分布所部於昌化、於潛、淳安，杜賊來路。安徽巡撫時移駐廬州，徽、寧二郡懸絕江南，不能遙制，命桂清兼轄之。江西賊侵入浙境，陷開化，犯遂安，桂清檄鄧紹良等合擊之，賊退徽境。周天受、石景芬等連復黟縣、石埭。桂清疏請添改鎭道員缺，俾專責成，以石景芬爲徽寧池太道；豫祺爲總兵，不得力，復以江長貴易之。又用桂清議，命前侍郎張芾駐皖南治團練，督辦徽、寧防務，尋命兼顧浙江衢、嚴兩郡，與桂清協力制賊。六年，檄鄧紹良、秦如虎、都興阿等合攻寧國，別遣江長貴擊敗贛賊之襲太平者，連捷，克寧國府城。朝廷益嘉桂清，思大用之。

杭州知府王有齡最爲桂清倚用，擢權運、臬兩篆，爲通判徐徵訐控。桂清覆奏，辭悻悻，被詰責。遂以病乞罷，詔慰留之。會兩江總督怡良解職，文宗以籌餉事重，難其人，大學士彭蘊章薦桂清餉徽軍無缺，可勝任。七年春，命以二品頂戴署兩江總督，尋實授。力薦王有齡擢任江蘇布政使，專倚餉事。江寧久爲賊窟，總督駐常州，軍事由將軍和春主之，而提督張國樑爲幫辦，前督怡良但任運饋而已。桂清屢疏陳方略稱旨，諭飭和春和衷商酌。是年冬，克鎭江，以濟餉功，加太子少保。十年春，又因克九洑洲，晉太子太保。桂清意氣發舒，倚畀益重，甚負時望。

大軍屢捷，合圍江寧，賊勢窘蹙，四出求援。僞忠王李秀成乃謀竄浙，分大軍之勢，由安徽廣德徑趣杭州。倉猝城陷，惟將軍瑞昌守駐防內城未下，詔促桂清、和春遣軍速援。於是檄提督張玉良率兵馳赴，至則內外夾擊，賊遽走。臨安、孝豐、安吉諸城相繼復。詔嘉桂清功，予優敍。時賊已圍金壇，陷江陰，遣總兵馬得昭、熊天喜、曾秉忠，副將劉成元水陸分路禦賊，兵分益單。賊乃合衆十餘萬出建平、東壩，一由東壩趨江寧，一由溧陽窺常州，桂清聞之，幾失所措。會馬得昭、周天孚分援蘇、常，賊已趨金壇，陷句容。句容爲大營後路，自此隔絕。張玉良回軍抵常州，和春飛檄調援大營，桂清留勿遣，復調馬得昭，亦莫之應。王有齡已擢浙江巡撫，貽書桂清戒勿離常州一步，且曰：「事棘時危，身爲大臣，萬目睽睽，視以動止。一舉足則人心瓦解矣。」蓋規之也。

會大雨雪，大營兵凍餒，索餉不得，乃譟亂，相率盡潰。和春、張國樑退守丹陽。桂清疏陳：「丹陽以上軍務，和春、張國樑主之；常州軍務，臣與張玉良主之。」部署稍定，卽進規溧陽，而賊已逕犯丹陽，國樑死之，和春奔常州，桂清大驚。總理糧臺查文經等希其意，請退保蘇州。桂清卽疏陳軍事付和春，自駐蘇州籌餉。將行，常州紳民塞道請留，從者槍擊，死十餘人，始得脫。張玉良留守，尋亦走。士民登陴，數日城陷，屠焉。桂清至蘇州，巡撫徐有壬拒勿納，疏劾其棄城喪師狀。和春退至無錫，傷殞。桂清託言借外兵，遂之上海。蘇州亦陷，有壬殉之，遺疏再劾桂清，詔褫職逮京治罪。

會各國聯軍犯京師，車駕幸熱河，遷延兩年。王有齡及江蘇巡撫薛煥皆其故吏，疊疏爲乞恩，不許。言官數劾奏，同治元年，始就逮下獄，讞擬斬監候。大學士祁寯藻等十七人上疏論救，尙書李棠階力爭，讞乃定。桂清援司道稟牘爲詞，下曾國藩察奏。國藩疏言：「疆吏以城守爲大節，不宜以僚屬一言爲進止。大臣以心迹定罪，不必以公稟有無爲權衡。」是冬，遂棄市。

桂清由侍從出任疆事，才識明敏。在兩江値英吉利搆釁，迭陳應付之策。偕大學士桂良等議稅則，多中肯綮，亦不能盡用其言。晚節敗裂，誤國殄民，雖廷議多有袒之者，卒難撓公論云。

論曰：陸建瀛、何桂清皆以才敏負一時之望，膺江表重寄。建瀛當軍事初起，不能預有規畫，臨事倉皇。桂清無料敵之明，又失効死之節。二人者身名俱隕，罪實難辭。靑麐受事於危急之秋，艱難支拄，終以越境被誅，論者猶有恕詞焉。

清史稿卷三百九十八

列傳一百八十五

宗室祥厚 霍隆武 福珠洪阿 恩長 陳勝元 祁宿藻 陳克讓 劉同纓
瑞昌 傑純 錫齡阿

宗室祥厚，隸鑲紅旗，襲騎都尉世職，授鑾儀衞整儀尉。累擢鑲紅旗蒙古副都統，歷山海關、熊岳、金州副都統。道光二十八年，擢江寧將軍。

咸豐三年正月，粵匪既陷武昌，兩江總督陸建瀛赴上游督師，祥厚偕江蘇巡撫楊文定留守江寧。賊已蔽江而下，壽春鎭總兵恩長戰歿，建瀛遽退，文定亦不候旨逕赴鎭江。祥厚偕副都統霍隆武、提督福珠洪阿、布政使祁宿藻疏言：「督臣藉口江寧喫緊，趕回布置，沿途險要，並不屯紮，上駛師船，一概撤回，專守水路之東西梁山。蕪湖爲江蘇門戶，亦不設防。十八日隻身抵省，遂致闔城驚擾。臣等函勸速統舟師迎擊，乃督臣晏坐衙齋，三日不覆。撫臣執意移駐鎮江，挽留不顧，民情加倍驚惶。自今固結民心，尚恐緩急難恃；若任其紛紛遷徙，土匪因而竊發，奸細尤易勾結。是未禦外侮，將成內變。現在督撫臣首鼠兩端，進退無據，以致省城震動。雖有旗兵志切同仇，無如兵力太單。賊船順流下竄，朝發夕至，守禦萬分緊迫，督同道府等官及八旗協領，激勵官兵，安慰居民，竭盡血誠，認眞辦理。請飭琦善、陳金綬迅速繞出賊前，協力堵剿，以固省城根本，維持南北大局。」疏入，詔逮建瀛治罪，命祥厚兼署總督，與霍隆武、福珠洪阿、祁宿藻悉心防禦，以在籍前廣西巡撫鄒鳴鶴熟悉賊情，命同籌辦。

江寧城周九十六里，合旗、漢兵僅五千，城外江寧鎮、龍江關、上河分駐鄉勇不及三千，臨時召募，皆不足恃。賊過蕪湖，福山鎮總兵陳勝元率舟師戰歿，遂無禦者，長驅直抵城下，四面環攻。守逾旬，賊於儀鳳門穴地轟城，傾十餘丈，復由水西門、旱西門、南門緣梯而登，城遂陷。祥厚偕霍隆武斂兵守駐防城，婦女皆助戰，逾日亦陷。祥厚手刃數賊，身被數十創，死之。事聞，贈太子太保，予二等輕車都尉世職，謚忠勇。入祀京師昭忠祠，於江寧建專祠，死事者附祀焉。

霍隆武，鈕祜祿氏，滿洲鑲黃旗人，福州駐防。由武舉前鋒校歷官福建水師旗營協領。咸豐元年，擢江寧副都統。賊圍城，偕祥厚登陴固守，歷十餘晝夜，外城陷，同守內城，策馬督戰，受傷墮，力竭陣亡，贈都統，予騎都尉兼雲騎尉世職，謚果毅。

當時駐防旗兵戰最力。錫齡額者，事母孝，將軍本智異之，擢爲參領。曰：「求忠臣必於孝子之門。」事急，戒其妻：「國家豢養，無所報；脫不利，當闔門死。」自守城，卽不返家，舉室皆殉。炳元，官佐領，勇力冠軍。儀鳳門之陷，率死士奮鬭，賊爲之卻，忽有狙擊者，殞於陣。賊破內城，屠戮尤慘，男婦幾無孑遺。

福珠洪阿，蘇完瓜爾佳氏，滿洲正黃旗人，副都統佛安子。由鑾儀衞整儀尉累擢總兵，歷鎭筸、伊犂、西寧、天津諸鎭。道光末，授江南提督，調陝西。粤匪起，江南籌防，仍調回舊任，駐守省城，所部兵僅數百人。地雷發，迎擊於城缺，斬悍賊，而諸門先後破。賊四面至，往來巷戰，死之。贈太子少保，予二等輕車都尉世職，謚壯敏。

恩長，赫舍里氏，滿洲鑲紅旗人。由親軍、十五善射，累遷安徽寧國營副將。道光中，治江防，被獎。累擢壽春鎭總兵。初率兵守安慶，陸建瀛赴九江上游，調充翼長，爲軍鋒。與賊戰江中，燬賊船三十餘艘，衆寡不敵，死之。贈提督，予騎都尉兼雲騎尉世職，謚武壯。

陳勝元，福建同安人。由行伍歷官福建參將。捕洋盜有功，累擢江南福山鎭總兵。率水師防江，賊至太平四合山，迎擊，追至蕪湖，中礮落水，死之。贈提督，予騎都尉世職，謚剛勇。

祁宿藻，字幼章，山西壽陽人，大學士寯藻弟也。道光十八年進士，選庶吉士，授編修。以召對受宣宗知，特簡授湖北黃州知府，調武昌。連年大水，城幾沒，堵禦獲全。治急賑，煮粥施錢及衣棺藥餌，全活災民甚衆，政聲最。超擢廣東鹽運使，遷按察使，又遷湖南布政使。會韶州數縣土匪起，詔留宿藻督兵往剿，七戰皆捷，匪首就擒。事平，賜花翎。調江寧布政使。咸豐元年，河決豐北，山東、江北皆被水。大學士杜受田奉命臨賑，疏請以宿藻督辦江北賑務，章程出其手定，奏頒兩省行之。

及粵匪將東下，宿藻馳返江寧，括庫儲治軍械，盡移兵糈及南門外商市囤米入城，號召義勇之士備戰守。見督撫倉皇失措，各存意見，勸諫不聽，乃偕祥厚等密疏上聞。建瀛既被罪失衆心，宿藻獨任事，賊至，力疾登陴指揮，歷三晝夜，城大兵單，援師不至，知事不可爲，在城上嘔血數升，卒。文宗悼惜，加等優卹，贈右都御史，廕一子以知州用。同治初，江南平，兄寯藻遣尋其遺櫬，得之城北僻地。曾國藩以聞，請附祀祥厚專祠，追謚文節。當城陷時，署布政使鹽巡道涂文鈞、江安糧道陳克讓、江寧知府魏亨逵、同知承恩、通判程文榮、上元知縣劉同纓、江寧知縣張行澍同死之。

克讓，奉天承德人。道光三年進士，授吏部主事。累擢四川綏遠知府，調成都。咸豐元年，擢江安糧道，居官清正。賊將至，或勸以督運出。克讓曰：「江寧東南都會，失則大局危。去將焉往？」又請徙其孥，其妻泣曰：「去爲民望，不如死！」宿藻死而不瞑，克讓撫之曰：「庫尚有儲金，當募死士以成君志。」克讓守清涼山，督兵戰，殞於陣。弟克誠，子松恩，同遇害。妻李，自經死。賜卹，予騎都尉世職，本籍請建專祠，追諡忠節。

同繆，江西石城人。拔貢。歷官鹽城、泰興、江浦、上元、六合、江寧諸縣，皆有聲。江寧治防，儲糧練團，胥賴其力。賊初至，假向榮書請入城，同繆察其詐，却之。礮裂城，率死士禦擊復完。及城陷，賦絕命詞，投水死，卹典加等，贈道銜，諡武烈。

瑞昌，字雲閣，鈕祜祿氏，滿洲鑲黃旗人。六世祖敖德，以軍功予騎都尉世職。瑞昌由拜唐阿授鑾儀衞整儀尉，累遷冠軍使。道光二十九年，擢正白旗漢軍副都統，歷金州、吉林副都統。

咸豐三年，擢杭州將軍，未之任，率盛京兵赴淮、徐，專辦山東防剿。尋從僧格林沁、勝保剿賊畿輔。四年，連戰靜海、河間、東光。五年，會攻連鎮，扼河西，毀賊巢木城。賊首林鳳祥就擒，被詔嘉獎，命赴本任。十年二月，粵匪由廣德入浙境，省城兵單，分防湖州、孝豐、餘杭。賊分股突犯杭州，瑞昌令副都統來存出武林門禦之，自守錢塘門，偕巡撫羅遵殿布置甫定，賊已麕至，縱火撲城。越十日，地雷發，城陷。瑞昌率旗兵迎擊於湧金門，殺傷相當。退守駐防子城，賊屢攻，力拒卻之。相持六日，會張玉良率援兵至，夾擊，賊棄城走，遂復杭州，特詔嘉獎，賜黃馬褂，予二等輕車都尉世職。

既而江南大營潰，常、蘇兩郡陷。張玉良以罪黜，命瑞昌總統江南諸軍，江長貴副之，規復蘇州，而賊已陷長興、武康，復諭先顧杭城，再圖進取。嘉興尋爲賊踞，命瑞昌督張玉良往攻，亦未果。十月，賊陷富陽、餘杭，復撲杭州，瑞昌親督副都統傑純、副將吳再升擊走之。十一年，賊勢益張，由嘉興進陷石門，湖州亦被圍，浙東諸郡相繼失守。自紹興爲賊踞，杭州愈危，遂被圍，瑞昌偕巡撫王有齡嬰城固守逾兩月。張玉良戰城下，傷殞，軍心益渙。外援不至，糧道皆絕。瑞昌憂憤成疾，旗兵精壯多傷亡，乃集將校，誓死報國，家給火藥。及城陷，瑞昌先舉火自焚，闔營次第火起，同死者，杭州副都統關福及江蘇糧儲道赫特赫納以下男婦四千餘人。事聞，詔優卹，贈太子太保，晉一等輕車都尉世職，謚忠壯。入祀京師昭忠祠，杭州建專祠，死事者附祀焉。

同治三年，杭州復，左宗棠奏瑞昌妾吳，於城破時挈兩幼子緒成、緒恩出走失散。事定，尋得緒恩，護送回京。詔念瑞昌忠烈，命本旗傳交其長子內閣中書緒光收養，飭宗棠購訪緒成下落，迄未得。後以兩世職併爲三等子爵。

傑純，布庫魯氏，蒙古正白旗人，杭州駐防。由驍騎校累遷協領。忠勇得士心，爲瑞昌所倚。杭州初破，瑞昌欲自剄，傑純與副都統來存言賊以偏師疾至，未有後繼，猶可力保駐防城以待外援，瑞昌從之，乃登陴守禦。傑純當武林門，日與賊戰，長子前鋒校納蘇鏗陣亡，不之顧，殮其屍，不哭，曰：「汝先得所歸矣！」及援兵至，怒馬突出，賊披靡，追擊出城十里外。以復城功，賜花翎。擢寧夏副都統，留浙協同團練大臣統率練勇，出省復富陽。是年冬，賊復犯杭州，迎剿於觀音橋，手刃數賊，率西湖水勇截擊，斬馘甚衆，又連破撲城之賊，追至留下，進克餘杭，賜號額騰伊巴圖魯。調授乍浦副都統，仍留防省城。

十一年，城再陷，傑純戰一晝夜，所部傷亡略盡，遣次子出避，以存宗祀，闔門自焚，獨策馬入賊陣，死之。詔嘉其一門忠烈，依都統例賜卹，予騎都尉兼雲騎尉世職，杭州、乍浦並建專祠，子婦孫僕皆附祀。後復加恩入祀京師昭忠祠，謚果毅。擢次子固魯鏗知府，改歸京旗。

錫齡阿，扎哈蘇氏，蒙古正白旗人，荆州駐防。以佐領率兵從戰沔陽、監利、潛江、應城、漢陽、宜昌。積功累擢福州副都統，調乍浦副都統。十一年，賊來犯，督兵出戰，城中內應起，折回巷戰，全軍皆沒，與兩子榮輝、榮耀同殞於陣。贈都統銜，予騎都尉兼雲騎尉世職，謚武烈，入祀京師昭忠祠。嗣以荆州紳民感念保境功，請建專祠。子榮輝、榮耀並予雲騎尉世職。

論曰：清制，行省要區置旗兵駐防，其尤重都會，兵額多者，以將軍領之。蓋監制疆臣，備不虞也。承平恬嬉，非復國初勁旅，小有變動，可資鎮懾；鉅寇燎原，力不足以禦之。江南之失，誤於陸建瀛不預設防。祥厚倉猝專任，以孤城當方張之寇，寧有倖焉。杭州初陷，賊僅偏師，故瑞昌能守內城以待援；及蘇、常既失，輔車無依，終不能保，大勢然也。然二人者，皆能以忠義激勵，城亡與亡，婦孺皆知効死，烈已！祁宿藻孤忠盡瘁，傑純智勇能軍，並一時傑出之才。炎岡同燼，世尤惜之。

清史稿卷三百九十九

列傳一百八十六

呂賢基　鄒鳴鶴　戴熙 湯貽汾　張芾　黃琮 陶廷杰　馮培元
孫銘恩　沈炳垣　張錫庚

呂賢基，字鶴田，安徽旌德人。道光十五年進士，選庶吉士，授編修。遷御史、給事中，持正敢言，數論時政得失，多所採用。文宗卽位，應詔上封事，請懋聖學，正人心，育人才，恤民隱，尤被嘉納。遷鴻臚寺卿。咸豐元年，超擢工部侍郎。二年，以時事可危，疏請下詔求言，略曰：「粵西會匪滋事，二年以來，命將出師，尚無成效，甚至圍攻省城，大肆猖獗。南河豐工未能合龍，重運阻滯，災民屯聚，在在堪虞。河工費五百萬，軍需費一千餘萬，部臣束手無措，必致掊尅朘削，邦本愈搖。今日事勢，譬之於病，元氣血脈，枯竭已甚，外邪又熾，若再諱疾忌醫，愈難爲救。惟有開通喉舌，廣覓良方，庶可補救萬一。請特旨令大小臣工悉去忌諱，一改泄沓之故習，各抒所見，以期集思廣益。」疏入，諭部院大臣、九卿、科道有言責者，各據見聞，直言無隱。

三年正月，命賢基馳赴安徽會同巡撫蔣文慶及周天爵辦理防剿事宜，賢基疏言：「江寧以東西梁山爲要隘，必先扼守。廬州爲江淮門戶，宜令重臣駐紮。巢湖出江當梁山上游，地方匪徒宜招撫，免爲賊用，且可與梁山爲犄角。」上嘉納，不及施行，而安慶、江寧先後陷。奏調給事中袁甲三、知府趙畇幫辦團練防剿，又調編修李鴻章等襄軍事。偕周天爵疏言：「事當分任。團練專令殲除土匪；牧令守本境，統帥剿賊，不得遠駐百里之外，以免推諉。」上韙之。

安徽境內無大枝勁旅，團練亦散漫無可恃。七月，湖北敗賊竄陷英山，擾太湖，分犯洪家埠，賢基檄游擊賡音太、伍登庸擊走之。八月，賊復自江西竄踞安慶，賢基赴舒城、桐城勸募團練，爲官軍聲援。賡音太、伍登庸戰歿於集賢關。賊犯桐城，紳士馬三俊率練勇迎戰失利，遂失守。已革按察使張熙宇退駐大關，賢基抗疏劾之。時方駐舒城，或告以無守土責，未轄一兵，賊鋒甚銳，可退守以圖再舉。賢基曰：「奉命治鄉兵殺賊，當以死報國。敢避寇倖免乎？」十月賊至，登陴守禦，城陷，死之。

文宗初聞舒城失守，卽曰：「賢基素懷忠義，必能大節無虧。」及奏上，深悼惜之，贈尙書銜，加恩於舒城建專祠，擢其子編修錦文以侍讀用，賜銀三千兩，命錦文即日回籍治喪。予騎都尉世職，祀京師及本籍府城昭忠祠。後安徽請祀鄉賢，特諭：「賢基品行端正，居官忠直，名副其實。」即報可。

鄒鳴鶴，字鍾泉，江蘇無錫人。道光二年進士，雲南即用知縣。親老告近，改發河南，署新鄭，補羅山，有惠政。母喪，去官。巡撫程祖洛疏陳鳴鶴政績，羅山紳民籲請保留河南，特旨允俟服闋以南、汝、陳、光四府州所屬酌補選缺，異數也。

尋補光山，調祥符，擢蘭儀廳河工同知，護開歸陳許道。以治河勞，晉秩知府。歷衞輝、陳州、開封。二十一年，河決祥符，水圍省城，鳴鶴露宿城上，盡力堵禦。有議遷省城於洛陽者，鳴鶴上議有六不可。欽差大臣王鼎等據以疏陳，乃決議堅守。凡歷七十餘日，水退城安。論功，晉秩道員。二十三年，河決中牟，褫職留工，工竣，復原官，仍在工効力。丁生母憂，服闋，署彰衞懷道，尋授江西督糧道。文宗即位，詔舉賢才，戶部侍郎侯桐、兩江總督陸建瀛交章以鳴鶴薦，擢順天府尹。

咸豐元年，擢廣西巡撫。匪亂方熾，大學士賽尙阿督軍事，鳴鶴課吏治，治團練，撫恤被兵災民。二年，賊由永安突犯桂林，城中兵僅千人，倉猝防禦，提督向榮馳援，民心始定。

總兵秦定三等續至，鳴鶴以諸軍無所統屬，自請督戰。分遣諸將擊賊，相持月餘，賊百計攻城，屢卻。賊遂分竄，賽尙阿促向榮追擊，鳴鶴堅留防賊回竄，互疏爭。賊尋陷興安、全州，入湖南，詔褫鳴鶴職，以守城功免治罪。

洎回籍，賊已陷武昌。三年正月，陸建瀛赴九江督師，疏請起鳴鶴籌辦沿江防務。已病，或沮其行。曰：「此吾補過報國之日也！」建瀛旋退江寧，獲罪，命鳴鶴與將軍祥厚等籌商守禦。建瀛見其病甚，欲爲奏請還家養痾，鳴鶴不可。及江寧陷，書絕命詞曰：「臣力難圖報稱，臣心仰答九重。三次守城盡節，庶幾全始全終。」遣人持付其子，自率隊出，至三山街，賊見識之，曰：「此守桂林之鄒巡撫也！」呼其名詬之。鳴鶴亦罵不絕口，被支解而死。事聞，贈道銜，賜卹。

同治初，江南既平，曾國藩疏陳鳴鶴生平政績及殉節狀，請加恩優卹。御史朱震言鳴鶴匿民居遇害，非臨陣捐軀者比，請罷之。編修朱福基等復以鳴鶴被難聞見各殊，呈請下兩江總督馬新貽確查。新貽覆奏紳耆咸稱鳴鶴協同防守，誓以身殉，罵賊被戕，無避匿民居之事。詔依巡撫例議卹，予騎都尉兼雲騎尉世職，謚壯節。後祀河南名宦祠。

戴熙，字醇士，浙江錢塘人。道光十二年進士，選庶吉士，授編修。大考二等，擢贊善，遷中允。十八年，入直南書房。督廣東學政，任滿，請終養。二十五年，服闋，未補官，復督廣東學政，累遷內閣學士。二十八年，授兵部侍郎，仍直南書房。

先是，廣東因士民阻英人入城，相持者數年。至二十九年，英人懾於民怒，暫罷議。宣宗嘉悅，以爲奇功，錫封總督徐廣縉子爵，巡撫葉名琛男爵。會熙召對，論及之。熙言廣東民風素所諳悉，督撫所奏，恐涉鋪張，非可終恃，上不懌。尋命書扇，有帖體字，傳旨申飭。越日，命南書房書扁額，內監傳諭指派同直張錫庚，戒勿交寫誤字之戴熙。未幾，罷其入直。熙知眷衰，稱病請開缺，上益怒，降三品京堂休致。

咸豐初，詔舉人才，尚書孫瑞珍以熙薦，召來京候簡用，因病未至。粵匪踞江寧，浙江戒嚴。熙偕官紳勸諭捐輸，舉行團練。八年，粵匪由江西擾浙東，熙助巡撫晏端書籌調兵食，乞援隣境。援師至，賊未得逞，漸退。以治團練勞，加二品頂戴。杭州初有民兵八百人，又選鋒數百，事緩，以資絀，減少半。十年，粵匪由安徽廣德入浙，連陷數縣，犯湖州、武康。熙以所部練勇付按察使段光清，會旗兵防獨松、千秋等關。賊至，斂兵入城守。熙謂用兵無獨守孤城之理，宜分營城外相犄角，又議乘賊初至迎擊，皆未行。熙與弟燾助守西北隅，礮斃黃衣賊一人，賊遽退匿山後。衆謂賊且遁，熙料其詐，偵之，果轉赴西南。晝夜環攻，久雨，兵疲。賊於宋鎮湖門故址穴地轟城，遂陷，熙赴水死之。弟煦、媳金、及甥王朝榮，同殉。事聞，贈尚書銜，建專祠，予騎都尉兼雲騎尉世職，謚文節。弟煦，精算學，自有傳。

熙雅尚絕俗，尤善畫。嘗視學廣東，陛辭，宣宗諭曰：「古人之作畫，須行萬里路。此行偏歷山川，畫當益進。」其見重如此。後以直言黜。及殉節，遂益爲世重。同時湯貽汾畫負盛名，與熙相匹。亦殉江寧之難，同以忠義顯，世稱戴、湯云。

貽汾，字雨生，江蘇武進人。祖大奎，官福建鳳山知縣，守城殉節，父荀業同死，見忠義傳。貽汾少有儁才。家貧，以難廕襲世職，授守備，累擢浙江樂清協副將。歷官治軍捕盜有聲。尙氣節，工詩畫，政績文章爲時重。晚辭官僑居江寧。及粵匪熾，貽汾見時事日亟，語人曰：「吾年七十有七，家世忠孝。脫有不幸，惟當致命遂志，以見先人。」江寧籌防，大吏每有咨詢，盡言贊畫。城陷，從容賦絕命詞，赴水死。事聞，文宗以其三世死事，特詔優卹，加一雲騎尉，謚貞愍。

張芾，字小浦，陝西涇陽人。道光十五年進士，選庶吉士，授編修。累遷庶子，直南書房。大考一等，擢少詹事，超遷內閣學士，督江蘇學政。二十五年，授工部侍郎，任滿回京，仍直南書房，調吏部。二十九年，督江西學政。文宗即位，應詔陳言，請明黜陟，寬出納，禁糜費，重海防，上嘉納。命按巡撫陳阡被劾各款，得實，罷之。阡亦訐芾收受陋規，詔免議。

咸豐二年，調刑部侍郎。任滿，留署江西巡撫，尋實授。時粵匪方圍長沙，詔芾偕在籍尚書陳孚恩籌防。未幾，岳州陷，芾駐守九江。三年正月，總督陸建瀛至九江，芾移守瑞昌，賊來犯，擊走之，而九江遂陷，革職留任，退守南昌。賊既踞江寧，分股泝江而上。芾奏調湖北按察使江忠源來援，甫至而賊船直抵城下，芾率官紳嬰城固守，賊穴道轟城，壞而復完。總兵馬濟美戰歿城外，賴江忠源迭戰卻賊，被圍凡三閱月，賊乃東走，由九江趨安徽。芾以守城勞，復原官。奏奬將吏猥多，部議褫職，芾疏爭，嚴旨切責。會因截留滇、黔銅鉛銀，又陳孚恩被劾，芾爲申辨，上怒，褫芾職。

芾既罷，道梗不得歸，僑居紹興。賊窺徽、寧急，巡撫駐廬州不能兼顧。侍郎王茂蔭薦芾，乃命交和春、福濟差遣。芾至，練團勸捐，以千人守徽州，提督鄧紹良、總兵江長貴分扼要隘。五年，復休寧、石埭，予六品頂戴。六年，賊擾婺源、祁門，連破之於七里橋、屯溪口，徽境得安，加五品頂戴。是年冬，賊復由江西竄踞休寧，擊走之。母喪，奪情留軍，命俟服闋後以三品京堂候補。七年，鄧紹良戰歿灣沚，祁門、婺源皆告急。遣參將王慶麟破賊於清華街，又擊走祁門賊。九年，復婺源，賊西竄，授芾通政使，尋遷左副都御史。太平、石埭連戰皆捷，詔皖南四府一州軍務歸芾督辦。十年，賊復陷涇縣、旌德，由績溪進犯徽郡。

芾督江長貴及知府蘇式敬、道員蕭翰慶，連克太平、旌德、石埭、涇縣，而賊由江蘇、浙江回竄，復連陷建平、廣德、涇縣。芾先以失機自劾，暫行革職留軍，至是復自請治罪，遂命以皖南軍事畀兩江總督曾國藩，召芾還京，請回籍補持服，允之。

十一年，粵匪、捻匪合擾關中，起芾助治團練禦賊。事甫平，而回匪亂作，連破數州縣，逼省城，詔芾督辦陝西團練，會同巡撫瑛棨防剿。瑛棨巽懦，計無所出，謂芾大臣有鄉望，諭之宜可解。芾慨然率數騎往，歷高陵、臨潼至渭南倉頭鎮，曉以利害，回衆頗感動。其酋任老五懼搖衆心，嗾黨擁出折辱之，芾據地大罵不絕口，遂被支解。時同治元年五月十三日也。子師劬，往覓遺骸，僅得骨數節。事聞，予騎都尉兼雲騎尉世職，謚文毅。命於省城、倉頭鎮並建專祠，隨行遇害之臨潼知縣繆樹本、山西知縣蔣若訥及家屬在涇陽被害者五十二人，從死僕人金榜等六人，並附祀。賜師劬舉人。江西、徽州並建專祠，後祀江西名宦。

黃琮，雲南昆明人。道光六年進士，選庶吉士，授編修。累擢兵部侍郎，以親老乞養回籍。咸豐七年，雲南回亂方熾，命琮偕在籍御史竇垿治團練。時餉絀兵單，疆臣主且剿且撫，而漢、回仇隙素深，團練驕悍不聽約束，往往撫局將成，練勇擅殺降回，益紛擾。總督吳振棫劾琮及竇垿辦理失當，皆褫職。事稍定，振棫疏陳縱容練勇諸事，皆出竇垿主持。琮當省城被圍時，登陴固守有勞，又勸捐出力，詔復原官。同治二年，逆回馬榮詐降，入城戕總督潘鐸，肆殺掠，琮遇害，贈右都御史。光緒中，巡撫潘鼎新爲請，予謚文潔。

陶廷杰，貴州都匀人。嘉慶十九年進士，由編修遷御史、給事中。道光中，出爲江蘇松糧儲道。歷甘肅按察使、陝西布政使，署巡撫。二十五年，休致。咸豐三年，貴州土匪起，命廷杰在籍會同地方官辦理團練。六年，古州、黄平、都匀先後陷，廷杰率團練禦賊，死之，予騎都尉世職，謚文節。

馮培元，字因伯，浙江仁和人。道光二十四年一甲三名進士，授編修，入直南書房。咸豐元年，改直上書房，授惇郡王奕誴讀。二年，大考二等，擢侍講。尋督湖北學政。數月中，連擢侍講學士、光祿寺卿。

時粵匪已犯長沙，人情汹懼。培元幼孤，家貧，母何賢明苦節，撫之成立。及至湖北，將迎養。聞岳州陷，馳書止母行。母報曰：「如果有變，見危授命，大節不可奪。其遵吾教！」培元奉書，涕泣自矢。賊至攻城，培元偕在城文武登陴同守。城陷，投井死。三年正月，賊去，向榮率兵入城，有以告者，始出而殮之，尸如生。事聞，文宗以武昌之陷，闔城文武殉難，卹典特優，贈侍郎，建專祠，予騎都尉世職，謚文介。後兩子學瀚、學澧皆賜舉人。

孫銘恩，字蘭檢，江蘇通州人。道光十五年進士，選庶吉士，授編修，累遷詹事。咸豐二年，典試廣東，還京，道出九江。粵匪已由岳州東下，陷漢陽。銘恩疏上江防十二事，下江南督撫施行。三年，連擢內閣學士、兵部侍郎，督安徽學政。

時安慶已爲賊踞，故事，學政駐太平府，銘恩激勵紳民，舉行團練，捐廉爲倡。潰兵時至，侮官劫市，銘恩諭以大義，稍定。四年，以父病請開缺省視，會有旨命偕在籍前南河總督潘錫恩防守徽、寧，銘恩未之知也。疏入，文宗疑其規避，嚴旨切責，允其回籍，俟假滿以三四品京堂降補。未踰月，賊犯太平，從者請避之。銘恩曰：「城亡與亡，以明吾心！」城陷，賊至，衣冠坐堂上，抗罵，被執，囚於江寧，僕范源從。銘恩不食，賊脅源勸降，源叱之，斷其舌，同遇害。詔嘉其抗節不屈，遇害甚慘，贈內閣學士，入祀京師及安徽、江蘇昭忠祠，予騎都尉世職，謚文節。范源同議卹。

沈炳垣，字紫卿，浙江海鹽人。道光二十五年進士，選庶吉士，授編修，遷中允。咸豐四年，督廣西學政。廣西自洪秀全北犯後，羣匪迭起。炳垣至，與巡撫勞崇光議戰守策，崇光深器之。

七年春，按試南寧畢，警報日至，居民洶洶驚避。炳垣倡言城險可保，條列守禦法，捐俸濟餉，守三晝夜。賊知有備，引去。潯州陷，江路梗塞，間道至梧州。艇匪陳開等衆數萬突來犯，炳垣率知府陳瑞枝等嬰城固守，凡三閱月，糧盡援絕。官吏以炳垣無守土責，遣兵衞之出，炳垣不可。八月，城陷，仰藥未死，賊擁去，厚遇之。炳垣罵賊，求死不得。久之，乘間爲書致巡撫劉長佑，請出兵襲城，密約城內民夾擊。事洩，賊恨甚，磔而焚之。有老卒睹炳垣慘死狀，走省城首於官。贈內閣學士，謚文節，建專祠桂林。

張錫庚，字星白，江蘇丹徒人，大學士玉書裔孫。道光十六年二甲一名進士，選庶吉士，授編修。遷御史，擢順天府丞，丁父憂，服闋，補原官。疏論綠營冒濫頂名及緝捕諸弊，詔下其疏於各直省，實力整頓。又疏言殿試貢士不限字數，聽其發抒，删去頌辭，下部議行。歷太僕寺卿、左副都御史。

咸豐八年，督浙江學政，擢刑部侍郎，仍留學政任。十年，杭州陷而旋復，錫庚助城守，其子恩然率家屬自焚，錫庚以聞，予旌卹。團練大臣王履謙劾巡撫王有齡籌餉按缺派捐，命錫庚訪按。錫庚以有齡一月內更易州縣二十餘員，非政體，請予處分，從之。十一年，任滿，代者未至，杭州復被圍，錫庚同守城。城陷，或勸之去，錫庚曰：「吾大臣也，不可辱國！」遂自縊，賊稱其忠，爲具棺斂。贈尚書銜，予騎都尉兼雲騎尉世職，祀浙江昭忠祠，諡文貞。

論曰：呂賢基以忠鯁受主知，其治兵安徽也，志欲大有所爲，當殘破之餘，驟無藉手，倉猝殞身，文宗惜之。鄒鳴鶴久著循聲，戴熙亦負清望，張芾守江西、防皖南，雖無偉績，備歷艱難。三人以在籍搢紳治團籌防，雖久暫不同，皆事權不屬，或以城亡與亡，或以犯難遇害。黃琮初因措置失宜獲咎，繼亦原之，而終不免於難。馮培元、孫銘恩、沈炳垣、張錫庚，文學之臣，職非守土，死皆慘烈，朝廷報忠之典悉從優渥，固不以成敗論已。

清史稿卷四百

列傳一百八十七

何桂珍　徐豐玉　張汝瀛　金雲門　唐樹義　岳興阿　易容之
溫紹原　金光筯　李孟羣　趙景賢

何桂珍，字丹畦，雲南師宗人。道光十八年進士，選庶吉士，年甫冠，乞假歸娶。散館授編修，督貴州學政。入直上書房，授孚郡王讀。文宗在潛邸，即受知。桂珍鄉試出倭仁門，與唐鑑、曾國藩爲師友，學以宋儒爲宗。及文宗即位，以所撰大學衍義芻言奏進，優詔嘉納。數上疏論時政得失，言琦善、牛鑑僨軍之將，不宜任兵事。咸豐三年，出爲福建興泉永道。巡防大臣賈楨等奏請開缺，留京隨辦城守事宜。

四年，畿輔解嚴，授安徽徽寧池太廣道。安慶久陷，巡撫福濟駐廬州之店埠。桂珍所治在江南，阻於賊，遂留江北。檄募勇從征，餉無所出，久之，得二百人，至霍山，號召鄉團，增爲三千人，激以忠義，破捻匪李兆受於霍城，追擊至麻埠，進逼流波疃；檄商城、固始鄉團截其北，金寨練勇拒其東，自率所部遏其西，兆受大懼，與其黨馬超江等同降，解散脅從萬計，民歡呼載道，饋粮糧不絕。福濟令桂珍援廬江，檄至，城已陷，馳救不及，劾罷職。是年，曾國藩破賊田家鎮，進圍九江，桂珍通牒言戰狀，國藩以聞。袁甲三軍臨淮，欲資桂珍兵西與楚師會，至蘄水而九江軍失利，武昌再陷。國藩入江西，文報不相聞。桂珍乃提孤軍轉戰潛、霍間。五年春，克蘄水、英山，殲賊首田金爵。和春上其功，予六品頂戴，留駐英山。自桂珍受事，至是八閱月，僅支餉銀三百兩。民團相從者踵至，益以李兆受降衆，餓不得食，五月，師遂潰。

兆受之降也，桂珍請福濟羈以官，不聽，不能無觖望。未幾，馬超江被殺，兆受乞拘仇，弗獲，則大恚，議爲超江復仇，設位受弔，捻黨大集。於是安徽、河南皆以兆受復叛入告，兆受詣桂珍自陳，撫慰之，稍定。會福濟密書囑先發絕其患，書由驛遞，爲兆受所得，謂桂珍賣己。十月，陽置酒，伏兵英山小南門外，桂珍遂遇害，左右四十餘人皆從死。事聞，依道員陣亡例賜卹，贈光祿寺卿，予雲騎尉世職。同治初，江南平，曾國藩疏言桂珍率鄉團剿賊，饑餓艱難，歷人間未有之苦，機事不密，爲叛人所戕，天下寃之。詔晉世職爲騎都尉，予謚文貞，建祠英山縣。

徐豐玉，字石民，安徽桐城人。父鏞，嘉慶十四年進士，官至太僕寺卿。豐玉少應科舉不遇，捐納銓授貴州平遠知州。署威寧，捕斬大盜，總督林則徐嘉異之，調黃平。苗寨盜魁保禾日聚衆剽掠。豐玉清保甲，理屯軍，請兵會剿。巡撫喬用遷慮激變，不許。旣而苗益恣，從知府胡林翼往剿，保禾遁。時廣西匪起，蔓及貴州境。豐玉練民兵，入山搜捕，多得盜魁，誅之。雲南巡撫張亮基過黃平，悉其狀，密疏薦。遷郎岱同知，署思州府。

咸豐二年，擢湖北黃州知府。甫蒞任，而張亮基調湖南，奏調豐玉往襄軍事，助守長沙。尋從總督徐廣縉赴岳州，武昌已陷，豐玉請廣縉速移鎭黃州，截賊下竄。廣縉不能用，得罪去，張亮基代之。三年，擢湖北督糧道，署漢黃德道。廣濟民變，戕縣令。黃州知府邵綸及新令鮑開運往撫，均遇害。豐玉偕按察使江忠源往剿，捕斬數百人，乃定。

會粵匪由江寧分竄上游，忠源率師援江西，亮基令豐玉統湖北防軍駐田家鎭。鎭當江北岸，後有大山曰黃金塔，小山曰磨盤，下有河直入江中，與南岸半壁山接。山塹水湍，舟行必循湍繞河乃得過，最據形勢。豐玉列營諸山，於河上聯筏作城，列礮以守。半壁山背倚湖，湖通興國，入湖處曰富池口。豐玉欲分營半壁山上而兵單，僅遣兵弁瞭望而已。九月，賊由南昌退九江，遂上犯田家鎭。豐玉偕總兵楊昌泗憑牆礮擊沉賊船，又焚陸路撲營賊，乘勝追壓乃退。次日，賊船擁至，分三路迎擊，斃賊甚衆，燬其大船。賊由富池口分船數百犯興國，會江忠源由江西回援，賊復由興國會於富池口。荊門知州李榞輕軍襲之，豐玉遣兵夾擊，敗挫，榞陣歿。忠源聞田家鎭危急，調九江兵馳援，未達，忠源獨挈親兵數十人至。見賊衆兵單，驚曰：「不可守矣！」次晨，大風作，賊連檣驟至，環撲我營。豐玉偕漢黃德道張汝瀛督戰，筏城被焚，營壘皆不守。豐玉手佩刀殺賊，遂自剄，汝瀛同殉焉。忠源親隨僅存數人，收集餘衆，退駐廣濟。事聞，予騎都尉世職。光緒中，大學士李鴻章疏陳豐玉政績、死事狀，予謚勇烈，建專祠。

張汝瀛，山東樂陵人。道光元年舉人。官廣西知縣，歷貴縣、蒼梧，以勦匪功洊升知府，亦爲張亮基所薦拔。咸豐三年，擢漢黃德道。甫抵任，偕豐玉同守田家鎭，歿於陣，予騎都尉世職，追謚勇節。

金雲門，安徽休寧人。道光十三年進士，官浙江雲和知縣。改湖北，歷天門、崇陽、隨州。以擒崇陽匪首鍾人杰功，晉知州。洊擢安陸知府，署糧儲道，護按察使，調署黃州。自田家鎭失利，賊遂進陷黃州，雲門死之，贈太僕寺卿，予騎都尉世職。後京山士民以政績卓越請建祠，謚果毅。

唐樹義，貴州遵義人。嘉慶二十一年舉人，官湖北咸豐、監利、江夏知縣，洊擢湖北布政使。以病歸，在籍辦團練。張亮基奏調湖北，署按察使。及田家鎮軍事亟，率兵防江北陸路，駐廣濟。既而黃州、漢陽相繼陷，樹義剿賊德安，進軍灄口。咸豐四年，戰失利，褫職留任，率舟師禦賊金口，船破，死之。予騎都尉世職，謚威恪。

岳興阿，博爾濟吉特氏，滿洲正藍旗人。考授內閣中書，出爲河南南陽知府，洊擢湖北布政使。四年，武昌陷，死之。予騎都尉世職，謚剛節。

易容之，廣東鶴山人。捐納銓授湖北德安知府。四年，德安陷，罵賊死之，予騎都尉世職。李㮚自有傳。

溫紹原，字北屏，湖北江夏人。少負奇略。入貲爲兩淮鹽運司經歷，改知縣。咸豐二年，署六合，減賦役，蠲苛法，民戴之。

粵匪陷武昌東下，紹原以六合爲南北要衝，勸民積穀儲羣堡，修城垣，治守具。團練四鄉，合爲一氣，別募壯勇訓練。三年春，江寧陷，賊游騎至境，輒殲之。既而大至，禦於龍池，以兵單失利，練總徐琳、達成榮戰死，紹原退保南關。會日暮，賊營火，乘亂攻之，斬僞丞相一、僞統制四，餘衆殲焉。紹原益增守要隘，浚品字坑伏地雷。守備秦淮陽、千總夏定邦、王家幹，皆能戰，賊屢至，隨機禦之，每擒斬過當，賊懼之，不敢逼。欽差大臣向榮、總督怡良先後上其功，以知府陞用，賜花翎，特詔嘉奬；並以紳民深明大義，蠲免六合一年丁漕，增廣學額，以示旌異。

四年，賊屯九洑洲，結簰置礮，翼以戰艦，順流下，至八卦洲，紹原夜以小舟襲之，縱火焚簰幾盡，偕總兵武慶、江浦知縣會勉禮，分路進攻九洑洲。天大霧，架浮橋襲賊營，大破之，平其壘，被議敍。

五年，署江寧知府，在縣設治，督辦府屬團練事宜。賊屢糾悍黨自浦口來撲，皆不得逞。六年，大軍攻鎮江、瓜洲急，賊數路來援。其自蕪湖來者，紹原要之於江，七戰皆捷，進剗南岸七里洲賊壘，燬其舟。賊乃出陸路，竄踞高資港、下蜀街，巡撫吉爾杭阿檄紹原赴援。紹原令其弟溫綸率千人往戰，數有功。江北托明阿軍潰，揚州陷。紹原由儀徵往援，而賊陷江浦，犯浦口，踞六合葛塘集，偕張國樑馳擊於龍池，大破之；又破之於盤城集，連復江浦、浦口。捷聞，擢道員。未幾，賊再陷江浦，進犯六合，紹原合水陸擊走之。

時軍事分隸江南、江北兩大營。六合地居江北，紹原以孤城爲保障，且數出境渡江助大軍攻勦立功，向榮深推重，令充南軍翼長。德興阿督北軍，意嗛之。七年，天長、來安土匪起，遣兵破之。列上所部戰績，德興阿謂越境邀功，置勿錄，紹原力爭，遂以干預保舉疏劾褫職，仍留六合帶勇防堵。尋有旨命兼管江寧、江浦團練。總督何桂清疏言：「紹原以一縣倡募水陸各勇，激勵紳團，屢殲賊衆，出奇制勝。且餘力上溢江浦，下救儀徵，北援來安，江北大營得免西顧之憂。自來安至廬州，尙有一綫運道可通者，亦惟紹原是賴。才足匡時如紹原者，實不多見。請復原官，以維繫衆心。」詔允開復知府。八年，從大軍克來安，加鹽運使銜。

悍酋李秀成、陳玉成大舉援江寧，先陷江浦。德興阿退六合，三戰皆敗，又退揚州。賊久憾紹原，合力圍攻。文宗恐其有失，詔促德興阿、勝保速援，皆不至。紹原堅守幾及一月，力竭城陷，死之。張國樑旣克揚州，卽日馳赴，於城陷次日始至，聞者莫不嗟悼。詔嘉紹原「六載守城，久爲江北重鎭。援師未集，力竭捐軀，深爲憫惜」，贈布政使銜，予騎都尉世職，於六合建專祠，諡壯勇。

夏定邦，六合人；王家幹，睢寧人。從紹原守禦，及八卦洲、九洑洲、江浦諸戰，皆有殊績，並擢官都司。城陷，同死難。

金光筯，字濂石，直隸天津人。捐納通判，分甘肅，署巴燕戎格廳，改安徽知縣。青陽民因歲荒抗徵，幾釀變，光筯奉檄單騎諭解之。補建平，調定遠。定遠多盜，巡緝無閒，捕土匪陳小嗅子置之法。又調壽州。

咸豐三年春，粵匪連陷安慶、江寧，皖北盜蠭起，光筯集民團備戰守。陸遐齡者，定遠巨猾，繫安慶獄。城陷，賊令歸結黨爲北路應，擾定遠、壽州、合肥，勢甚張。巡撫周天爵兵少不能制，令光筯圖之。先布間諜，散其黨羽，然後進攻莊木橋。光筯設奇計，親率勇士擒遐齡父子及其黨四十餘人，戮之。天爵特疏薦，晉秩知府，賜花翎。

四月，賊由江寧、揚州分股北竄臨淮，擾及鳳陽、懷遠。光筯於兩河口立水營，八公山雜張旗幟爲疑兵，列礮要隘。獲賊諜逃兵，並斬之以徇，壽州獲安。五月，賊復由六合撲正陽關，光筯調練勇千，屯三十里鋪及兩河口迎擊，殲賊二百餘人，乃引去。招降附近土匪談家寶、張茂等黨衆數千，皆效用。是年冬，粵匪陷廬州。四年，六安繼陷，北路捻匪日猖獗。和春督大軍規廬州，不暇北顧。袁甲三剿捻，徬徨於皖、豫之交。正陽爲要衝，距州城六十里。光筯扼關以禦，捻黨數來犯，五戰皆捷。季學盛踞于家圍，而馬四、馬五、王亮彩、鄧三虎等諸捻黨出沒州境，先後平之。廬州大軍無後顧憂者，光筯之力也。

五年，大軍克廬州，光筯署知府，撫流亡，嚴斥候，數殲伏匪。六年，遂實授。尋巡撫福濟疏列其治行上聞，以道員記名，署廬鳳道。時和春移督江南大軍，袁甲三再起軍臨淮，捻勢南趨。光筯甫出兵，捻首張洛行已破周鎭、王莊，犯三十里鋪。光筯背水爲陣，令曰：「有進無退！」分三路擊之，以八百人破賊數萬。七年春，捻匪龔德等掠正陽關，光筯偕副都統德勒格爾渡河襲擊，斃賊八百餘，追七十里。將搗其巢，聞六安復爲粵匪所陷，回保壽州。粵匪驟至，圍城。破其地雷，夜乘霧出城，分三路襲賊營，鄉團應之。賊驚潰，追擊，斃賊千餘，圍立解。捷入，加按察使銜。乘勝合水陸進剿，毀賊營四十餘處，克正陽關，賜號鏗色巴圖魯。閏五月，捻匪復踞正陽關，欽差大臣勝保率兵至八里垛，光筯請夾擊於沫河口，建浮橋先渡馬隊。賊忽由後路鈔來，光筯立船頭督戰，左腿中槍，猶指揮進擊，纜斷溜急，舟覆，沒於河。詔贈布政使銜，依贈官賜卹，予騎都尉世職，謚剛愍，於壽州建專祠。

光筯吏治戰績爲安徽第一。嘗言：「大兵宜攻不宜守。郡縣吏宜守四境，不宜守孤城。」皖北倚爲保障。及其歿後，捻氛乃益熾，人尤思之云。

李孟羣，字鶴人，河南光州人。父卿穀，道光二年舉人，四川長寧知縣，累擢湖北督糧道，署按察使。咸豐四年，粵匪陷武昌，巡撫青麐走湖南，卿穀守城殉難，贈布政使，予騎都尉世職，謚愍肅。

孟羣，道光二十七年進士，廣西即用知縣。歷署靈川、桂平，以剿匪功擢南寧同知。咸豐元年，匪首洪秀全犯盤龍河，孟羣手執籐牌督戰殺賊，鏖戰連日，賊不得渡。擢知府，調赴永安軍營。二年，授泗城知府。賊犯桂林，孟羣赴援，連戰北門外及古牛山、五里墟、夾山口、睦鄰村，迭挫賊鋒。圍解，加道銜。進平潯州艇匪，擢道員，署潯州知府。三年，調江西九江府，仍留廣西剿賊。

四年，曾國藩在籍治水師，聞孟羣名，奏調率千人往偕楊載福、彭玉麐東下，攻拔城陵磯，克岳州，調廣西平樂府。賊陷武昌，孟羣聞父殉難，誓滅賊復仇，仍請終制，詔留軍。國藩屯金口，塔齊布進扼洪山，定三路攻武昌之策。孟羣偕載福、玉麐中流直下，艦分二隊，前隊衝鹽關出賊背，後隊自上擊下，燬賊船二百餘艘。會諸軍剷沿江木柵，破漢關及金沙洲、白沙洲，抵鮎魚套，西渡攻漢陽朝宗門。賊揚帆下竄，屍蔽江。燬晴川閣下木柵、大別山下木壘，武昌、漢陽同日收復。孟羣奔赴父死所慟哭收殮，一軍感動。捷聞，加按察使銜，賜號珠爾杭阿巴圖魯。

於是國藩進規江西，孟羣率水師抵九江，戰兩岸及湖口皆捷。五年春，師挫於湖口，賊泝江上犯，陷漢陽，武昌大震。孟羣回援，偕彭玉麐敗賊漢陽。署湖北按察使，以在憂辭，詔不允。武昌尋爲賊陷，從胡林翼屯金口，改統陸師。五月，合擊賊，四戰皆捷。七月，賊糾黨撲金口，孟羣拒戰失利，陸營潰。詔以衆寡不敵原之，命攻漢陽。六年，從總督官文迭進攻，十一月，孟羣據龜山俯擊，總兵王國才攻西南各門，城中賊亂，遂克漢陽，加布政使銜，以布政使遇缺題奏。

七年，安徽北路捻匪方熾，粵匪自桐城進陷六安、英山、霍山，廬州危急。巡撫福濟請援，孟羣率陸師二千五百人赴之，途次授安徽布政使。進兵克英山、霍山，攻獨山，駐軍麻埠。霍山復爲賊陷，尋復之。八年，粵匪由灊山、太湖竄擾河南固始。孟羣自六安赴援，偕勝保力戰解圍，被獎敍。剿商城匪黨，平之，回軍克六安。七月，福濟卒於軍，暫攝巡撫，未十日，廬州爲粵匪所陷，褫職，留軍効力。收集潰軍，駐廬州西官亭、長城一帶。皖北赤地千里，協餉不至，所部號四千，飢疲已甚。湘軍李續賓方克桐城、舒城，飛書乞援，而續賓戰歿於三河，勢益孤危。九年二月，六安復陷，賊六七萬逼長城，營壘被圍，死守十餘日。壘破，手刃數賊，受傷被執，擁至廬州，賊首陳玉成優禮之，絕糧不食，賦詩四章書於絹，付人使出報大營，遂死之。

勝保等先已疏陳孟羣殺賊陣亡，詔復原官，賜卹，謚武愍。十年，巡撫翁同書以尋獲遺骸入奏，命送回籍。袁甲三復奏孟羣死事實蹟，詔於廬州建專祠，依巡撫例優卹，予騎都尉兼雲騎尉世職。穆宗卽位，以孟羣父子殉節，忠烈萃於一門，與賜祭死事諸臣之列焉。

趙景賢，字竹生，浙江歸安人。父炳言，嘉慶二十二年進士，授刑部主事，歷官湖南巡撫。

景賢，道光二十四年舉人，誤註烏程籍，被黜。捐復，授宣平教諭，改內閣中書。豪邁有大略。咸豐三年，在籍倡團練，以勸捐鉅款，晉秩知府，分發甘肅，未往。十年，尚書許乃普薦之，命從團練大臣邵燦治事。聞粵匪陷廣德，自蘇州馳歸，籌布守城。總兵李定太、參將周天孚先後來援失利。景賢收集潰兵，爲戰守計。偵知江南援軍至，出城夾擊，擒斬數千，立解城圍。從張玉良復杭州，克長興、德淸、武康。旣而賊擾嘉興，景賢分兵屯南潯，扼其衝。四月，賊由太湖、夾浦犯湖州。道員蕭翰慶來援，戰歿，招其潰兵入伍，出北門擊賊，血戰數晝夜，賊遁。五月，率礮船進攻平望鎭，與楚軍合擊，克之。會賊酋陳玉成由溧水竄浙境，景賢回救，合民團要擊走之，賜號額爾德木巴圖魯，以道員用。六月，進復廣德，交軍機處記名簡放。十月，賊犯杭州，景賢馳援。湖州告警，速回師，賊已至南門外峴山。副將劉仁福率廣勇來援，有通賊狀，誘擒仁福，斬之以徇。賊奪氣，分擾四鄉，旋犯西門。合水陸擊退，盡破附近諸山賊壘，圍復解，加按察使銜。

十一年，復長興。尋賊踞洞庭東、西兩山，長興不能守，郡北七十二漊時被擾。景賢於大錢口增駐水師，聯絡民團，分顧各路，屢戰皆捷。五月，賊踞菱湖鎭。率水師進攻，燬賊舟，又破之於溆山溪。九月，賊又逼郡城，鏖戰五晝夜，追奔出境。時杭州久被困，景賢率兵滾營前進，連破賊卡二十餘處。賊復乘虛襲大錢口，景賢且戰且退，掩擊之，賊遁。聞杭州再陷，歎曰：「湖郡孤注，惟當効死弗去，以報國恩耳！」是年冬，授福建督糧道。同治元年春，詔念景賢殺賊守城，於團練中功稱最，特加布政使銜。自賊氛逼城，僅大錢口可通太湖糧道。會大雪湖凍，賊由洞庭東山履冰來犯，大錢遂爲所踞。

賊以屢戰傷亡多，恨景賢次骨，掘其父墓，戒不與戰，但斷絕糧道以困之。景賢迭出戰不利，密寄帛書至上海與其叔炳麟訣，誓以死守。朝廷惜其才，命曾國藩、左宗棠設法傳諭輕裝出赴任，景賢益感奮，選壯士三千人，分出斫賊營，奪其糧而還。被圍既久，兵日給米二合五勺，官民皆食粥糜，道殣相望。五月，城陷。

景賢冠帶見賊，曰：「速殺我，勿傷百姓。」賊首譚紹洸曰：「亦不殺汝。」拔刀自刎，爲所奪，執至蘇州，誘脅百端，皆不屈。羈之逾半載，李秀成必欲降之，致書相勸。景賢復書略曰：「某受國恩，萬勿他說。張睢陽慷慨成仁，文信國從容取義，私心竊向往之。若隳節一時，貽笑萬世，雖甚不才，斷不爲此也。來書引及洪承疇、錢謙益、馮銓輩，當日已爲士林所不齒，清議所不容。純皇帝御定貳臣傳，名在首列。此等人何足比數哉？國家定制，失城者斬。死於法，何若死於忠。泰山鴻毛，審之久矣。左右果然見愛，則歸我者爲知己，不如殺我者尤爲知己也。」秀成赴江北，戒紹洸勿殺。景賢計欲伺隙手刃秀成，秀成去，日惟危坐飲酒。二年三月，紹洸聞太倉敗賊言景賢通官軍，將襲蘇州，召詰之，景賢謾罵，爲槍擊而殞。

自湖州陷，屢有旨問景賢下落。至是死事上聞，詔稱其「勁節孤忠，可嘉可憫」，加恩依巡撫例優卹，於湖州建專祠，宣付史館爲立特傳，予騎都尉世職，諡忠節。長子深彥，年十二，在湖南，聞湖州陷，卽自酖死。先被旌，附祀景賢祠。次子濱彥，賜官主事；溱彥、浺彥皆以通判用。

論曰：何桂珍儒臣出爲監司，以忠義激勵饑軍，竟撫悍寇；誤於庸帥，倉猝殞身。徐豐玉才裕匡濟，兵單致敗。溫紹原守六合，金光筯守壽州，並以彈丸一邑，出奇制勝，砥柱狂瀾，其有關於江淮全局者大矣。李孟羣戰功卓著，至皖北兵食俱絀，卒不復振，父子繼死國事，爲世所哀。趙景賢以鄉紳任戰守，殺敵致果，繼以忠貞。當時團練徧行省，自湖湘之外，收效者斯爲僅見。諸人不幸以節烈終，未竟其勳略，惜哉！

清史稿卷四百一

列傳一百八十八

向榮　和春　張國樑

向榮，字欣然，四川大寧人，寄籍甘肅固原。以行伍隸提標，爲提督楊遇春所識拔。從征滑縣、青海、回疆，常爲選鋒。積功擢至甘肅鎭羌營游擊。道光十三年，直隸總督琦善知其才，調司教練，累遷開州協副將。海疆戒嚴，率兵駐防山海關。擢正定鎭總兵，調通永鎭。二十七年，擢四川提督。三十年，調湖南，平李沅發之亂，調固原。

廣西匪起，巡撫鄭祖琛不能制。榮於舊將中最負時望，文宗特調爲廣西提督，倚以辦賊。是秋至軍，由柳州、慶遠進剿，以達宜山、象州，連破賊於索潭墟、八旺、陶鄧墟、猶山等處，賊氛稍戢。惟洪秀全等踞桂平金田，狡悍爲諸賊冠。榮移兵往剿，賊以大黃江、牛排嶺爲犄角。咸豐元年春，攻大黃江，賊分出誘戰，率總兵李能臣、周鳳岐合擊，大破之，殲千數百人，賜號霍欽巴圖魯。水陸合攻牛排嶺，擣其巢，又追擊於新墟、紫金山，賊乃竄踞武宣東鄉。時周天爵爲巡撫，與榮同剿賊，議不合，數戰未得利，廣州副都統烏蘭泰率兵來會。四月，賊突圍竄象州。榮被譴，褫花翎，降三級留任，天爵亦罷軍事。大學士賽尚阿代李星沅督師，命榮與烏蘭泰節制鎭將以下，迭詔戒榮同心協力，以贖前愆。賊踞象州中坪，其要路東曰桐木，西曰羅秀，榮與烏蘭泰分扼之。六月，榮由桐木進兵，偕烏蘭泰合剿，迭敗賊於馬鞍山及架村、黃瓜嶺、西安村，遂回竄桂平新墟、紫金山，恃險負嵎。榮偕烏蘭泰等迭奪豬仔峽、雙髻山要隘，進破風門坳。八月，賊冒雨竄逸，官軍失利於官村，遂陷永安州，坐褫職留營。十一月，合攻永安，獲勝，復原官。

初，榮所部湖南兵，因榮子繼雄用事，軍心不服，故武宣、象州之役戰不力，皆歸咎之。文宗排衆議，仍加倚任，而調四川兵以易湖南兵。賽尚阿不知兵，專倚榮與烏蘭泰。二人復不協，圍永安久不下。榮建議缺北隅勿攻，伺賊逸擊之。二年二月，天大雨，賊由北突出，逕犯桂林。榮由間道馳援，先賊至，賊冒榮旗幟襲城，擊走之。偕巡撫鄒鳴鶴急治守具，屢出奇兵擊賊城下，俘斬甚衆。經月餘，援軍集，賊乃解圍北竄。詔嘉其保城功，已奪職復之，予議敍。賊由興安、全州入湖南。榮頓兵桂林，爲總督徐廣縉論劾，褫職戍新疆。賽尚阿疏請暫緩發遣，令援湖南。九月，至長沙，破賊瀏陽門外，又破之於見家河、漁網洲、嶽麓山。至冬，圍乃解。賊北竄，陷岳州，入湖北，進犯漢陽、武昌，官軍遙尾之，莫敢擊。賽尙阿、徐廣縉先後罷黜，諸將無一能軍。詔以榮屢保危城，緩急尙欲恃之，予提督銜，幫辦軍務，責援武昌。尋復授廣西提督。榮至，數奏捷，而武昌尋陷，褫職，仍留軍。調署湖北提督，未幾實授，命爲欽差大臣，專辦軍務。賊旣踞武昌，勢益熾，不可復制矣。

三年正月，大舉東犯，連舟蔽江，棄城而去。榮以克復聞，詔促躡追。榮所部兵多疲弱，遣撤六千餘名，料簡精銳，率總兵和春、李瑞、秦定三、玉山、福興沿江躡賊；令提督蘇布通阿率川兵，總兵晉德布率滇兵來會。至九江，無舟，留半月，賊已掠安慶，陷江寧，爲久踞計。榮至江寧，屯孝陵衞。時鎭江、揚州皆爲賊踞，詔琦善剿江北，榮剿江南，分任軍事。榮所部一萬七千餘人，攻通濟門外及七橋甕賊壘，連破之，進屯紫金山，結營十八座，賜黃馬褂。江寧城內士民謀結合內應，屢爽期，迄無成功。賊已分股由安徽北擾河南，而鎭江、揚州南北互應，大江上下游賊勢相首尾。榮遣提督鄧紹良率兵八千規鎭江，總兵和春以舟師伺便夾擊，屢戰，進壁城下。六月，紹良軍爲賊所襲，退守丹徒鎭，榮令和春往援，遂代領其軍。賊注意蘇、常諸郡，以和春軍相持不得進，乃欲取道東壩。十月，賊船入蕪湖，陷高淳，遣兵擊走之，令鄧紹良駐防。旣而皖北賊熾，和春赴援，榮請以提督余萬清代督鎭江軍。

四年七月，賊犯東壩，遣副將傅振邦等協剿，賊退高淳，進復其城。賊乘江寧大營空虛，大舉來撲，率諸軍拒之，擒僞丞相譚應桂，俘斬三千餘。總兵葉長春、吳全美以水師克下關水栅礮臺，殪僞燕王秦日綱，進扼三山，營江路上游。賊聚太平府，與江寧相應。張國樑連克賊壘，乘勝復太平，殲賊首韋得眞等。江寧賊出營於上方橋，三路來撲，又撲七橋甕，分擊敗之，三戰殪賊二萬餘。八月，燬上方橋賊壘，進逼雨花臺，擣其巢，追奔至城下。賊復由觀音門出趨栖霞，令總兵德安追擊，敗之於高資汛，又與余萬清合擊於夾江，擒斬殆盡。萬清亦屢敗賊於鎭江。

五年春，湖北竄賊入蕪湖，鄧紹良禦之於黃池。瓜洲賊出鮎魚套犯高資，擊走之。五月，賊由蕪湖犯灣沚，却之。吳全美率水師破賊於東梁山，德安、明安泰率陸師進攻蕪湖，會鄧紹良大破安慶援賊，遂復蕪湖。餘賊猶濱江結壘，以廣福磯、弋磯爲犄角，數路死力來援，紹良、全美等水陸苦戰，迭敗之而不能克也。時巡撫吉爾杭阿旣克上海，詔幫辦軍務，專任鎭江一路，督攻甚急，江寧賊百計赴援。十一月，榮督總兵德安、張國樑、秦如虎等，迭擊之於燕子磯、觀音門、甘家港、栖霞街、石埠橋等處，賊竄回江寧，令德安駐軍東陽鎭扼之。十二月，上游蕪湖、兩梁山、金柱關及江北瓜洲、金山、廬州、三河諸賊同趨江寧，約城中悍賊衝出：一由神策門至仙鶴門抄綴大營；一由觀音門沿江至栖霞，直趨鎭江；一由南路秣陵關來犯。榮令張國樑、秦如虎迎擊於仙鶴門，大捷，回擊石埠橋，賊亦退，又敗之於龍脖子及元山、板橋等處。檄鄧紹良自蕪湖回援，余萬清自鎭江移駐龍潭、下蜀街。

六年春，賊踞倉頭，爲往來要道，余萬清、張國樑迭擊不退，鄧紹良至，令統前敵諸軍，屢戰不利。賊日增多，蔓延炭渚、橋頭，改以張國樑爲總統，國樑力戰，連破橋頭、下蜀街、三汊河、張楊村諸壘，賊始竄走，復合鎭江賊入瓜洲，將軍托明阿軍潰，江北大震。榮令紹良援揚州，偕德興阿復其城。國樑援六合，進克江浦、浦口，江北稍定。四月，寧國告陷，蘇、浙戒嚴，令紹良馳禦之。江長貴亦退守黃池，而鎭江軍事復急。國樑進攻小丹陽未下，吉爾杭阿戰歿於烟墩山，鎭江京峴山營壘皆失，榮令余萬清代領其軍。明安泰扼小丹陽，福興、張國樑率兵防剿，以固蘇、常門戶。國樑破賊於丹徒鎭，進扼馬陵，而賊已陷溧水，由高資、下蜀街趨江寧，分屯太平、神策門外。

五月，上游賊纍至，屯城北。榮大營兵僅數千，急促國樑回援。賊分十餘路來撲，營壘盡失，退守淳化鎭，再退丹陽，自請治罪，詔原之，褫職，仍留欽差大臣，督辦軍務。丹陽當鎭江、江寧兩路要衝，榮率張國樑、虎嵩林扼守。令西林防句容，明安泰攻溧水，江長貴扼溧陽，張國樑仍總統諸軍。賊更番至，恃國樑力禦却之。疏請增兵，未至，榮憂憤成病，七月，卒於軍。

遺疏上，文宗震悼，詔嘉其忠勤，雖未恢復堅城，數年保障蘇、常，盡心竭力，復原官，依例賜卹，予一等輕車都尉世職，諡忠武。命建專祠，又入祀江蘇名宦祠。克復江寧後，賜祭一壇，入昭忠祠。子繼雄，候選道，襲世職。

和春，字雨亭，赫舍里氏，滿洲正黃旗人。由前鋒、藍翎長授整儀尉，累遷副護軍參領。出爲湖南提標中軍參將，擢永綏協副將。

咸豐元年，從向榮赴廣西剿匪，戰武宣東鄉，賜花翎。破賊於中坪，進攻紫金山，奪雙髻山、豬仔峽要隘，功最，賜號鏗色巴圖魯。又奪風門坳，克古調村賊巢，擢綏靖鎮總兵。二年，援桂林，力戰解圍，加提督銜。追賊至全州，敗之。賊入湖南，迭戰於道州、桂陽，遂犯長沙，和春從向榮赴援，數出奇破賊。賊去陷岳州，坐追剿遷延，褫職留軍。

三年春，會攻武昌。賊棄城東下，追至九江，遇賊，襲擊之。從向榮抵江寧，分軍攻通濟門外賊壘。尋偕總兵葉長春、吳全美等率舟師攻鎮江，破賊甘露寺下。駐金山扼江路，又掠鮎魚套，擊敗賊船。偕總兵瞿騰龍攻太平門，塡壕逼城，殲賊甚衆。六月，提督鄧紹良師潰於鎮江，詔和春署江南提督，率所部廣東、湖南兵馳援。移軍丹徒鎮，進復京峴山舊壘。賊數千來爭，殲戮殆盡。賊銳稍挫，兩軍相持，蘇、常得無事。尋實授提督。

是年冬，安徽軍事急，命和春分兵移防滁州，遂進援廬州。巡撫江忠源困守危城，陝甘總督舒興阿率援軍至，不敢戰，忠源疏言和春忠勇可恃，請命總督援軍，詔允之，而所部僅千人，請舒興阿分兵，不聽。未幾，廬州陷，忠源殉。軍事專屬和春，福濟繼任巡撫，爲之副。

四年，疏言：「皖省軍情重大，兵勇雖有萬餘，多未經戰陣。請調鎮江舊部湖南兵，並撥金陵得力官兵三千，交總兵秦定三、鄭魁士率之來助剿。」時廬州屬縣皆陷，與安慶踞賊連絡一氣，城大賊衆，和春駐軍三里岡，屢率鄭魁士等進剿，賊抗拒不下。乃沿河築壘搆橋，分三路更番攻擊。夏，知州茅念劬率民團克六安，秦定三破賊於三連橋，進攻舒城。賊由霍山撲六安，擊走之。紮筏載大礮轟廬州城，賊分出拒戰，迭敗之。別遣軍復英山、廬江，而和州、含山一路賊時窺伺，疏請飭袁甲三嚴防烏江，以斷賊援。冬，臧紆青、劉玉豹由廬南規桐城，連奪大關等隘，逼城下，而紆青戰歿，玉豹退保六安，和春爲賊牽制不能救。秦定三攻舒城，亦久不下，迭詔切責。初，和春專剿廬州，袁甲三扼臨淮，軍事多相關，而意不合。五年，偕福濟疏劾甲三，罷之，命和春遣員接統其軍。夏秋連擊敗援賊，督諸軍急攻廬州，至十月克之，城陷將兩年矣。詔嘉和春功能補過，賜黃馬褂，予騎都尉世職。六年，復舒城，大破賊於三河，克之，再復廬江。會向榮卒於軍，命和春代爲欽差大臣，督辦江南軍務。

自向榮兵挫，退守丹陽，江寧賊益驕，內鬨，自相殘殺，故榮歿後，張國樑等得以撫輯餘軍，規復東壩、高淳。和春至，餉械並絀，詔下各省接濟月餉四十萬兩，江蘇糧臺不能時給，疏劾總督怡良、巡撫趙德轍，詔勉其和衷。溧水、句容為賊精銳所聚，力攻數月，七年夏，先後克之，加太子少保。圍攻鎮江，賊數糾悍黨來援，督諸將迭破之。十一月，克鎮江，賜雙眼花翎。將軍德興阿督江北諸軍攻瓜洲，同日克復，軍聲大振。進攻江寧東北路，奪太平、神策兩門外賊壘。八年春，賊迭出城，力鬬却之。合水陸諸軍克秣陵關，加太子太保。又破賊三汊河，奪要隘，江寧之圍漸合。

賊由皖南犯浙境，用以牽掣大軍。詔和春兼辦浙江軍務，先遣兵二千往援，命親往督師，以病未行。尋浙事緩，罷其行。賊復沿江來援，擊走，築長圍困之。七月，賊大舉出撲，張國樑破之城下。八月，陳玉成糾合捻匪犯江浦、浦口，德興阿兵潰，儀徵、揚州、六合先後陷。和春遣馮子材渡江赴援，復失利。張國樑繼往，力戰，復揚州、儀徵。九月，和春授江寧將軍。江寧賊乘間出撲，溧水亦陷，急調國樑回援。十月，復溧水，而上游賊犯黃池、灣沚，鄧紹良戰沒。

九年春，招降捻首薛之元，獻江浦城，復約李世忠破賊，復浦口。因劾德興阿縱寇狀，詔罷德興阿。江北不復置帥，諸軍併歸和春節制。提督鄭魁士亦克灣沚、黃池，進規蕪湖，軍事轉利。疏言：「揆察現勢，先盡力於金陵一路，絕其根株，則枝葉自萎。欲破金陵，必先斷浦口。請添募精銳萬人，由張國樑統率，一面力攻，一面進紮營壘，斷賊糧路，兼卻外援。臣當相度事機，剋期蕆功。」詔允之。是年冬，陳玉成由六合犯揚州，分黨渡江窺秣陵關，欲抄大營後路，東壩、溧水皆告警。尋大舉犯江浦，提督周天培死之，遂陷浦口。張國樑、馮子材援剿獲勝，揚州解嚴，浦口仍爲賊踞。

十年春，國樑督水陸軍攻九洑洲，大捷，破其老巢。九洑洲爲江寧水陸咽喉，既得，已成合圍之勢，而賊復由皖南犯浙，遽陷杭州，蘇、常震動。詔和春仍兼辦浙江軍務，先後分兵萬餘，提督張玉良總統赴援，甫至，賊即棄杭州。閏三月，由廣德分犯建平、東壩、溧陽，遂窺常州，急調張玉良回援，賊已分路逕趨江寧。時賊酋陳玉成、李秀成、李侍賢、楊輔清，糾諸路衆十餘萬，力破長圍，城賊應之。大營軍心不固，惟恃張國樑力禦。戰數晝夜，諸營同時火起。總兵黃靖、馬登富、吳天爵陣亡，全軍大潰，退守鎮江。和春坐褫職留軍。又退丹陽，賊踵至，張國樑死之。和春奪圍走常州，督兵迎敵，被重創，退至無錫，卒於軍。總督何桂清棄城走，常州、蘇州相繼陷。江南軍自向榮始任，凡歷七年，至是熸焉，蘇、浙遂糜爛。事聞，詔念和春前功，雖兵機屢挫，尚能血戰捐軀，復原官，依例賜卹，予騎都尉兼雲騎尉，合前世職併爲二等男爵，諡忠壯，附祀江寧昭忠祠。子霍順武，候選參將，襲爵。

張國樑，字殿臣，廣東高要人，初名嘉祥。少材武任俠，爲里豪所辱，毀其家，走山澤爲盜，不妄殺。流入越南，後歸鎮南關。按察使勞崇光聞其名，招降，剿匪多得其力。咸豐元年，破劇賊顏品瑤，斬於陣，盡殲其黨。積功擢守備，繼隸向榮軍。二年，從解桂林圍，復全州、永興，擢都司。赴援湖南，迭破賊於醴陵、益陽、湘陰。援武昌，戰於洪山，皆爲軍鋒。

三年，至江寧，逼城而軍。國樑屯七橋甕，攻鍾山賊壘，先登受傷，溫旨垂問，益感奮，遇艱險，一往直前。擢湖南永州營游擊。雨花臺爲近城要地，屢力攻，幾克之，賜號霍羅琦巴圖魯。四年夏，復太平。太平在江寧上游，賊踞之以通糧運。府城三面阻水，惟東路通陸。賊聚千艘結四壘，設防甚密。國樑分三隊進，設伏縱火，自率精銳四百人突賊營，一戰克之，時稱奇捷。擢廣西三江協副將。又攻雨花臺，平賊壘，毀礮臺。剿南路竄賊，追入秣陵關，殲戮殆盡。五年，擢福建漳州鎮總兵。大軍急攻鎮江、瓜洲，江寧賊時出窺伺，江北賊亦乘隙進圖牽制。國樑隨方截擊，奔命不遑。六年，賊聚倉頭、炭渚、下蜀街，以斷鎮江、江寧之師。國樑總統諸軍合擊，旬日之間，殺賊萬餘，賊不得逞，乃渡江犯瓜洲，江北諸軍皆潰，又陷江浦、浦口。國樑馳援，連破賊於毛許墩、葛塘，復江浦、浦口。特詔嘉獎，加提督銜。未幾，巡撫吉爾杭阿戰歿，鎭江告急，溧水被陷，國樑回軍克之，而賊數路趨江寧，夾攻大營。向榮不能禦，急調國樑回援，血戰累日，左足被槍傷，偕榮退保丹陽。時大江南北諸軍，賊所尤畏者，惟國樑一人。賊勢忽南忽北，多方肆我，皆牽制國樑之計，果爲所敗。榮旣病，軍事一倚之。將軍福興與國樑不協，詔福興移軍江西，以國樑幫辦江南軍務。賊屢至，皆挫之。榮卒於軍，命和春代將，未至，國樑激勵將士，解金壇圍，復東壩、高淳，進攻句容。七年，擢湖南提督。克句容，賜黃馬褂。督諸軍規復鎭江。高資爲鎭江、江寧要衝，兩路悍賊麕聚力爭，連營二十餘里，國樑大破之，斬僞安王洪仁等，又連破之於龍潭，援賊盡殲。鎭江糧盡援絕，遂克其城，城陷賊已歷五年。捷聞，文宗大悅，詔嘉國樑謀勇超羣，予騎都尉世職。於是偕和春進規江寧。

八年，克秣陵關，賜雙眼花翎。復薄江寧城下，自春徂夏，迭戰破賊。築長圍，至秋乃成。皖賊大舉來援，江浦、浦口、儀徵、揚州、六合先後陷。國樑渡江援剿，復揚州、儀徵。調江南提督，晉三等輕車都尉。然賊仍踵故智，國樑兵至則走，去則復來。九年，提督周天培戰死江浦，國樑坐褫世職。

十年，合水陸諸軍克九洑洲，沿江賊爭投款，約期攻上下兩關，招撫五千餘人。軍中方謂堅城旦夕可下，而浙江告警，兵分益單，餽運不繼。和春用翼長王浚策，兵餉三分留一，約待克城後補給，士卒皆怨，國樑力諫不聽。閏三月，賊猝大至，四路受敵，大營不守，偕和春退丹陽。國樑以馮子材在鎮江未敗，進謀扼守。尋率師援丹陽，遇賊城外，兵忽潰，策馬渡河，沒於水。事聞，文宗震悼，猶冀其不死，命軍中偵訪，不得。踰數月，乃下詔優卹，追贈太子太保，祀昭忠祠，謚忠武，予騎都尉兼一雲騎尉世職。

國樑驍勇無敵，江南恃爲長城。其歿也，數郡遂淪陷。士民哀思，私立廟祀。傳述戰績，與古名將同稱，往往附會過實，然益見威烈入人之深。同治三年，江寧克復，僞忠王李秀成就擒，言賊中咸重國樑，禮葬於丹陽尹公橋塔下，乃得遺骸焉。詔加給三等輕車都尉，合前世職併爲一等男爵。祀江寧忠義祠，復與向榮合建專祠。子蔭清，襲男爵。

論曰：粵匪初起，向榮與諸帥不和，致無成功，援桂林、長沙，爲時所稱，故文宗終用之。其規江南也，近未破鎭江、瓜洲犄角之勢，遠未淸長江上游，無以制賊死命，數年支拄，暫保吳疆，固昧遠猷，亦限兵力。和春繼克鎭江，又以援浙分兵，垂成之敗，禍更烈焉。張國樑一時健者，使盡其用，功不止此。善夫胡林翼之言曰：「未扼賊吭，江寧原難遽復。」觀湘軍之所以成功，與向榮、和春等之所以蹉跌，兵事固無倖焉者矣。

清史稿卷四百二

列傳一百八十九

烏蘭泰 長瑞 長壽 董光甲 邵鶴齡 鄧紹良 石玉龍

周天受 弟天培 天孚 饒廷選 文瑞 彭斯舉

張玉良 魯占鼇 劉季三 雙來 瞿騰龍

王國才 虎坤元 戴文英

烏蘭泰，字遠芳，滿洲正紅旗人。由火器營鳥槍護軍從征回疆有功，升藍翎長，累擢護軍參領、營總、翼長。軍政卓異，道光二十七年，擢廣東副都統。善訓練，講求火器。

咸豐元年，廣西匪熾，詔烏蘭泰幫辦軍務，選帶適用器械及得力章京兵丁赴軍，以廣東綠營精兵五百人隸之。四月，偕向榮、秦定三等圍賊於武宣，賊竄象州，自請治罪。詔以其初至，免議，命偕向榮節制鎮將。時軍中將帥不和，文宗憂之，密諭烏蘭泰實陳勿隱。上疏略曰：「周天爵奏向榮曲徇其子，致失衆心，不爲無因。武宣之役，秦定三、周鳳岐、張敬修連營防禦，其堵剿不利，追賊遲延，咎當同任。天爵劾定三、鳳岐，不及敬修，人心不服。向榮將官傅春、和春失利，天爵責定三不併力，後訪知實非退縮，諉爲向榮推卸之言。因之天爵、榮、定三皆有隙。天爵年老，直强、耳輭，其子光岳干預，致失人心。」又言：「向榮初剿賊屢捷，未免輕賊。及其子招嫌，楚兵藉口，遂多諉卸。然在軍鎭將無及榮者。更易其兵，仍可立功。」上下其疏，命賽尙阿覈奏，賽尙阿請不咎既往，令烏蘭泰與向榮分任軍事，以專責成。

賊踞象州中坪，烏蘭泰督貴州三鎭兵，由羅秀進梁山村，逼近賊巢。賊乘駐營未定，猛撲，連擊敗之，殪賊千餘。是年秋，賊竄桂平新墟，烏蘭泰分四路進攻，破伏賊於莫村，一日七戰皆捷，斬級數千，賜花翎。賊屯紫荆山，新墟爲山前門戶，雙髻山、豬仔峽爲山後要隘，負隅死拒。向榮偕巴清德連奪雙髻山、豬仔峽，合攻風門坳，破之。進逼新墟，迭攻不下，其附近村落掃蕩幾盡。閏八月，賊編木牌欲渡河，烏蘭泰迭擊，大敗之，詔嘉獎，加都統銜。於是賊棄新墟他竄，向榮等追至平南，敗績，賊遂陷永安州。烏蘭泰追至，戰於水竇、團嶺，皆大捷，賜黄馬褂。永安地險，賊皆死黨固結，僅烏蘭泰一軍久戰已疲，故不能制之。

向榮自平南敗後被譴，託病逗留梧州、平樂者兩月有餘。至冬始抵永安，攻北路，烏蘭泰攻南路，毀水竇賊巢。向榮亦進奪樍嶺要隘，合擊迭挫賊。賽尚阿親蒞督戰，期在必克。江忠源號知兵，隸烏蘭泰軍，倚其贊助；每言賊兇悍，久蔓將不可制，必聚而殲之。烏蘭泰主鎖圍困賊，向榮謂圍城缺一面，乃古法，宜縱賊出擊，兩人意不合。會榮克城西礮臺，二年元旦，同詣賽尚阿賀歲。賽尚阿遇榮特優，烏蘭泰憤甚，忠源解之，然益不相能。忠源以母憂，辭歸。時嚴詔促戰，春雨連旬，士卒疲困。二月，賊棄城冒雨夜走，北犯桂林。烏蘭泰率兵急追至昭平山中，路險雨滑，爲賊所乘，敗績，總兵長瑞、長壽、董光甲、邵鶴齡死之。向榮徑收州城，由間道趨桂林，先賊至。烏蘭泰踵賊後，戰於南門外，爭將軍橋，礮中右腿，創甚，退屯陽朔，越二十日卒於軍。烏蘭泰忠勇爲諸將冠，文宗深惜之，賜銀一千兩治喪，予輕車都尉世職，謚武壯。

長瑞、長壽，瓜爾佳氏，滿洲正白旗人。父塔思哈，道光初，官喀什噶爾幫辦大臣。叛回張格爾作亂，殉難，予騎都尉世職。長瑞襲世職，授三等侍衞，累擢直隸天津鎮總兵；長壽以廕授藍翎侍衞，累擢甘肅涼州鎮總兵：並從賽尚阿赴廣西剿匪，同領湖南兵。長瑞戰風門坳有功，新墟禦賊失利，奪職留營。及賊由永安出竄，從烏蘭泰躡追至龍寮嶺，地險，左右止勿進。長瑞曰：「軍令孰敢違者！死耳，勿復言。」以母老，令長壽毋相從，長壽泣曰：「貪生忘國，非孝也。」卒偕行。值大霧，賊以巨礮扼山間。軍士兩日不得食，爲賊衝潰踐踏，死無算。長壽墜馬，長瑞挺矛救之，身被數十創，同遇害。文宗以其父子兄弟皆死難，深惜之，並贈提督，予騎都尉兼雲騎尉世職。存問其母，賜銀三百兩。長瑞謚武壯，長壽謚勤勇，於永安建祠曰雙忠，同死者附祀焉。

董光甲，直隸河間人。嘉慶十四年武進士，授守備。累擢河南河北鎭總兵。從向榮攻永安，奪槓嶺、摩天嶺、天鵝嶺諸要隘。追賊至昭平，迭擊賊於古束、龍寮嶺，次黃茆嶺。賊反撲，力戰死之，贈提督，予騎都尉兼雲騎尉世職，謚勇烈。

邵鶴齡，山東招遠人。嘉慶二十五年進士，授三等侍衞。累擢湖北鄖陽鎭總兵。偕長瑞等同追賊龍寮嶺，殞於陣，予騎都尉兼雲騎尉世職，謚威確。

鄧紹良，字臣若，湖南乾州廳人。由屯弁累擢守備。從剿崇陽土匪李沅發，率五百人破賊金峯嶺，擒沅發，擢都司，賜花翎、揚勇巴圖魯名號。遂從向榮赴廣西剿賊，潯州牛排嶺之戰，以精騎張左右翼，擊兩路賊，皆挫之。又戰象州、永安州，皆有功。咸豐元年，授楚雄協副將。二年，援桂林，屯西門，力戰却賊。追賊入湖南，援長沙，入任城守，地雷發，持刀屹立，礮洞左臂，不動，殪先登賊，賊退，城復完，軍中稱其勇。洎賊解圍竄湖北，巴陵土匪晏仲武勾結肆掠，紹良偕總兵阿勒經阿剿平之。

三年，擢安徽壽春鎮總兵，詔率所部從向榮援江南，廷臣多薦紹良者，尋擢江南提督。榮令分剿鎮江踞賊，進擊觀音山，合攻瓜洲，皆捷。逼城而軍，賊設伏北固山下，而自城突出撲營，火四起，官軍不能禦。退守丹陽，褫職議罪，仍隸向榮軍，帶罪自効。賊兩次窺伺東壩，榮令紹良擊走之。四年，克太平，紹良移軍駐守，又破賊采石。向榮疏陳戰功，爲乞免罪，允之。時賊由蕪湖窺徽州、寧國，紹良屯黃池，賊酋石國宗糾各路賊萬餘來犯。紹良兵少，設伏山溝，多張疑兵，誘賊入，痛殲之。五年春，賊復乘夜撲營。伏槍礮，俟近驟發，殲賊無算。詔嘉紹良力遏賊鋒，保全甚大，予三品頂戴，復花翎。賊旣退歸，復圖襲徽、寧，以窺浙境。紹良奉命馳往，統各路援兵，至則簡精銳，伏要隘伺擊，屢破賊，克婺源、黟、石埭諸縣，復提督銜。賊聚於蕪湖，窺南陵、黃池。紹良由灣沚進剿，連破賊，焚其舟，遂克蕪湖，授陝西提督。

六年春，江寧賊上竄，踞倉頭鎮，勢甚熾。向榮令紹良往督戰，而諸將意不愜，轉不盡力，於是戰不利。紹良受傷，坐褫花翎。德興阿軍潰，揚州陷。詔紹良渡江赴援，幫辦江北軍務。破藥王廟賊壘，環攻揚州六晝夜，克之，又追破賊於三汊河。會寧國告陷，復命幫辦皖南軍務。移軍赴援，扼金河橋，大破賊於東溪橋，又迭擊賊於涇縣，挫之，調浙江提督。

賊糾黨數萬來援，敗之於楊栁舖。副將周天受遇賊夏家渡，戰未利。紹良乘隙縱擊，賊大潰，遂督諸軍連奪夏家渡、團山諸賊壘，破七里岡賊巢，進攻寧國，十二月，克之。七年，丁母憂，奪情留軍。紹良以寧國爲浙之屏蔽，而涇縣爲咽喉要衝，屯軍扼之，賊屢犯不得逞。既而大軍復鎭江、瓜洲，急攻江寧，賊圖牽掣，大舉犯南陵，紹良擊走之。八年，進屯灣沚。賊合捻匪踞黃池，紹良回援，出賊不意，大破其衆，復黃池。會浙江軍事日棘，分兵赴援。十一月，賊乘虛悉馬步數萬躧而涉水，斷黃池山後接應，突攻灣沚營壘。總兵戴文英由江寧來援，戰歿，遂合圍。軍中餉絀食盡，紹良舉火自燔其營，率親兵血戰，死之。

事聞，詔念紹良桂林、長沙保城前功，轉戰徽、寧之間，凡歷五載，力竭捐軀，深致憫惜。贈太子少保，予騎都尉兼雲騎尉世職，謚忠武。於殉難地方建專祠，並賜其父白金四百兩，子亨先候錄用。尋以遺骸不得，文宗尤憫之，賜亨先員外郎銜。後湖南巡撫駱秉章疏請附祀表忠祠，允之。

石玉龍，湖南鳳凰廳人。以練勇從征，隸向榮、鄧紹良軍，積功至游擊。咸豐六年，總兵秦如虎駐防涇縣，以憂去，代者難其人，紹良薦玉龍，以游擊充統將。玉龍感奮，遇戰益力。從紹良復灣沚、黃池，又破賊萬級嶺，累擢副將。九年冬，賊大舉犯涇縣，迎擊於藍山嶺，初勝，賊至益衆，圍之數重，身被十餘創而殞，贈總兵加提督銜，謚剛介。

周天受，字百祿，四川巴縣人。咸豐初，從向榮剿賊廣西，轉戰湖南、湖北、江南，積功至游擊，賜號沙拉瑪依巴圖魯。五年，皖南軍事亟，前江西巡撫張芾治徽、寧兩郡防務，乞援於向榮，乃令天受率川兵赴援，偕諸軍克婺源、休寧、石埭。六年，援太平，連破賊於花橋、西溪，進規涇縣。大敗賊於雙坑寺，復其城，擢副將。會休寧復爲賊踞，官軍戰不利，張芾檄天受助剿，連捷。進燬石嶺、萬安街賊壘，會攻休寧，再復之，以總兵記名。七年，再復婺源，授福建漳州鎭總兵。賊踞陵陽鎭，値中秋令節，夜半出不意縱火攻之，盡燬賊營。復破賊於祁門五里牌，擣其巢，擒斬甚衆。八年，援浙江，將軍福興令守衢州。天受以浙西完善地，不可爲賊擾，主扼樟樹潭。賊竄龍游，天受留軍守壘，自率千人趨湯溪、宣平，賊引去。

和春疏言天受知兵，能占先著，而力單，遣其弟天培往助之，詔加提督銜，督辦浙江防剿事宜。天受嚴守金華，令天培復武義，又會江南軍復永康。張芾劾其驕縱，縱兵搶掠，詔罷總統，仍責剿賊。天受方連克縉雲、宣平、溫州，於是浙江巡撫晏端書疏陳援浙功，爲白被劾之枉。詔以浙事漸平，命偕弟天培及總兵饒廷選等進援福建，連戰皆捷，復浦城，而賊回竄江西，復犯皖南。命署湖南提督，回軍防徽州，節制諸軍，從張芾之請也。九年，進軍寧國，賊犯石埭、太平、涇縣，皆遣將擊走之。十年春，官軍連捷於涇縣、旌德，賊復入浙境，坐防剿不力，褫勇號，革職留任。

時江南大營再潰，軍事愈棘。張芾疏言：「寧防將弁大半籍隸湖南，皆鄧紹良舊部，習氣甚深。天受雖力求整頓，轉滋疑謗，請歸曾國藩節制。」國藩亦言其兵不可用，別調募新軍，倉猝不能至。天受偕江長貴再復涇縣，而賊糾大股犯寧國，勢甚張，天受激勵饑軍力禦。既而徽州陷，餉道梗絕，遣去城中居民萬餘，誓以身殉。八月，兵敗於廟埠。天受督隊守北門，大雨，火器不燃，城陷，巷戰死之。詔復天受原官，予騎都尉兼雲騎尉世職，謚忠壯；以其弟天培、天孚先皆殉節，命於四川省城及本縣合建專祠。

天培，由行伍從征廣西，累擢守備，隸向榮軍。咸豐六年，從破高資蔡家窰及壩西賊壘，賜號衞勇巴圖魯。七年，克東壩，平寶堰賊巢。連戰於郎山、尖山，克溧水，又破賊於鎮江虎頭山，累擢貴州定廣協副將。克瓜洲，以總兵記名。八年，授雲南鶴麗鎮總兵。先後偕張國樑破賊秣陵關及江寧南門外，功皆最。和春知其善戰，令赴浙江援其兄天受，迭克武義、龍泉，追賊入閩，克浦城。會江南、北軍事急，天培回援。九年春，賊分六路攻浦口，張國樑督諸軍禦戰，天培首先躍馬衝陣，各軍乘之，殲賊無算。賊築壘於雙陽、蕭家圩，別由九洑洲出悍衆來撲，天培分兵擊之，三戰三捷，功出諸將上，擢湖北提督，遂駐防浦口。

是年冬，匪首陳玉成糾衆十餘萬犯江浦，天培乘其初至，痛殲之。旣而賊麕集，後路爲所抄襲，裹創血戰，力竭陣亡。優詔賜卹，贈太子少保，予騎都尉兼雲騎尉世職，謚武壯。

天孚，從兄天受軍轉戰，以功洊保參將，留江蘇補用。咸豐九年，賊犯皖南，副將石玉龍戰死涇縣南山嶺。天孚屯灣沚，馳百里往援，要擊於章家渡，大破之，由是以驍勇名。尋援金壇，會諸軍連戰解其圍。十年，江南大營潰，閏三月，賊首李世賢大舉復圍金壇。天孚偕總兵蕭知音、參將艾得勝、知縣李淮同守之。淮素得人心，兵民合力，屢却賊。時江南軍事大壞，孤城援絕。天孚馳書兄天受，始疏聞，屢詔促鎭江副都統巴棟阿偕總兵馮子材赴援，卒不至。凡守百四十餘日，糧盡，軍無固志。知音等願率兵民突圍走鎭江，淮不可，誓死守，乃中止。屢獲賊內應，斬之。城陷先一日，偵知將有變，竟夜登陴，至旦，分半隊休息，値大霧，叛兵遽起，先戕天孚。賊乃梯登，知音、得勝突圍出，淮死之。事聞，贈天孚總兵，予騎都尉世職，謚威毅。

饒廷選，字枚臣，福建侯官人。以行伍洊升千總。道光中，從剿臺灣有功，擢守備。從水師提督竇振彪出洋擒海盜，擢漳州營都司。遷游擊，治匪無株連，得民心。咸豐三年，奉檄赴詔安治械鬬，而潮州會匪襲漳州，伏兵於城中突起，鎭道皆遇害。廷選聞變，間道馳還，號召鄉民千餘，城民應之。賊遁，旋復大至。廷選率鄉團固守，迭戰破賊，擒賊首謝厚等，遂署漳州鎭總兵。外剿內撫，期年始平。總督王懿德薦其才可大用，四年，授貴州安義鎭總兵，留署福建陸路提督。

五年，粵匪陷廣信，浙江戒嚴。廷選赴援，扼衢州。尋楚軍克廣信，賊知浙境有備，走徽州。六年，賊酋楊輔清復圖廣信以擾浙。廣信兵僅數百，知府沈葆楨馳書告急。廷選方駐甲玉山，曰：「賊得廣信，則玉山不守，而浙危矣。」值大雨水漲，駛舟急行，抵廣信。賊已至城西太平橋，初諜城中無兵，及見旌旗，賊爲奪氣。廷選所部僅千餘人，屢出奇擊賊。既而賊大至，部將畢定邦、賴高翔皆勇敢，獻計曰：「今賊不知我虛實，以我能戰，後路必有大兵。若稍退，賊追我，且立盡。當速決死戰。」廷選用其言，明日開城奮擊，自晨至日暮，毀其長圍，軍聲大振。越二日，賊引去，賜號西林巴圖魯。閩、浙大吏與江西督防者不慊，檄廷選速回師保浙。廷選待接防兵至始行，廣信民感其義。

七年，調衢州鎭總兵，會皖軍克婺源。八年，賊首石達開大舉犯浙，廷選分軍援廣豐，自守衢州。賊驟至，穴地攻城，城圮者三，皆擊卻之，守七十餘日。巡撫晏端書劾其久未解圍，又失江山、常山、開化三縣，奪職。未幾，圍解，三縣皆復，授南贛鎭總兵。王懿德檄召回援閩境，以病未行，遽劾，革職留營。八年，會克連城、龍巖，仍補南贛鎭。曾國藩奏以代沈葆楨守廣信，從民望也。

十年，粵匪復犯浙，廷選赴援，復淳安，擢浙江提督。十一年秋，攻克嚴州，進規浦江，賊大至，不敵，退保諸暨，而杭州被圍急。巡撫王有齡促回援，廷選舊部僅漳勇數百、楚軍二千。事急，收集江南潰卒，皆不任戰，徒激忠義，勉以當賊。賊於城外海潮寺、鳳凰山爲堅壁，隔絕內外。困守七十餘日，糧盡，士卒饑餓。十一月，城陷，巷戰死之，贈太子少保，予騎都尉兼雲騎尉世職，謚果壯。入祀昭忠祠，於杭州建專祠。兄廷杰，弟廷夔，同戰死，附祀焉。旣而曾國藩、沈葆楨以廷選守廣信功，奏請建祠廣信，以副將畢定邦、賴高翔附祀。

文瑞，克什克特恩氏，蒙古鑲藍旗人，荊州駐防。由驍騎校從軍，轉戰湖北、安徽，累擢江西撫標中軍參將。咸豐十年，赴援浙江，克餘杭，以總兵記名。解湖州圍，賜號唐木濟特依巴圖魯。授處州鎮總兵，進剿金華。賊圍浦江，文瑞嬰城固守，屢出奇破賊營，逾月乃陷，詔免其處分。回援杭州，入城助守，城陷死之，予騎都尉兼雲騎尉世職，謚果毅。

彭斯舉，湖南平江人。以團練剿賊，從李元度爲平江軍營官。戰湖口、東鄉、貴溪、安仁、玉山，積功晉秩知府。元度罷去，留所部五營隸斯舉，始獨將一軍。會攻景德鎭，饒廷選見而器之，調援浙江，破賊於淳安，復其城，擢道員，留浙補用。駐守千秋關，賊大至，搏戰竟日，潰圍出，移防海寧。會攻嚴州，下之。進援廣信，而所部留駐常山者索餉譁潰，斯舉率親兵赴杭州，乞解軍事回籍，巡撫王有齡留管營務處。斯舉建議，省城米糧來自寧、紹，錢塘江距城三里，當築甬道，兵護之，運道乃無虞。未及行而賊至，城中竟以絕糧陷。斯舉分守湧金門，死之。

張玉良，字璧田，四川巴縣人。咸豐初，由行伍從征廣西，積功至千總。四年，從向榮至江南，戰江寧城外，屢有功，累擢永州左營游擊。六年，敗賊於丹陽、金壇，賜號毘勇巴圖魯。又敗賊於溧水西門，燬其礮臺，擢處州營參將。七年，克句容，加總兵銜，擢三江口協副將。破鎮江援賊於江濱，克鎮江，敍功以總兵記名。八年，大破江寧援賊，擢甘肅巴里坤總兵。攻太平、金川諸門，賊衆突出，痛殲之。馳援溧水，毀紅藍埠賊壘，克其城，斬賊千餘級，加提督銜。九月，會攻浦口，大捷。而九洑洲之賊來援，玉良率後隊截擊，賊大潰。十年春，遂乘勝克九洑洲，詔遇提督缺出題奏，尋調肅州鎮總兵。

江南大營諸將善戰者，向榮舊部多蜀將，張國樑所部多粵將。蜀將以虎坤元爲首，周天培及玉良次之。時浙江軍事亟，議分軍赴援，咸屬望於張國樑，而圍攻江寧，功在垂成，國樑爲全軍所繫，不克行。坤元、天培已前歿，乃命玉良總統援浙諸軍，專辦浙江軍務，未至而杭州陷，將軍瑞昌獨堅守駐防內城，與賊相持。玉良率六百人馳至，出賊不意，燬武林、錢塘諸門外賊壘，梯城而上，遂復杭州。捷聞，詔嘉爲奇功，賜黃馬褂，予騎都尉世職，擢廣西提督。

賊之擾浙也，原以牽制江南軍，故見玉良至，則不戰遽去，由廣德分路趨江寧。總督何桂清駐常州，檄玉良回援，而賊別隊已侵江南大營後路。桂清留玉良於常州以自衞。未幾，江寧兵潰，張國樑、和春先後殉，詔玉良代節制其軍。常州陷，禦賊於無錫高橋，賊由間道出九龍山襲無錫。玉良前後受敵，退保蘇州，入城計守禦，未定，潰兵應賊，蘇州亦陷。玉良奔杭州，褫職，隸瑞昌軍。瑞昌令規復嚴州，繼克常山，復原官。十一年，復遂安，而嚴州又陷。玉良自江南敗衂後，兵心已渙，不能復振。賊再攻杭州，馳援，軍不用命，自知事不可爲，戰杭州城下，輒身臨前敵，力鬬，中飛礮，歿於軍。贈太子少保，予騎都尉兼雲騎尉世職，祀本籍昭忠祠，謚忠壯。

魯占鼇，四川成都人。由行伍官平番營守備，從向榮剿賊廣西、江南。繼從吉爾杭阿克上海，攻鎭江，戰皆力，累擢川北鎭總兵，調建昌鎭。蘇州陷，爲賊所執，罵賊被臠割，死之。贈提督銜，予騎都尉兼雲騎尉世職。

劉季三，廣西武宣人。以武舉從右江道張敬修戰桂林、全州，授左江鎭標守備。從向榮至江南，積功至副將，賜號直勇巴圖魯。咸豐八年，大兵攻秣陵關，季三於葛塘寺設伏，出賊不意，斬關入，火之，又破六郎橋賊巢，功皆最，擢直隸通永鎮總兵。十年，張國樑督諸軍攻江寧，季三任上關一路，壽德洲守賊秦禮國獻壘內應，破上關，拔出難民千餘，解散脅從五千餘人。從張玉良援浙江，克餘杭、臨安，進秩提督。是年秋，賊陷嚴州，掠富陽，季三孤軍往援，戰竟日，死之。予騎都尉兼雲騎尉世職，謚忠毅。

雙來，徐氏，漢軍正白旗人。由拜唐阿累遷鑾儀衞治儀正，出爲甘肅碾伯營都司，擢秦州營游擊。道光二十七年，赴援回疆，行至黑孜布依遇賊。兵少，被圍，相持十餘日。援至，合力破賊。方圍急，賊塞水源以斷汲路，越日泉湧盈塘。宣宗聞之，嘉歎曰：「此將士忠義所感也！」命以參將用，賜花翎、法福哩巴圖魯勇號。尋敗賊於駱駝脖子，加副將銜。歷靈州營參將、永固協副將。

咸豐二年，調赴欽差大臣琦善軍，擢肅州鎮總兵。三年，從琦善攻揚州，勇銳爲一軍之冠，戰輒手執大旗以先，迭破賊，毀西北隅土城，悉奪其營壘。賊遁入城死守，圍攻兩閱月。雙來發礮壞城垣丈餘，作桴渡河，逼城布雲梯，鼓勇先登，縱火，賊於城上苦鬭，槍彈如雨。雙來傷頰，折二齒，暈跌，扶下，從卒多傷亡，以無繼援而退。特詔褒奬，加提督銜，他將觀望者並被譴。越旬日，雙來復督隊攻城，力戰逾時，中礮，洞穿右股，猶大呼登城殺賊。翌日，創甚，卒於軍。

文宗素知其勇，事聞，震悼，手批其疏曰：「雙來何如是不幸？朕隕涕覽奏，不勝悲憤！然視彼貪生退縮者，奚啻霄壤。」詔依提督例優卹，賜銀一千兩，命柩歸時專奏入城治喪，予騎都尉兼雲騎尉世職，謚忠毅。後都統德興阿疏言雙來與總兵瞿騰龍戰績尤異，先後於江北陣亡，請在揚州建雙忠祠合祀，詔允之。

瞿騰龍，字在田，湖南善化人。由行伍補千總，勦瑤匪趙金龍及乾州苗有功，累擢古丈坪營都司，署鎮筸鎮標游擊。咸豐元年，率標兵赴廣西勦匪，迭破賊於武宣桐木、馬鞍山，永安古排塘。二年，援桂林，以巨礮擊賊於文昌門，殲斃甚衆，賜號莽阿巴圖魯，擢永綏協副將。追賊入湖南，迭戰於寧遠、耒陽、永興、安仁。賊圍攻長沙，騰龍率苗兵千人赴援，偕鄧紹良破南門外賊栅。賊以地雷轟城，圮十餘丈，騰龍守城缺力禦，斬悍賊三百餘人，城復完，加總兵銜。

三年，從向榮戰武昌，遂尾賊東下，擢湖北鄖陽鎮總兵。抵江寧，賊已分黨北犯，命率所部馳赴山東、河南防勦。行至高郵，琦善疏留其軍會攻揚州。騰龍身先士卒，與總兵雙來並號軍鋒。旣而雙來以傷殞，遂兼領其軍，充翼長，琦善甚倚之。揚州久不克，而賊之踞瓜洲者盡力來援。騰龍扼三汊河，賊至，十倍我軍，騰龍下令「有進無退，回顧者斬」，下馬持大刀闖入陣，士卒皆喋血戰，賊退，夜乘雷雨突之，賊不辨衆寡，自相踐殺，及曉，屍骸狼藉，斃賊二千有奇。尋賊揚帆逕趨揚州南門，登東岸，復馳擊走之。於是樹巨樁以阻河路，城賊屢突圍，擊退。十一月，賊全隊衝出，併入瓜洲，乃復郡城。

初，向榮疏調騰龍回軍江寧，不許。至是詔率兵援安慶，琦善奏三汊河要衝，恃騰龍力守，仍請留。賊於運河南岸築數壘以逼三汊河，進攻破之。四年正月，進攻瓜洲，設伏誘賊出，伏起，大破之。二月，復進攻，乘夜雪襲賊，連破二壘，深入，賊傾巢出，鈔官軍後，圍數重，戰竟日，被傷，下馬步戰，力竭死之，年六十有四。贈提督，予騎都尉兼雲騎尉世職，諡威壯。

王國才，字錦堂，原姓羅氏，雲南昆明人。以武舉効力督標，洊升守備。道光末，剿彌渡回匪，擒賊首海老陝，賜號勝勇巴圖魯，擢都司。從剿廣西賊，轉戰大黃江、永安州有功。尋撤滇軍歸伍。咸豐二年，平尋甸回匪，擢山東青州參將。

三年，吳文鎔移督兩湖，疏調率所部赴湖北，行至天門，遇賊，以親兵七十人擊走之。

會文鎔戰歿黃梅，國才將返滇，過荆州，將軍官文留之，予兵千二百、練勇五百，守城北龍會橋。賊萬餘猝至，軍士氣沮，國才曰：「賊如潮湧，不進何以求生！」親以鳥槍斃執旗賊，大呼陷陣，賊披靡，墜河無算。追至馬湟山，賊敗竄，軍中稱其勇。官文令整飭諸縣團練，荆州獲安，賜花翎，以副將陞用。四年，署督標中軍副將，從總督楊霈防德安。

會湘軍規大冶，國才當右路，連破賊，克蘄州。楊霈以川練千人益其軍，進攻九江。五年，率部將畢金科戰城下，數捷。會楊霈師潰，國才回援武昌，夜至，城已陷，未知也；先驅入城，始覺。賊由漢陽悉衆來拒，國才突圍出，駐金口，進大軍山。尋屯沌口，偕水師合攻漢陽，設伏誘賊出，殲之。賊屢襲金口、沌口，皆擊退。破大別山賊壘，授竹山協副將，署鄖陽鎮總兵。總督官文進逼漢陽，國才屢從破賊。六年，諸軍合攻，國才越壕逼城下，一擁而入，巷戰，殺賊甚衆，加總兵銜，記名簡放。復黃梅，守之，改隸將軍都興阿。七年，賊由太湖來犯，以空城誘賊入，斬獲無算。追至九江對岸，連破賊段窰、楓樹坳、狗山鎮。雲南回匪熾，調回援，官文、胡林翼疏留不遣。黃梅城僻隘，國才謂不足屏蔽，請守雙林驛。都興阿不許，乃屯城西，分副將石淸吉守城。賊屢犯，却之，授貴州安義鎮總兵。六月，皖賊陳玉成糾賊數十萬上犯，國才被圍，力戰，歿於陣。贈提督，予騎都尉兼雲騎尉世職，建專祠，謚剛介。

虎坤元，字子厚，四川成都人。父嵩林，咸豐初，以湖南游擊調廣西剿匪，從向榮戰紫荊山，攻永安，解桂林、長沙圍，並有功。從至江南，累擢湖北宜昌鎭總兵。偕巡撫吉爾杭阿克上海，遂從攻鎭江，屢破賊於寶蓋山、倉頭、下蜀街、高資。在江南軍中稱宿將。

坤元，年十七，從父軍，勇力過人，戰輒先登，軍中號曰「小虎」。初至江寧，奪鍾山賊壘，功最，擢守備。四年，克高淳、太平，賜花翎、鼓勇巴圖魯勇號，擢川北鎭標都司。五年，援灣沚，焚賊舟，乘勝取蕪湖，坤元躍登城，殺守陴賊，遂克之。六年，江寧賊出援鎭江，坤元元旦馳至三汊河，擊敗之。又戰於下蜀街，破賊壘，追賊直至仙鶴門，擢建昌鎭標游擊。從總兵秦如虎援浙江，而寧國告陷，遇賊於宣城紅林橋，設伏，身率數騎誘賊，敗之。進攻寧國未下，回援鎭江，嵩林爲賊所困，馳入重圍拔之出。會江南大營潰，向榮等退守丹陽，賊躡至，勢甚張，坤元偕張國樑力戰却之。遂從嵩林移駐珥陵，扼賊犯常州之路。未幾，國樑戰五里牌，傷胯，急召坤元夜至，簡精銳，未曉卽出，踰簡瀆河，東攻黃土臺賊壘，躍上壘牆，毀其柵，大隊擁入，勁騎鈔截，賊無脫者，連破五壘。國樑亦破河西賊壘，賊勢始挫。

坤元以是名出諸將上，乘勝進兵，踰月遂解金壇之圍，擢參將。進攻東壩，塡壕登城，負創力戰，手斬悍賊，復之。又克高淳，以副將儘先陞用。七年，會攻溧水。賊屢來援，與城賊夾攻官軍。坤元迭破之於郞山、拓塘、博望、天里山、小茅山，凡十餘戰，殲戮無算，擒僞迓天侯陳士章。鏖鬬城下四晝夜，躍登南門，復溧水，授貴州定廣協副將。又敗賊於高陽橋，克湖墅、龍都。張國樑攻句容，賊堅守未下，檄坤元往助。值賊出撲，率數十騎突之，進逼南門，縱火焚城樓，大軍繼之，遂克句容。敍功，以總兵記名簡放。從國樑規鎭江，時賊由江寧來援，蟻聚七星觀、倉頭。坤元以輕騎誘敵入伏中，大敗之，追擊，立破三壘。賊退至三汊河，伏兵又起，無去路。坤元大呼：「棄戈者免死！殺賊首者賞！」降者數百人。是役斬馘及淹斃者三千有奇，生擒三百。尋敗賊於西壩岡，援賊復於倉頭、顧家壩築壘。坤元於山後樹幟爲疑兵，自率小隊衝鋒，殪悍賊。而賊以大隊來拒，諸軍環擊，乘勢全毀賊營，鎭江守賊遂遁。追至龍潭，痛殲之。坤元甫授直隸通永鎭總兵，文宗手批其謝恩疏曰：「聞汝父子在軍營甚爲奮勇。汝年未三十，已膺顯秩。務自勉勵，以副朕望。」至是復下部優敍。尋丁母憂，奪情留軍。

八年，攻秣陵關，逼賊巢爲壘。賊出鬬，敗之，窮追，單騎獨前，惟游擊劉萬清從，疑有伏，止之，勿聽，進至石橋，中槍而殞，萬清奪其屍還。和春疏聞，言：「坤元從軍八載，忠勇性成。善以少擊衆，自爲都守。父子所入之貲，悉以養勇士。故旌旗所指，無不披靡。歷經頒給御賜金牌六次，受二等傷四次，頭等傷十二次。灼頸落指，瀕死者屢矣。既歿，大江南北同聲悼惜。」詔從優卹，於溧水、湖墅及死事地方建專祠，諡忠壯，予騎都尉兼雲騎尉世職。未娶無子，以弟坤岡襲。是年，其父嵩林守溧水，爲賊陷，坐褫職，以坤沅陣亡故，獲免治罪。嵩林回籍助剿滇匪，命襄治團練，尋卒於家。

戴文英，廣東羅定人。由行伍從剿羅鏡淩十八有功，擢千總。咸豐三年，從向榮援江寧。初至進攻，文英偕張國樑穿越深林叢葦十餘處，潛襲雨花臺賊營後，大敗之，賜號色固巴圖魯。四年，剿賊七橋甕，往來衝鋒，又偕總兵德安破賊營。五年，戰高資，皆以勇銳稱，累擢惠州營都司。六年，攻鎭江，戰於京峴山。馳馬入賊陣，槍斃悍賊甚多，擢南詔營游擊。從張國樑援金壇，率精銳過河奮擊，解金壇之圍。兩江總督怡良薦舉將才，文英與其選。大兵克東壩賊壘，平寶堰賊巢，文英率茅村團練獨當一路，斬獲多，擢淮安營參將。七年，從張國樑攻鎭江，駐紅花山。賊衆來撲，文英衝入賊中，手刺殺悍酋數人，賊大敗，擢江南督標中軍副將。是年冬，攻克鎭江府城，記名總兵。八年，克秣陵關，授直隸通永鎭總兵。

時江寧長圍漸合，賊百計潰圍，屢出衝突。文英從張國樑四面兜剿，直抵外壕，焚燬望樓。皖北援賊陷溧水，文英偕張玉良馳赴會剿，分攻紅藍埠，逼河礮擊，乘夜渡河，踏平賊壘，遂復溧水。而賊復自西路來援，文英自督前隊，以劈山礮迎擊，騎兵包抄，斃賊無算。會提督鄧紹良在寧國爲賊所困，文英馳援，遇賊於灣沚，連戰皆捷，而賊至愈衆，力竭，歿於陣。

文英在軍中以善戰名，爲張國樑所倚，甫擢專閫而殞。文宗惜之，優詔賜卹，稱其所向有功，克溧水，破援賊，功爲尤著，予騎都尉世職，謚武烈。

論曰：烏蘭泰忠勇冠軍，與向榮不合，致無成功，時論多右之。鄧紹良、周天受老於軍事，保障皖南，軍律不嚴，終不能保全浙境。張玉良後起，號驍健，江南師潰之後，竟不復振。諸人皆當一面，以死勤事，其成敗有足鑑者。雙來、瞿騰龍、王國才、虎坤元、戴文英並以善戰名，志決身殲，時論惜焉。

清史稿卷四百三

列傳一百九十

勝保　托明阿　陳金綬　德興阿

勝保，字克齋，蘇完瓜爾佳氏，滿洲鑲白旗人。道光二十年舉人，考授順天府教授。遷贊善，大考二等，擢侍講，累遷祭酒。屢上疏言事，甚著風采。歷光祿寺卿、內閣學士。咸豐二年，因天變上疏論時政，言甚切直，略謂：「廣西賊勢猖獗，廣東、湖南皆可憂。賽尚阿督師無功，請明賞罰以振紀綱。河決不治河員之罪，刑輕盜風日熾，應明敕法以肅典常。臣工奏摺多留中，恐滋流弊。一切事務，硃批多而諭旨少。市井細民，時或私論聖德。」疏入，下樞臣傳問疏末兩端，令直言無隱。覆奏曰：「硃批因事垂訓，臣工奉到遵行，他人不與聞，非若諭旨頒示天下。近日諸臣條奏雖依議，而原奏之人不知；交部重案，覆奏依議，外人並不知作何發落。古者象魏懸書，俾衆屬目。似宜通行宣示，以昭朝廷之令甲，而杜胥吏之蔽欺。至愚賤私議，或謂皇上勵精之心不如初政，或謂勤儉之德不及先皇。今遊觀之所，煥然一新。釋服之後，必將有適性陶情之事，現在內府已有採辦黎園服飾以備進御者。夫鼓樂田獵，何損聖德。然自古帝王必先天下之憂而憂，後天下之樂而樂。書曰：『無于水監，當于民監。』誠不可不察也。」文宗不懌，明諭指駁，以其意存諷諫，不之罪也。尋因自行撤回封奏，降四品京堂。

會粵匪犯武昌，勝保疏陳辦賊方略，命馳往河南，交欽差大臣琦善差遣。三年春，偕提督陳金綬率兵援湖北、安徽，而江寧告急。至則城已陷，駐兵江浦。勝保疏陳軍事稱旨，命以內閣學士會辦軍務，克浦口而賊陷揚州，偕陳金綬進勦。擊賊鎮海寺南，破之，薄揚州城下，賜花翎。又連破賊於天寧、廣儲門外。

奉命赴安徽勦賊，而賊已入河南，渡河圍懷慶。勝保會諸軍進擊，將軍托明阿軍其東，勝保軍其南。時督師大學士訥爾經額遙駐臨洺關，援軍數路久頓城下，惟二軍戰較力，命勝保幫辦河北軍務。七月，分三路進攻賊壘，大破之，懷慶圍解，加都統銜，賜黃馬褂，予霍鑾巴圖魯名號。賊竄山西，連陷數縣，諸軍遷延，惟勝保率善祿、西淩阿兵四千尾追，一破之封門山口，再破之平陽，繞出賊前，扼韓侯嶺，尋復洪洞、平陽。劾逗留諸將托雲保、董占元、烏勒欣泰等，罪之；詔嘉勝保果勇有爲，授欽差大臣，代訥爾經額督師，節制各路，特賜康熙朝安親王所進神雀刀，凡貽誤軍情者，副將以下立斬以聞。

賊既不得北竄，轉而南，由澤、潞間道入直隸境。訥爾經額師潰於臨洺關，賊復猖獗，竄順德、趙州、正定。勝保由井陘一路迎截，坐追賊不力，鐫二級。命惠親王緜愉爲大將軍，科爾沁郡王僧格林沁爲參贊大臣，駐軍涿州，直隸軍務仍責勝保專任，而以西淩阿、善祿副之。賊東竄，由深州、河間窺天津，勝保轉戰追賊至靜海。賊由獨流分踞楊柳青，迭擊之，遂聚於靜海、獨流，負嵎久踞。詔僧格林沁進軍合剿。四年春，賊突圍走阜城，追擊，殲賊數千，陣斃悍酋吉文元。而援賊由江北偸渡黃河擾山東，命勝保移兵往剿，臨清失守，坐褫職，戴罪自效。尋破賊，克臨清，餘賊南走，追擊迭破之，解散甚衆。及竄入豐縣，僅千餘人，蹙之河岸，悉數殲除。捷聞，復職，加太子少保。僧格林沁圍林鳳祥、李開芳於連鎮，久未下，命勝保回軍會剿。開芳突出，分股竄山東，勝保親率輕騎追之，賊陷高唐踞守，圍之數月不能克。迭詔詰責，褫職逮京治罪，遣戍新疆。直隸、山東賊既平，予藍翎侍衞，充伊犂領隊大臣。

六年，召還，發往安徽軍營差遣。七年，予副都統銜，幫辦河南軍務。捻匪方熾，勝保至，連破之方家集、烏龍集、柳溝集，克三河尖老巢。又克河關，復霍丘，大捷於正陽關，斬捻首魏藍奇等，加頭品頂戴。八年，平酈家集、喬家廟、趙屯諸捻巢。粵匪大股圍固始，擊破之，殲賊萬餘，斬僞顯天侯卜占魁等，固始圍解。詔嘉謀勇兼優，遇都統缺出題奏，復黃馬褂、巴圖魯，免其弟廉保遣戍罪。粵匪陳玉成、李侍賢合陷廬州、鳳陽，授勝保鑲黃旗蒙古都統，命爲欽差大臣，督辦安徽軍務，連破賊於定遠池河、高橋。督軍抵三河，賊遁走。捻首李兆受久踞江、淮間，與粵匪勾結。及見粵匪屢挫，漸持兩端。勝保親至清流關密招之，許歸誠後免罪授官。兆受以其部下家屬在江寧，請緩發。至是進攻天長，兆受內應，克之，遂獻滁州，奏授參將職，改名世忠，安置降衆，自爲一軍。九年，克六安，捻首張元龍以鳳陽降，復臨淮關。進克霍山、盱眙，破賊清水鎭，斬其酋吳加孝，遂克懷遠，而廬州、定遠久未下，賊仍蔓延。丁母憂，奪情留軍。

十年，罷欽差大臣，命赴河南剿匪。御史林之望論劾，降授鑲藍旗漢軍副都統。復坐剿匪不力，降授光祿寺卿，召回京。甫至，會英法聯軍內犯，命率八旗禁軍駐定福莊，偕僧格林沁、瑞麟進戰通州八里橋，敗績，勝保受傷，退保京師。停戰議和，勝保收集各路潰軍及勤王師續至者共萬餘人。疏陳京兵亟應訓練，擬議章程以進。命兼管圓明園八旗、內務府包衣三旗，親督操練，是爲改練京兵之始。

十一年，擢兵部侍郎，捻匪擾山東，詔分所部五千人畀僧格林沁往剿。尋命勝保赴直、東交界治防，連克丘縣、館陶、冠縣、莘縣，破賊老巢。招降捻首宋景詩，率衆隨軍。復朝城、觀城，命督辦河南、安徽剿匪事宜。河北肅淸，予優敍。

是年七月，文宗崩於行在，穆宗嗣位，肅順、載垣、端華等輔政專擅。勝保昌言將入淸君側，肅順等頗忌憚之。洎回鑾，上疏曰：「政柄操之自上，非臣下所得專。皇上沖齡嗣位，輔政得人，方足以資治理。怡親王載垣、鄭親王端華等非不宜力有年，赫赫師尹，民具爾瞻；今竟攬君國大權，以臣僕而代綸音，挾至尊而令天下，實無以副寄託之望，而饜四海之心。該王等以承寫硃諭爲辭，居之不疑。不知皇上纘承大統，天與人歸，原不以硃諭之有無爲重。至贊襄政務，當以親親尊賢爲斷，不當專以承寫爲憑。先皇帝彌留之際，近支親王多不在側。仰窺顧命苦衷，所以未留親筆硃諭者，未必非以輔政之難得其人，待皇上自擇而任之，以成未竟之志也。嗣聖旣未親政，皇太后又不臨朝，是政柄盡付之該王等數人。其託諸掣籤簡放，鈐用符信圖章，以此取信於人，無如人皆不信，民喦可畏，天下難欺。近如御史董元醇條陳，極有關繫，應准應駁，惟當斷自聖裁，廣集廷議，以定行止。乃徑行擬旨駁斥，已開矯竊之端，大失臣民之望。道路之人皆曰：『此非吾君之言也，非母后聖母之意也。』一切發號施令，眞僞難分。衆情洶洶，咸懷不服。夫天下者，宣宗成皇帝之天下，傳之文宗顯皇帝以付之我皇上者也。昔我文皇后雖無垂簾之明文，而有聽政之實用。爲今之計，非皇太后親理萬幾，召對羣臣，無以通下情而正國體；非特簡近支親王佐理庶政，盡心匡弼，無以振紀綱而順人心。惟有籲懇皇上俯察芻蕘，卽奉皇太后權宜聽政，而於近支親王擇賢而任，仍秉命而行，以成郅治。」奏上，會大學士周祖培等亦以爲言，下廷議，從之。肅順等並伏法。尋授鑲黃旗滿洲都統兼正藍旗護軍統領。

時捻匪肆擾皖、豫間，以張洛行爲最强。苗沛霖自踞壽州，逼走巡撫翁同書後，佯稱就撫，陰與粵匪陳玉成勾結。署巡撫賈臻被圍於潁州，久不解。楚軍已克安慶，陳玉成退踞廬州。朝廷本意安徽軍事屬之李續宜，用爲巡撫。沛霖舊隸勝保部下，心憚楚軍，揚言勝保來始薙髮。賈臻以聞，詔促勝保援潁州。同治元年，遣軍先進，爲賊所挫。三月，勝保至，擊破賊壘，圍乃解，加兵部尙書銜。多隆阿等克廬州，陳玉成遁走，沛霖誘擒之，獻於勝保軍。詔於軍前誅玉成，赦沛霖罪，許立功後復官。沛霖擁衆號十萬，所屬二百餘圩。與張洛行勢敵相仇，自請剿之，心實叵測。詔詢曾國藩、官文、李續宜、袁甲三等，皆主剿。獨勝保一意主撫，上疏言事權不一，身爲客軍，地方掣肘，請以安徽、河南兩巡撫幫辦軍務，允之。迭詔訓飭，褒其才略，戒其驕愎。卒不悛，力言沛霖無他，而爲李續宜所疑，恐激變。續宜奉旨進駐潁州，亦迄不至。

會陝西回亂熾，多隆阿援軍阻隔不能遽達。遂授勝保欽差大臣，督辦陝西軍務。八月，轉戰至西安，解其圍。降捻宋景詩中途率衆叛走。東路同州、朝邑猶爲回踞，詔責勝保專剿東路，命多隆阿進軍分任西路。勝保力不能制賊，而忌多隆阿，擅調苗沛霖率兵赴陝，嚴詔斥阻，不聽。命僧格林沁大軍監制，乃止。於是中外交章劾勝保驕縱貪淫，冒餉納賄，擁兵縱寇，欺罔貽誤，下僧格林沁及山西巡撫英桂、西安副都統德興阿察實奏上，密詔多隆阿率師至陝，傳旨宣布勝保罪狀，褫職逮京，交刑部治罪，籍其家。

二年，王大臣會鞫，勝保僅自承攜妾隨營，呈訴參劾諸人誣告之罪。詔斥其貪污欺罔，天下共知，苗沛霖已戕官踞城，宋景詩反覆背叛，皆其養癰貽患，不得謂無挾制朝廷之意；念其戰功足錄，從寬賜自盡，並逮其從官論罪有差。當其被逮也，降捻李世忠已擢至提督，請黜己官爲之贖罪，不許。御史吳台壽疏言勝保有克敵禦侮之功，無失地喪師之罪，請從末減。台壽兄台朗在勝保軍中，詔斥黨附，褫台壽職。

托明阿，棟鄂氏，滿洲正紅旗人。由侍衞擢護軍參領，出爲山東兗州營游擊。從巡撫武隆阿征回疆，以功賜花翎。累擢曹州鎭總兵，調四川松潘、重慶二鎭。道光二十四年，擢四川提督，以病去職。二十七年，起授烏魯木齊提督。調陝西，擢綏遠城將軍，整飭戎政，勤於訓練。

咸豐三年，粵匪林鳳祥等陷揚州，逼淮、徐，命率所部赴江南、山東交界防堵，進屯清江浦。賊竄滁州，托明阿赴援，與周天爵會剿。遂追賊至河南，迭戰於睢州、杞縣、陳留、中牟，進克汜水，殲賊千餘，被珍賚，命襄辦軍務。賊竄河北，圍懷慶，乃渡河會諸軍分路進攻，迭有斬獲。賊築土城樹木栅以拒，合攻破之，擒斬數千。賊始遁，懷慶圍解。論功，賜黃馬褂，予西林巴圖魯名號。追賊山西，詔以勝保督師，命托明阿襄辦。賊竄入直隸境，坐降五級留任，尋以傷劇解職回旗。四年春，病痊，命赴直隸，仍幫辦僧格林沁、勝保軍務。賊方踞阜城，堅守不出，諸軍圍之。托明阿屯東北，賊來撲，輒擊退，突由東南隅竄出，踞連鎮，夾運河。托明阿與都統西淩阿軍東西兩岸，圍復合。

會琦善督師揚州，卒於軍，命托明阿爲欽差大臣，馳往代之，授江寧將軍。自賊踞江寧，鎭江、揚州皆陷，南北梗阻，大軍分兩路，向榮軍江南，琦善軍江北。江北軍攻揚州不能克，賊棄城去，聚於瓜洲，與南岸鎭江相犄角。江寧賊時乘鉅艟順流而下，陸師不能扼，水師力薄，亦不能制賊。上游浦口最當衝要，賊於沙洲結營，時圖進竄。恃總兵武慶一軍及道員溫紹原六合練勇爲屏蔽，亦不能進取。托明阿至軍，令副將鞠殿華毀運河鐵鏁，提督陳金綬循東岸進攻，小有斬獲。又截擊賊艟，斃僞丞相黃起茅。自督舟師渡江，略北固山、金山而還。五年，瓜洲、鎭江賊合犯儀徵，令副都統德興阿、總兵李志和擊退。又進軍三汊河，誘賊敗之。托明阿見僧格林沁於連鎭、馮官屯皆以圍牆制賊，議仿其法，於瓜洲築長圍以困之。然瓜洲濱大江，江路不斷，且地勢袤長不易守，實無足恃。圍成，屢偕陳金綬進攻，無大勝利。江寧賊踞江浦石磯橋，武慶、西昌阿等馳擊，克之。巡撫吉爾杭阿督師攻鎮江甚急，於是議南北同時進剿。

六年二月，江寧賊大舉援鎮江，未得逞。渡江與瓜洲賊合，突越土圍，四出縱火。官軍戰土橋竟日，傷亡多。托明阿營壘被燬，退三汊河，又退秦家橋，幾不能軍。陳金綬、雷以誠等亦退走，揚州遂陷。諸營潰散，惟德興阿猶整軍力戰。向榮遣鄧紹良渡江來援。越十日，復揚州，而江浦亦爲賊踞。詔褫托明阿職，留營効力，尋以病歸。

八年，予頭等侍衞，率兵駐楊村防英兵內犯，授直隸提督，遷西安將軍。同治元年，以傷病乞休，四年，卒。

陳金綬，四川岳池人。從剿教匪，授把總，積功至都司。道光初，從征回疆，破賊於佳噶賴，功最，賜號逸勇巴圖魯，擢留壩營游擊。十三年，直隸總督琦善調司教練，累擢督標中軍副將，琦善倚之，以堪勝總兵薦，擢天津鎮。

二十二年，擢直隸提督。及琦善督師剿粵匪，率所部三千以從。詔金綬爲楊遇春舊部，命幫辦軍務，率兵先發。又以其不諳文字，命勝保偕行。咸豐三年春，趣援江寧，偕勝保克浦口，詔責專防江北。揚州陷，由六合、儀徵趨援。琦善大軍始至，合攻揚州。琦善軍其北，金綬、勝保軍其西，累戰皆捷。賊堅守數月不下，而瓜洲一路通江，兵少不能合圍。賊分犯浦口踞之，進陷滁州，遂北竄。勝保率兵赴安徽應援，迭詔以孤城久抗，責攻益急。總兵雙來奮進，緣梯登城，金綬策應。兵不聽命，雙來以無援負創退，尋歿於軍，自此不敢力攻，而賊時由瓜洲窺伺來援，屢却之。十一月，賊陷儀徵，兩路同時來犯。參將馮景尼守楊子橋，先潰，諸軍多失利。城賊擁輜重突出趨瓜洲，琦善、金綬不能截擊，並坐褫職留軍。揚州雖復，賊久踞瓜洲。四年春，琦善卒於軍，金綬暫署關防。托明阿至，偕金綬進攻瓜洲，毀賊礮臺。尋攻新橋賊壘，金綬之姪能義及游擊海明殞於陣。

江北軍多疲玩，金綬年老，文宗以其謹愿，姑容之。閱時輒報小捷，屢以虛飾被斥。至托明阿兵潰土橋，金綬及雷以諴駐萬福橋，望風而走。事後飾辭自辨，又奏隨同克復揚州，爲德興阿論劾，應治罪，金綬已先歿於軍矣。

德興阿，喬佳氏，滿洲正黃旗人，黑龍江駐防。道光末，由駐京前鋒授藍翎侍衞、乾清門行走，累擢頭等侍衞。以善騎射受文宗知，曾手擒奔馬，賜黃馬褂。

咸豐二年，命率黑龍江兵赴琦善軍。三年，從攻揚州，屯蔣家廟，爲通儀徵要路，城賊竄出，奮擊敗之。瓜洲援賊進踞虹橋，與守備毛三元夾擊於三汊河。德興阿單騎陷陣，射殪其酋，大破賊，加副都統銜。别賊破儀徵，分兩路來犯。德興阿急趨東石人頭，毁賊浮橋。而瓜洲賊又進築土城於河西，偪三汊河，與儀徵賊相犄角。德興阿偕總兵瞿騰龍渡河毁賊營，賊乃不能西進。是年冬，賊棄揚州城退踞瓜洲，官軍進復儀徵，授正白旗漢軍副都統。四年，偕瞿騰龍進攻瓜洲，騰龍深入，爲賊所襲，殞於陣。德興阿率勁騎馳援，賊敗走，軍賴以全，賜號博奇巴圖魯。尋復敗賊三汊河，賊埋地雷誘官軍，德興阿偵知，揮軍繞路而前，賊伏壘不出，遂分軍兩路夾攻，斬馘過當，奪獲大礮地雷。捷聞，晉御前侍衞。五年，迭攻瓜洲賊壘，又截擊竄賊於虹橋、八江口等處，皆獲勝。六年，托明阿兵敗於土橋，揚州復陷，諸軍渙散，獨德興阿軍未動。詔黜托明阿，以德興阿爲欽差大臣，加都統銜。敗賊薛家樓，進規郡城。賊萬人迎敵，德興阿身先士卒，斬賊酋一，諸軍乘之，賊大潰，乘勝復揚州。同時江浦、浦口並爲賊踞，令總兵武慶攻克之。

德興阿戰功素爲江北諸軍冠，惟不曉漢文，命少詹事翁同書爲幫辦。添調新兵，軍聲稍振，進規瓜洲。七年，參將富明阿破賊於土橋、四里鋪，水師又擊沉賊船，斬僞將軍陳磊。是年夏，合水陸諸軍進攻，毁賊艦及礮臺。德興阿親督戰，更番進逼，至十一月，大破之，復瓜洲。賊負嵎歷四年，至是始克。詔嘉調度有方，賜雙眼花翎，予騎都尉世職。乘勝逼金山，剿平新河口、龍王廟等處餘匪。江南軍亦同日克鎭江，專力進攻江寧。八年春，德興阿進軍江浦，獲勝。江寧賊勢日蹙，悍黨陳玉成等由安徽糾衆來援，德興阿兵敗於浦口，退保六合，褫雙眼花翎，革職留任。賊連陷江浦、天長、儀徵，德興阿不能救，揚州亦陷，褫世職。尋張國樑率兵渡江復揚州，而德興阿擁兵邵伯，觀望不前，嚴旨斥責。溫紹原守六合歷數年，爲江北屏蔽，至是亦以援絕被陷，紹原死之。翌日而張國樑馳至，已無及。國樑以江寧軍事急，移軍渡江，詔責德興阿規復六合，軍已不振，迄無功。

何桂清疏劾：「德興阿秉性粗率，初賴翁同書相助，得克瓜洲。自同書調任安徽巡撫去後，左右無人，毫無謀略，貽誤軍事。」和春亦劾其舉動乖謬，難以圖功。文宗猶念其前勞，未遽加譴。九年，以圍攻六合久不下，革任召還。自此江北不置帥，軍務統歸和春節制。尋予六品頂戴，交僧格林沁差遣。

十一年，署密雲副都統。同治初，授西安右翼副都統，留辦山西防務，又移駐陝西同、朝一帶防剿。五年，充塔爾巴哈臺參贊大臣，授正紅旗漢軍副都統，幫辦新疆北路軍務。六年，丁母憂回旗。尋卒，依都統例賜卹，諡威恪。

論曰：勝保初以直諫稱。及出治軍，膽略機警，數著功績。然負氣凌人，雖僧格林沁不相下。自餘疆臣共事，無不齟齬互劾。文宗嚴馭之，屢躓屢起，蓋惜其才也。始終以客軍辦賊，無自練之兵，無治餉之權；撫用悍寇而紊紀律，濫收廢員而通賄賂，又縱淫侈不自檢束。卒因祖庇苗沛霖，與楚軍不相能，朝廷苦心調和而不之喻，遂致獲罪，功過固莫掩也。托明阿、德興阿皆戰將，非獨當一面之才，負乘僨事，宜哉。斯又不足與勝保並論矣。

清史稿卷四百四

列傳一百九十一

僧格林沁　舒通額　恆齡　蘇克金　何建鼇　全順　史榮椿　樂善

僧格林沁，博爾濟吉特氏，蒙古科爾沁旗人。本生父畢啓，四等台吉，追封貝勒。族父索特納木多布齋，尚仁宗女。公主無出，宣宗爲選於族衆，見僧林格沁儀表非常，立爲嗣。道光五年，襲封科爾沁札薩克多羅郡王爵。十四年，授御前大臣、補正白旗領侍衞內大臣、正藍旗蒙古都統，總理行營，調鑲白旗滿洲都統。出入禁闈，最被恩眷。

咸豐三年，粵匪林鳳祥、李開芳等北犯，命僧格林沁偕左都御史花沙納等專辦京師團防。八月，欽差大臣訥爾經額師潰臨洺關，賊竄正定。詔授惠親王綿愉爲奉命大將軍，僧格林沁爲參贊大臣，上御乾清宮親頒關防，賜納庫素光刀，命率京兵駐防涿州。十月，賊陷靜海，窺天津。兵進永淸，又進王家口。賊不得前，乃踞獨流鎭。四年正月，僧格林沁會欽差大臣勝保軍乘夜越壕燔其壘，賊西南逸，追擊之子牙鎭南，擒斬甚衆，賜號湍多巴圖魯。復連敗賊於河間束城村、獻縣單家橋、交河富莊驛。賊竄踞阜城縣城，附城邨堡皆爲賊屯。僧格林沁偕勝保率副都統達洪阿、侍郎瑞麟、將軍善祿等諸軍圍擊，毀堆村、連村、杜場諸賊屯，礮殪悍酋吉文元，賊猶頑抗，攻之累月不下。粵匪復自江北豐縣渡河擾山東，寖近直隸境，欲以牽掣大軍，勝保及善祿先後分兵迎勦，迭詔責僧格林沁速攻阜城，於是穴地爲重壕長圍困之。四月，賊乘風突圍出，竄東光連鎭。連鎭跨運河，分東西兩鎭，村落相錯，賊悉踞之。僧格林沁自率西淩阿屯河東，令托明阿屯河西，別遣馬隊扼桑園。會勝保已破賊山東，回軍合攻連鎭。五月，賊酋李開芳以馬隊二千餘由連鎭東突出趨山東，勝保率騎兵追之，遂竄踞高唐州。詔斥僧格林沁疏防，責速攻連鎭自贖。會霖雨河漲，賊聚高阜，官軍屯窪地，勢甚棘。於是議開壕築隄，以水灌賊營。隄成，蓄水勢如建瓴，賊大困，屢出撲，皆擊退。九月，東西鎭各出賊數千，欲突圍而竄，爲官軍所扼，糧盡勢蹙。附近村莊皆收復，合力急攻，凡數十戰。十二月，斃僞檢點黃某。悍黨詹啓綸出降，焚西連鎭賊巢，僅餘死黨二千餘人，以大礮環擊。五年正月，破東連鎭木城，賊冒死衝突，盡殲之，擒林鳳祥，檻送京師誅之。畿輔肅清，錫封僧格林沁爲博多勒噶台親王，擢其子二等侍衞伯彥訥謨祜御前行走，敕移師赴高唐州督辦軍務。

先是，勝保圍攻高唐久不下，密詔僧格林沁查辦，至卽劾罷之。賊聞連鎭旣下，喪膽欲遁。大軍數日卽至，故疏其防。賊果乘隙夜走，親率五百騎追奔五十里，至茌平馮官屯，賊踞以守。合軍圍攻，四面礮擊，賊掘地爲壕，盤旋三帀，穴堀潛藏，穿孔伺擊，攻者傷亡甚多。復議用水攻，挑河築壩，引徒駭河水灌之。賊屢衝突，皆擊退。四月，水入賊窖，紛紛出降。擒李開芳及其死黨黃懿端等八名，檻送京師誅之。北路蕩平，文宗大悅，加恩世襲親王罔替。五月，凱撤回京，上御養心殿，行抱見禮，賜朝珠及四團龍補褂。又御乾清宮，恭繳參贊大臣關防，賜宴勤政殿，從征將士、文武大臣並預焉。林鳳祥、李開芳爲粵匪悍黨，狡狠善戰，兩年之中，大小數百戰，全數殄滅，無一漏網，僧格林沁威名震於海內。

時英吉利在粵東開釁，乘東南軍事方棘，多所要挾，每思北犯。故近畿肅清後，命西淩阿分得勝之師赴援湖北，而僧格林沁遂留京師。六年，丁本生母憂，予假百日，在京持服。尋調正黃旗領侍衞內大臣。七年四月，英吉利兵船至天津海口，命僧格林沁爲欽差大臣，督辦軍務，駐通州，托明阿屯楊村，督前路。倉猝徵調，兵難驟集，敵兵已佔海口礮臺，闖入內河。議掘南北運河洩水以阻陸路，別遣議和大臣桂良、花沙納赴天津與議條約。五月，議粗定，英兵退。未盡事宜，桂良等赴上海詳議。於是籌議海防，命僧格林沁赴天津，勘築雙港、大沽礮臺，增設水師。以瑞麟爲直隸總督，襄理其事。奏請提督每年二月至十月駐大沽，自天津至山海關海口，北塘、蘆臺、澗河口、蒲河口、秦皇島、石河口各礮臺，一律興修。九年，桂良等在上海議不得要領。五月，英、法兵船犯天津，毀海口防具，駛至鷄心灘，轟擊礮臺，提督史榮椿中礮死。別以步隊登岸，僧格林沁督軍力戰，大挫之，毀敵船入內河者十三艘。持數日，敵船引去。

九年六月，英、法、俄、美四國兵百餘艘復來犯，知大沽防禦嚴固，別於北塘登岸，我軍失利。敵以馬步萬人分撲新河、軍糧城，進陷唐兒沽，僧格林沁力扼大沽兩岸。文宗手諭曰：「天下根本在京師，當迅守津郡，萬不可寄身命於礮臺。若不念大局，只了一身之計，有負朕心。」蓋知其忠憤，慮以身殉也。尋於右岸迎戰失利，礮臺被陷，提督樂善死之。僧格林沁退守通州，奪三眼花翎，褫領侍衞內大臣及都統。迭命大臣議和，不就。敵兵日進，迎擊，獲英人巴夏禮送京師。戰於通州八里橋，敗績。瑞麟又敗於安定門外，聯軍遂入京。文宗先幸熱河，圓明園被燬，詔褫僧格林沁爵、職，仍留欽差大臣。

十年九月，和議成，命遣撤殘軍，馳赴行在，未行，會畿南土匪蜂起，山東捻匪猖肆，復僧格林沁郡王爵，命偕瑞麟往剿。師至河間，匪多解散。詔促赴濟寧、兗州督師。十一月，至濟寧，賊已他竄回巢。疏陳軍事，略曰：「捻首張洛行、龔瞎子、孫葵心等，各聚匪黨無數。此外大小頭目，人數不少。每年數次出巢打糧，輒向無兵處所。迨官兵往剿，業經飽掠而歸。

所至搶擄貲財糧米，村舍燒爲赤地，殺害老弱，裹脅少壯。不從逆，亦無家可歸。故出巢一次，卽增添人數無算。此捻匪衆多之情形也。匪巢四面一二百里外，村莊焚燒無存，井亦填塞。官兵裹糧帶水，何能與之久持？一經撤退，匪踪緊躡，往往因之失利。此各路官兵僅能堵禦，不能進攻之情形也。每次出巢，馬步數十萬，列隊百餘里。兵賊衆寡懸殊，任其猖獗，無可如何。前此粵、捻各樹旗幟，近年彼此相通，聯爲一氣。官兵在北，粵匪在南，捻匪居中，以爲粵匪屏蔽。若厚集兵力，分投進剿，捻匪一經受創，粵匪蠢動，非竭力相助，卽另圖北犯，以分我兵勢。此剿捻不易之情形也。臣原帶馬步六千，續調陝甘、山東綠營及青州旗兵，共一萬二千餘人。擬俟齊集，會合傅振邦、德楞額二軍，相機直擣老巢。」疏入，詔：「捻匪正圖北犯，應坐鎭山東，以杜窺伺，毋輕舉以誤全局。」尋捻匪由徐州北竄，迎擊於鉅野羊山，親率西淩阿、國瑞當其東，瑞麟及副都統格繃額當其西，殺賊甚衆，而格繃額陣亡。瑞麟傷退，劾罷之，薦西淩阿、國瑞幫辦軍務。又劾團練大臣杜翻不能禦賊，供應擾民，罷其任，團練歸巡撫督辦。鄒縣教匪宋紹明集衆數千戕官，令國瑞、西淩阿擊剿解散。

十一年，捻匪五旗並出，僧格林沁率諸將由金鄉迎剿。遇賊於菏澤李家莊，戰失利，察哈爾總管伊什旺布陣亡，回師駐唐家口。二月，令西淩阿馳赴汶上，會都統伊興額、總兵滕家勝追賊至楊柳集，戰歿。僧格林沁親駐汶上，令西淩阿回守濟寧。賊由沙溝渡運河，盤踞東平、汶上。德楞額追擊於小汶河北岸，破之，賊始東竄。四月，令舒通額進剿，解滕縣圍。德楞額克沙溝營、臨城驛，賊分兩路奔竄。其入曹州境者，勾結長槍會匪擾鄆城、鉅野，令知府趙康侯集諸縣鄉團禦之。教匪宋繼明復糾衆踞鄒縣鳳凰山，令國瑞、德楞額攻之，連破賊圩，繼明尋遁走乞撫。六月，親赴曹州進剿會匪，連破之於曹縣安陵集、濮州田潭，擒其渠李燦祥、陳懷五等。八月，捻匪渡運河，犯泰安、濟南。僧格林沁親率大軍追躡，敗之於孫家鎮，賊走青州。九月，襲擊於臨朐縣南，沿諸城至沂水，黑旗捻黨跨河抗拒，分兵擊之，追及蘭山蘭溪鎮殲焉。捷聞，復御前大臣，賞還黃韁，授正紅旗漢軍都統，管理奉宸苑。穆宗卽位，特詔嘉其勤勞，復博多勒噶台親王爵。

是年冬，會東軍攻曹郡會匪，破濮州紅川口賊圩，搜斬無遺。毀劉家橋、郭家唐房賊巢，又破定陶賊於大張寺，復范縣。西淩阿等攻捻匪於鉅野境，大捷，定陶踞匪聞風遁走。會匪郭秉鈞自河西來犯，連擊之於崔家壩，至黃河南岸，屢挫賊鋒，曹郡漸清。疏陳軍事，略曰：「捻匪老巢多在宿州、蒙城、亳州境內，其北來，每由歸德之虞、永、夏，徐州之豐、沛、蕭、碭，直入山東之曹、單、魚臺，或由宿、徐北至韓莊、八閘。今領重兵進駐亳州，偏於西南一隅。北至徐州三百餘里，再東更慮鞭長莫及。如派隊輪轉，由西路進攻賊圩，卽使得手，距亳州尚遠，東路捻衆豈能坐待，勢必由豐、碭、韓莊鈔襲我軍之後，我軍不得不回顧北路。一經移動，則亳東之賊尾隨，受其牽掣。故屯兵亳州之議，在豫省爲良策，若欲衞東省兼顧北路藩籬，則未可行也。臣擬俟曹屬肅清，移營單縣，覘皖捻動靜，剿撫兼施。鄒縣教匪踞險難攻，暫准投誠，以示羈縻，留兵鎭壓。待南捻稍鬆，相機辦理。滕、嶧之匪，德楞額招安劉雙印、牛際堂等，若有反側，仍應往剿。河北教、捻各匪，本年兩次鴟張，衆不過一二萬。臣令西淩阿、國瑞兩次會剿，勝保等方能得手。勝保於此匪尚不能獨力剿除，豈能當十餘萬之捻衆？壽張及曹屬一帶，臣已辦理就緒，毋須勝保前來會剿。」疏上，詔從之。

同治元年正月，捻匪二萬餘由江北豐縣犯金鄉、魚臺，令翼長蘇克金擊走之。二月，亳捻張洛行合長槍會匪西竄，勢甚張。僧格林沁率馬隊追至河南杞縣許岡，賊列隊橫亙十餘里。蘇克金等奮擊，斃賊二千餘。西路援賊至，豫軍亦來會剿，嬰城而守，連日鏖戰。以馬隊伏壕邊伺賊懈，城中突出勁騎衝賊營，伏赴夾擊，毀賊壘七，斬馘千餘。越日余際昌率步隊至，與蘇克金合擊，衝賊爲兩，追殺二千餘。於是先破趙圩賊寨，合攻焦寨，援賊數至，皆擊卻，賊宵遁。是役三路合剿，殲匪萬餘，捷聞，特詔褒獎。僧格林沁督率諸將窮追竄匪，破之於尉氏東。賊踞民寨堅守，圍攻之，旋虛東面誘之出，至樊家樓，盡殲焉。五月，補正黃旗領侍衞內大臣。長槍匪黨董智信竄東明，蘇克金馳剿，受降。營總富和破坦頭集捻巢，招撫被脅數十圩寨。恆齡破焦桂昌於曹州，乞降，誅之。

六月，進攻商丘金樓寨。教匪郝姚氏及金鳴亭久踞金樓，其黨尤本立、常立身尤兇悍，官軍屢攻不克。僧格林沁先遣諜用間，諭令投誠，金鳴亭潛允降而不出，其子綠駒居郭家老寨，密捕之。會有賊黨通教匪，以鳴亭稟詞示常立身，立身遂殺鳴亭，賊中自相疑忌。至是合兵進攻，游擊許得等率降人爲導，先攻入，大軍繼之，巷戰，斬郝姚氏及其兩子，常立身、尤本立、楊玉聰同授首，餘賊盡殲，夷其寨。乘勢連破援賊於邢家圩、吳家廟、營廓集，前鋒直抵亳州境。僧格林沁移駐夏邑，疏陳將帥市恩麾下，督撫見好屬員，保舉冗濫，吏治廢弛，州縣揑災私徵，軍餉不足，言甚切至。詔嘉其公忠，命統轄山東、河南軍務，並直隸、山西四省督、撫、提、鎮統兵大員均歸節制。

八月，令恆齡、卓明阿等追捻匪姜台淩至裕州博望驛，大破之，餘衆遁入山。別股李城、趙浩然等乘大軍分隊西行，糾衆擾永城，復由碭山北竄。副都統色爾圖喜追至魚臺羅家屯，戰不利。僧格林沁促恆齡等回援，親督進戰於鉅野滿家洞，令馬隊誘賊深入，回擊之，恆齡、國瑞分合衝突，斃賊數千。復連敗之於子山集，賊東南竄。亳北白旗捻首李廷彥以邢大莊爲老巢，附近賊圩互相首尾。九月，僧格林沁自攻盧廟，令國瑞、恆齡攻邢大莊及張大莊。廷彥見事急，詐稱投誠，誘出誅之，黨羽多乞降，惟孫老莊匪首孫彩蘭不肯出。令降匪李懇奇爲導，攻入寨，擒斬彩蘭，諸寨皆下。亳東黑旗捻首宋喜沅，因與蘇天柏相仇殺，諸悍黨攻破王大莊、劉大莊兩寨來降。諸小寨頭目聞風歸順，亳北肅清。於是諸捻懾震兵威，多思反正。

二年正月，馬林橋、唐家寨、張家瓦房、孟家樓、童溝集諸賊巢先後剿平，著名捻首魏喜元、蘇天才、趙浩然、李大箇子、田現、李城等或降或遁。張洛行爲巨憝首惡，見勢敗，時思竄逸。會孫醜、劉大、劉二、楊二等由鹿邑西竄，令舒通額、蘇克金等追之，戰於魏橋，殲戮甚衆。洛行欲由宿州趨徐州，爲知州英翰所截。又聞西路諸匪被創，洛行遂潛回雉河集老巢。尹家溝、白龍廟與雉河集爲犄角，二月，令舒通額等進攻尹家溝。賊出撲，擊潰，遂攻雉河集。洛行夜遁，追至淝河北岸，拒戰，殲賊過千，擒斬捻首韓四萬等。逸匪多潛匿各莊寨，分軍駐索。西洋寨捻首李勤邦投誠，誘擒張洛行及其子張憙以獻，磔之。捻匪自蒙、亳創亂，已歷十年，至是掃除。詔嘉僧格林沁謀勇兼備，加恩仍以親王世襲罔替，並准服用上賜章服，以示優異。

時北路竄捻與敎、會各匪句結肆擾，僧格林沁回師，令恆齡、蘇克金馳赴直、東交界會剿，自剿淄川踞匪劉德培。六月，賊傾巢出撲，追敗之於田莊，遂克縣城。德培遁大白山，擒斬之，進攻鄒縣。白蓮池匪首宋繼明屢降屢叛，擁衆二萬餘，恃險抗拒。令總兵陳國瑞、郭寶昌猛攻，破其山寨，敗竄紅山，死守經月，糧盡欲遁。令舒通額等設伏嶺下，陳國瑞於山北攻上焚其寨，殺賊過半。其竄山下者，伏起並殲。擒匪首李九，獲宋繼明屍及其家屬。留國瑞暫駐，搜緝餘匪。卽日令陳國瑞赴皖剿苗沛霖。

沛霖倔强淮北，當張洛行伏誅，懼，請散練歸農。及僧格林沁北行，又襲攻蚌埠、懷遠、壽州，圍蒙城，皖軍不能制。至是僧格林沁督軍討之。陳國瑞先至，連戰皆捷，匪黨喪膽。十月，大軍進亳州，連克蔣集、楊家寨。與陳國瑞合攻，絕其糧道，破蔡家圩，淮河兩岸賊壘悉盡。沛霖昏夜越壕出竄，爲其黨刺殺。總兵王萬清斬首以獻，逆黨苗景開等均伏法。尋破西洋集，擒匪首葛春元，潁、亳、壽境圩寨悉定，淮甸漸清。

時捻匪張洛行之姪總愚擾河南，令蘇克金率馬隊往會剿，而降捻李世忠，官至江南提督，素跋扈，盤踞淮南，將爲隱患。詔曾國藩密爲處置，命僧格林沁駐軍鎮懾。三年春，世忠自請解兵柄。會漢南粵、捻諸匪糾合下竄，與張總愚相應接，將圖南犯，爲江寧踞賊聲援。僧格林沁乃督師赴許州，進南陽，與河南、湖北諸軍會剿，迭破賊於信陽、應山、鄖陽之間。六月，江寧克復，大賚諸軍，詔嘉僧格林沁轉戰勳勤，加一貝勒，命其子伯彥訥謨祜受封，復以所部蒙古馬隊最得力，保舉素無冒濫，命擇尤奏獎，賞兵丁銀一萬兩。

七月，粵、捻諸匪麕聚麻城，令蘇克金、張曜、英翰等分路進擊，破賊壘數十。捻首陳得才以萬衆來撲，戰於紅石堰。蘇克金力戰，殲賊甚衆，遽病暍卒，以成保代之。賊竄麻城南境閔家集，結壘爲固，成保攻破之。總兵郭寶昌克蔡家畈，賊竄河南光山、羅山。僧格林沁親督馬隊追擊，戰於蕭家河，援賊大至，稻隴地狹，馬隊失利，自翼長舒通額以下，陣亡將領十二人。八月，復戰於光山柳林寨，先勝，中伏，爲賊所圍，力戰始退，總兵巴揚阿死之。九月，張總愚東竄，與上巴河、蘄州之賊勾合，踞風火山，僧格林沁會鄂軍進剿，連戰破之。賊趨安徽境，分竄潛山、太湖、英山。十月，連破之於土漠河、樂兒嶺、陶家河。匪目黃中庸率千人來降，追至黑石渡，令黃中庸爲前鋒，襲賊營，大軍繼之，衝賊爲兩段，賊目溫其玉等率九千餘人投械乞降。偵知賊分三路，遣兵分剿，捻首馬融和率黨七萬人投誠，願爲前敵。賊黨甘懷德誘擒僞端王藍成春出獻，磔於軍前。餘黨汪傳第、吳青泉、吳青泰、范立川等各率衆乞撫，先後受降十數萬人，著名匪首僅存數人。陳得才尋亦窮蹙自盡，惟張總愚、陳大喜西竄河南、湖北境，復猖獗。

十一月，僧格林沁督軍追剿，敗之於光山境，進至棗陽。粵匪賴文光、邱元才，捻匪牛洛紅、任柱、李允等竄踞襄陽黃龍壋、峪山，官軍進擊小挫，而張總愚、陳大喜乘間與合，圖犯樊城。大軍追擊於鄧州唐坡，賊傾巢出撲，兩面包鈔，官軍失利，傷亡甚多。僧格林沁自請嚴議，詔寬之，乃駐軍南陽。十二月，賊由南召、魯山竄踞寶豐張八橋。大軍進逼，令郭寶昌、何建鼇分南北兩路，恆齡、成保以馬隊護之。北路逼賊而營，賊來撲，成保橫出鈔襲，乘勝壓過山岡；南路誘賊深入，從旁更番進擊：兩路皆捷，合軍追擊，直抵張八橋。賊夜遁入山，北趨河、洛。僧格林沁督軍由洛陽取道宜陽，駐韓城鎭。

四年正月，賊折而南犯魯山，大軍追及，戰於城下。前鋒得利窮追，後路爲賊鈔襲，翼長恆齡等陣亡。舒倫保、常順馬隊接應，陳國瑞橫突扼橋上，始得全師退，而舒倫保、常順亦以傷殞。賊遂竄葉縣、襄城，陳國瑞乘雪夜襲攻，縱火焚之。賊東北竄新鄭、尉氏，追及於雙溪河，翼長諾林丕勒等擊走之。賊南趨，由臨潁、郾城擾西平，裹脅愈衆，遂犯汝寧。二月，僧格林沁進抵汝寧，賊由息縣、羅山竄信陽。大軍抵信陽，賊又北竄，追至確山。陳國瑞等步隊亦到，令與全順、何建鼇、常星阿、成保數路合擊。郭寶昌設伏山口，僧格林沁登山督戰，諸悍賊齊集，合力死鬭。國瑞鏖戰最力，寶昌伏起衝突，賊大敗，屍橫徧野，由遂平、西平、郾城、許州、扶溝直走睢州。官軍追至，又奔入山東境，渡運河至寧陽，折向曲阜。

官軍馳追帀月，日行百里，往返三千餘里，馬力久疲。自蘇克金、舒通額、恆齡等歿後，得力戰將漸稀。朝命先調湘淮軍著名兵將，多觀望不至，僧格林沁亦不願用之。至是匪蹤剽忽，盤旋於兗、沂、曹、濟之間。由汶上竄鄆城水套，句結伏莽，衆至數萬。僧格林沁督師猛進，再戰再捷。至曹州北高莊，賊拒戰。軍分三路合擊，皆挫敗，退紮荒莊，遂被圍，兵不得食，夜半突圍亂戰，昏黑不辨行，至吳家店，從騎半沒。僧格林沁抽佩刀當賊，馬蹶遇害。時四月二十四日也。內閣學士全順、總兵何建鼇同殉於陣。

事聞，兩宮震悼，詔嘉其忠勇性成，視國事如家事，飾終典禮視親王，從優議卹。命侍衞馳驛迎柩至京，上奉兩宮皇太后親奠，賜金治喪，祀昭忠祠，於立功地方建專祠，配享太廟，謚曰忠，預繪像紫光閣。七年，捻平，遣官賜祭一壇。光緒十五年，皇太后歸政，敕於京師安定門內建專祠，祠曰顯忠。子伯彥訥謨祜襲親王爵，孫那爾蘇襲封貝勒，次孫溫都蘇封輔國公。

僧格林沁所部騎兵最號勁旅，驍將以舒通額、恆齡、蘇克金為最，均先殞。及從難，僅全順、何建鼇二人。兩次治海防，倚提督史榮椿、樂善，先後死事焉。其將勇營者，陳國瑞、郭寶昌最有名，並自有傳。

舒通額，蘇里氏，滿洲鑲白旗人，齊齊哈爾達呼爾。咸豐三年，以領催從軍江北，隸德興阿部下。攻江浦，矢殪黃衣執纛賊。迭著戰功，洊升協領，賜號圖薩泰巴圖魯。九年，僧格林沁督師天津，調充馬隊營總。十年冬，從赴山東剿捻匪，捻首趙浩然犯濟寧，舒通額敗之羊山。十一年春，戰於菏澤李家莊，分三路進擊，不利。舒通額將右翼，獨殺賊多，全師而退，擢充翼長。敗賊於泰安、寧陽，解滕縣圍。捻竄豐、沛，阻於水，復折而西，分竄鉅野，合長槍會匪，甚張，舒通額破之，斬馘數千。擊會匪郭秉鈞、劉占考於城武柳林集，復破賊徐官莊。偕協領色爾固善敗捻匪於鄆城紅花埠、馬陵山，擒賊首李燦漳於曹州安陵集。復破郭秉鈞田潭老巢，追剿捻匪於青、沂之間。累功記名副都統，加頭品頂戴，賜黃馬褂。敗捻匪劉天祥於滕縣岡山，敗會匪劉占考於范縣，又破劉天祥於曹州袁家園。

同治元年，授阿勒楚喀副都統，從剿商丘金樓寨教匪，克之。偕恆齡平亳州張大莊捻巢，偕蘇克金敗捻魁張洛行於張橋。二年，捻匪劉狗、孫醜犯鹿邑，復與蘇克金要擊於魏橋。破尹家溝、雉河集賊巢，張洛行就擒。六月，捻首張守義陷淄川，他軍戰不利。舒通額突擊之，衝賊爲四。守義棄城遁入鳳凰山白蓮池寨，與李成、宋繼明、劉雙印合，衆二萬餘，負嵎抗拒。舒通額攻其北，奪西寨門、棗園諸隘，總兵陳國瑞由東南登山，縱火焚之。繼明自殺，餘賊奔潰，舒通額覆諸山下，俘斬數千，擢正黃旗漢軍都統。從剿苗沛霖，平之。三年，粵、捻諸匪合擾豫、皖、楚三省間。八月，追至羅山，賊退蕭家河。舒通額躡其後，悍黨四面至，援軍阻絕，騎兵不得馳騁。舒通額下馬持短刀搏鬭，突圍不出，遂戰死，優卹，予騎都尉兼雲騎尉世職，諡威毅。

恆齡，郭貝爾氏，滿洲鑲黃旗人，呼倫貝爾達呼爾。咸豐九年，以佐領從提督傅振邦剿捻匪，破賊於夏邑李家窪，勇常冠軍，擢協領。十年，振邦遣率兵千五百人入衞京畿。尋從巡撫文煜折回山東剿捻，解濟寧圍，遂從僧格林沁充營總。十一年，迭敗賊於東昌、青州、沂州，積功記名副都統，賜黃馬褂、達春巴圖魯名號。是年冬，會匪劉占考竄范縣，副都統舒明阿戰死，恆齡突擊走之。援賊至，賊返鬭，恆齡與舒通額夾擊，追至簸箕營。舒通額攻其圩，恆齡逐逸賊至范縣西，斬千餘級。同治元年，敗長槍會匪於曹州楊家集，殲焦桂昌。侍郎國瑞攻亳州邢大莊不下，恆齡夜襲克之。二年，偕舒通額破捻匪於鹿邑魏橋，偕侍衞卓明阿敗賊於杞縣許岡，圍其寨。賊三路來援，偕蘇克金、卓明阿分擊，斬馘二千，又追敗之於博望驛。賊走山東，恆齡回援，大戰於鉅野大義渠。賊翻山遁，偕國瑞逐北，殲五千人。駐軍永城，撫定亳北諸圩寨。偕舒通額、蘇克金毀渦河南北捻巢，躡追至肥河北，張洛行就擒，伏誅。時降捻張錫珠、宋景詩復叛，擾畿南。恆齡偕蘇克金率馬隊馳援，署直隸提督。擊散張錫珠黨衆，進剿宋景詩於堂邑。三路合擊，景詩遁走，畿輔解嚴。從僧格林沁剿苗沛霖，奏充翼長。會諸軍克蔡圩，沛霖就殲。三年，從剿粵、捻諸匪於河南、湖北邊境，破賊於隨州，授正黃旗護軍統領。迭戰麻城、羅山間，賊北趨，恆齡與何建鼇等敗之張八橋。四年三月，追賊抵魯山城下，賊潮至，恆齡將右翼，與常星阿、成保合擊賊。賊踰沙河走，恆齡追之，反鬭，伏起，殞於陣。予騎都尉兼雲騎尉世職，謚壯烈。

蘇克金，倭勒氏，滿洲正黃旗人，愛琿駐防。咸豐初，以驍騎校從僧格林沁剿粵匪，克連鎭、馮官屯，積功擢佐領。五年，從都統西淩阿剿賊湖北，克德安。七年，從副都統德楞額剿潁上捻匪，轉戰河南，肅清河、陝、汝三郡，擢協領，加副都統銜。八年，阜陽教匪王廷楨擾洛陽、新蔡，蘇克金破西爐賊巢，斃王廷楨於陣。會德楞額疾，代領所部，追賊寨河集、陳家阪，盡殲之，賜號伊固木圖巴圖魯。邀擊捻匪於夏邑、寧陵，走之。尋又自亳州竄入河南境，敗之鄧六莊。坐赴援周家口失期，革職留營。尋破賊虞城，復原官。九年，克睢州。十年，僧格林沁調充天津行營翼長，遂從剿捻山東。十一年，從攻紅川口，殲賊渠劉占考、梁繼海，賜黃馬褂，記名副都統。

同治元年，從剿張洛行於河南杞縣、尉氏，屢敗之。攻金樓寨教匪，先登，斬郝姚氏及其二子，授福州副都統。二年，偕舒通額敗捻匪於鹿邑魏橋，破尹家溝賊巢，擒捻首韓四萬、陳二坎，蒙、亳悉平，加頭品頂戴。偕恆齡赴援畿輔，駐防河間。時河北多伏莽，鄉團跋扈。蘇克金謂疆吏姑息所致，言於僧格林沁，劾之。從剿苗沛霖，克淮南北各圩寨。餘捻走河南，張總愚最狡悍。三年，僧格林沁督師進剿，令蘇克金先驅扼魯山。賊畏大軍馬隊，盤旋山地。蘇克金在諸將中號持重，善審地勢，持數月未戰。詔屢促之，會張總愚出鄧州，急起追擊，連破之赤眉城、雙橋、安春寨，總愚負傷遁。而粵匪陳得才、藍成春等由漢中回竄，麕集麻城，蘇克金偕皖、豫諸軍進攻，力戰兼旬，毁賊壘數十。七月，戰於紅石堰，蘇克金指揮列陣，忽中暍，疾作，墜馬，舁歸遽卒。詔依都統例賜卹，謚壯介。

何建鼇，漢軍鑲紅旗人。由武舉補京營把總，初從達洪阿赴廣西剿匪，繼從僧格林沁戰阜城、連鎮、馮官屯，積功擢守備，回京營供職。咸豐七年，調赴河南，從剿角子山捻匪、阜陽教匪，洊升游擊。九年，調守天津大沽，擊退英國兵艦，加副將銜。及從剿捻匪，轉戰山東、江北，以破曹州紅川口會匪，擢副將。殲亳州捻首李廷彥，記名總兵。平張洛行，賜號雄勇巴圖魯，授中營副將。歷從剿捻豫、楚之交，常爲軍鋒。曹州之敗，兵分三路，建鼇當其西，中路失利，賊萃於建鼇，士卒多死，退從僧格林沁守空堡，短刀殺賊，歿於陣。詔嘉其至死不離主帥，依提督例優卹，予騎都尉兼雲騎尉世職，謚果毅。

全順，薩爾圖拉氏，蒙古正藍旗人。咸豐六年，繙譯進士，歷官中允。十年，僧格林沁治防天津，疏調從軍，累遷翰林院侍讀學士。在軍充翼長，從剿商丘金樓寨、亳州邢大莊，及平張洛行，並著戰績，賜黃馬褂。擢內閣學士，授西安左翼副都統。從僧格林沁陣亡，卹典加等，依尚書例，予騎都尉兼雲騎尉世職，謚忠壯。舒通額、恆齡、蘇克金、何建鼇、全順並附祀僧格林沁專祠。

史榮椿，順天大興人。由行伍洊升京營參將，歷從揚威將軍奕經、大學士賽尙阿軍中。

繼從都統勝保剿粵匪，攻獨流賊壘，戰阜城，破賊堆村，賜號洽希巴圖魯。僧格林沁薦其堪膺專閫，咸豐五年，擢大名鎭總兵。洎近畿軍事平，都統西凌阿率師移剿湖北，留馬隊千五百人隸榮椿防畿輔。尋赴援河南、安徽，連破捻匪於鹿邑、歸德。調徐州鎭，破捻匪於宿州，又平亳州捻巢。八年，破捻匪於渦河南，賊首劉狗乞降，誅之，擢直隸提督。從僧格林沁治天津海防。九年，英國兵艦犯海口，榮椿偕大沽協副將龍汝元力戰，中礮，同歿於陣。予騎都尉兼雲騎尉世職，建專祠，諡忠壯。

樂善，伊勒忒氏，蒙古正白旗人。由拜唐阿洊升雲麾使。揀發陝甘參將，剿番匪有功。從勝保剿粵匪，戰獨流、阜城，賜號巴克敦巴圖魯。咸豐六年，率馬隊剿捻匪河南，連破賊於鹿邑、潁川。七年，擢河北鎭總兵。克方家集捻巢，從勝保克正陽關，解固始圍，賜黃馬褂。九年，命赴僧格林沁天津軍營，擢直隸提督。英兵闖入海口，樂善扼擊，敵不得逞，尋退去。論功最，被優敍。十年七月，英兵復至，大沽礮臺陷，樂善力戰，死之。贈太子少保，予騎都尉兼雲騎尉世職，於海口建專祠，諡威毅。尋封二等男爵，子成友襲。

論曰：僧格林沁忠勇樸誠，出於天性，名震寰宇，朝廷倚為長城。治軍公廉無私，部曲誠服，勞而不怨。其殄寇也，惟以殺敵致果，無畏難趨避之心。剿捻凡五年，掃穴擒渠，餘孽遂爲流寇，困獸之鬬，勢更棘焉。繼事者變通戰略，以持重蕆功，則僧格林沁所未暇計及者也。然燕、齊、皖、豫之間，謳思久而不沬，於以見功德入人之深。有清藩部建大勳者，惟僧格林沁及策淩二人，同膺侑廟曠典，後先輝映，旂常增色矣。

清史稿卷四百五

列傳一百九十二

曾國藩

曾國藩，初名子城，字滌生，湖南湘鄉人。家世農。祖玉屏，始慕嚮學。父麟書，爲縣學生，以孝聞。

國藩，道光十八年進士。二十三年，以檢討典試四川，再轉侍讀，累遷內閣學士、禮部侍郎，署兵部。時太常寺卿唐鑑講學京師，國藩與倭仁、吳廷棟、何桂珍嚴事之，治義理之學。兼友梅曾亮及邵懿辰、劉傳瑩諸人，爲詞章考據，尤留心天下人材。

咸豐初，廣西兵事起，詔羣臣言得失。奏陳今日急務，首在用人，人才有轉移之道，有培養之方，有考察之法。上稱其剴切明辨。尋疏薦李棠階、吳廷棟、王慶雲、嚴正基、江忠源五人。寇氛益熾，復上言：「國用不足，兵伍不精，二者爲天下大患。於歲入常額外，誠不可別求搜刮之術，增一分則民受一分之害。至歲出之數，兵餉爲鉅，綠營兵額六十四萬，常虛六七萬以資給軍用。自乾隆中增兵議起，歲糜帑二百餘萬。其時大學士阿桂卽憂其難繼，嘉、道間兩次議裁，不及十之四，仍宜汰五萬，復舊額。自古開國之初，兵少而國强，其後兵愈多則力愈弱，餉愈多則國愈貧。應請皇上注意將才，但使七十一鎭中有十餘鎭足爲心腹，則緩急可恃矣。」又深痛內外臣工諂諛欺飾，無陳善責難之風。因上敬陳聖德預防流弊一疏，切指帝躬，有人所難言者，上優詔答之。歷署刑部、吏部侍郎。二年，典試江西，中途丁母憂歸。

三年，粵寇破江寧，據爲僞都，分黨北犯河南、直隸，天下騷動，而國藩已前奉旨辦團練於長沙。初，國藩欲疏請終制，郭嵩燾曰：「公素具澄清之抱，今不乘時自效，如君父何？且墨絰從戎，古制也。」遂不復辭。取明戚繼光遺法，募農民樸實壯健者，朝夕訓練之。將領率用諸生，統衆數不逾五百，號「湘勇」。騰書遐邇，雖卑賤與鈞禮。山野材智之士感其誠，莫不往見，人人皆以曾公可與言事。四境土匪發，聞警卽以湘勇往。立三等法，不以煩府縣獄。旬月中，莠民猾胥，便宜捕斬二百餘人。謗讟四起，自巡撫司道下皆心誹之，至以盛暑練操爲虐士。然見所奏輒得褒答受主知，未有以難也。一日標兵與湘勇鬨，至闌入國藩行臺。國藩親訴諸巡撫，巡撫漫謝之，不爲理，卽日移營城外避標兵。或曰：「曷以聞？」國藩歎曰：「大難未已，吾人敢以私憤瀆君父乎？」

嘗與嵩燾、忠源論東南形勢多阻水，欲剿賊非治水師不可，乃奏請造戰艦於衡州。匠卒無曉船制者，短橈長槳，出自精思，以人力勝風水，遂成大小二百四十艦。募水陸萬人，水軍以褚汝航、楊載福、彭玉麟領之，陸軍以塔齊布、羅澤南領之。賊自江西上竄，再陷九江、安慶。忠源戰歿廬州，吳文鎔督師黃州亦敗死。漢陽失，武昌戒嚴，賊復乘勢擾湖南。國藩銳欲討賊，率水陸軍東下。舟師初出湖，大風，損數十艘。陸師至岳州，前隊潰退，引還長沙。賊陷湘潭，邀擊靖港，又敗，國藩憤投水，幕下士章壽麟掖起之，得不死。而同時塔齊布大破賊湘潭，國藩營長沙高峰寺，重整軍實，人人揶揄之。或請增兵，國藩曰：「吾水陸萬人非不多，而遇賊卽潰。岳州之敗，水師拒戰者惟載福一營；湘潭之戰，陸師塔齊布、水師載福各兩營：以此知兵貴精不貴多。故諸葛敗祁山，且謀減兵損食，勤求己過，非虛言也。且古人用兵，先明功罪賞罰。今世亂，賢人君子皆潛伏，吾以義聲倡導，同履危亡。諸公之初從我，非以利動也，故於法亦有難施，其致敗由此。」諸將聞之皆服。

陸師旣克湘潭，巡撫、提督上功，而國藩請罪。上詰責提督鮑起豹，免其官，以塔齊布代之。受印日，士民聚觀，歎詫國藩爲知人，而天子能明見萬里也。賊自岳州陷常德，旋北走，武昌再失。國藩引兵趨岳州，斬賊梟將曾天養，連戰，下城陵磯。會師金口，謀取武昌。澤南沿江東岸攻花園寇屯，塔齊布伏兵洪山，載福舟師深入寇屯，士皆露立，不避鉛丸。武昌、漢陽賊望見官軍盛，宵遁，遂復二郡。國藩以前靖港敗，自請奪官，至是奏上，詔署湖北巡撫，尋加兵部侍郎銜，解署任，命督師東下。

當是時，水師奮厲無前，大破賊田家鎮，斃賊數萬，至於九江，前鋒薄湖口。攻梅家洲賊壘不下，駛入鄱湖。賊築壘湖口斷其後，舟不得出，於是外江、內湖阻絕。外江戰船無小艇，賊乘舴艋夜襲營，擲火燒坐船，國藩跳而免，水師遂大亂。上疏請罪，詔旨寬免，謂於大局無傷也。五年，賊再陷武漢，擾荊襄。國藩遣胡林翼等軍還援湖北，塔齊布留攻九江，而躬至南昌撫定水師之困內湖者。澤南從征江西，復弋陽，拔廣信，破義寧，而塔齊布卒於軍。國藩在江西與巡撫陳啓邁不相能，澤南奔命往來，上書國藩，言東南大勢在武昌，請率所部援鄂，國藩從之。幕客劉蓉諫曰：「公所恃者塔、羅。今塔將軍亡，羅又遠行，脫有急，誰堪使者？」國藩曰：「吾計之熟矣，東南大局宜如是，俱困於此無爲也。」嵩燾祖餞澤南曰：「曾公兵單，奈何？」澤南曰：「天苟不亡本朝，公必不死。」九月，補授兵部侍郎。

六年，賊酋石達開由湖北竄江西，連陷八府一州，九江賊踞自如，湖南北聲息不相聞。國藩困南昌，遣將分屯要地，羽檄交馳，不廢吟誦。作水陸師得勝歌，教軍士戰守技藝、結營布陳之法，歌者咸感奮，以殺賊敢死爲榮。顧衆寡，終不能大挫賊。議者爭請調澤南軍，上以武漢功垂成，不可棄。澤南督戰益急，卒死於軍。玉麟聞江西警，芒鞋走千里，穿賊中至南昌助守。林翼已爲湖北巡撫，國藩弟國華、國葆用父命乞師林翼，將五千人攻瑞州。湖南巡撫駱秉章亦資國荃兵援吉安，兄弟皆會行間。而國藩前所遣援湖北諸軍，久之再克武漢，直下九江，李續賓八千人軍城東。續賓者，與弟續宜皆澤南高第弟子也。載福戰船四百泊江兩岸，江寧將軍都興阿馬隊、鮑超步隊駐小池口，凡數萬人。國藩本以憂懼治軍，自南昌迎勞，見軍容甚盛，益申儆告誡之。而是時江南大營潰，督師向榮退守丹陽，卒。和春爲欽差大臣，張國樑總統諸軍攻江寧。

七年二月，國藩聞父憂，逕歸。給三月假治喪，堅請終制，允開侍郎缺。林翼既定湖北，進圍九江，破湖口，水師絕數年復合。載福連拔望江、東流，揚飄過安慶，克銅陵泥汊，與江南軍通。由是湘軍水師名天下。林翼以此軍創始國藩，楊、彭皆其舊部，請起國藩視師。會九江克復，石達開竄浙江，浸及福建，分股復犯江西，朝旨詔國藩出辦浙江軍務。國藩至江西，屯建昌，又詔援閩。國藩以閩賊不足慮，而景德地衝要，遣將援贛北，攻景德。國荃追賊至浮梁，江西列城次第復。時石達開復竄湖南，圍寶慶。上慮四川且有變，林翼亦以湖北餉倚川鹽，而國藩又久治兵，無疆寄，乃與官文合疏請國藩援蜀。會賊竄廣西，上游兵事解，而陳玉成再破廬州，續賓戰歿三河，林翼以羣盜蔓廬、壽間，終爲楚患，乃改議留國藩合謀皖。軍分三道，各萬人。國藩由宿松、石牌規安慶，多隆阿、鮑超出太湖取桐城，林翼自英山嚮舒、六。多隆阿等旣大破賊小池，復太湖、潛山，遂軍桐城。國荃率諸軍圍安慶，與桐城軍相犄角。安慶未及下，而皖南賊陷廣德，襲破杭州。

李秀成大會羣賊建平，分道援江寧，江南大營復潰，常州、蘇州相繼失，咸豐十年閏三月也。左宗棠聞而歎曰：「此勝敗之轉機也！江南諸軍，將蹇兵疲久矣。滌而淸之，庶幾後來可藉手乎？」或問：「誰可當者？」林翼曰：「朝廷以江南事付曾公，天下不足平也。」於是天子愼選帥，就加國藩兵部尙書銜，署理兩江總督，旋卽眞，授欽差大臣。是時江、浙賊氛熾，或請撤安慶圍先所急。國藩曰：「安慶一軍爲克金陵張本，不可動也。」遂南渡江，駐祁門。江、浙官紳告急書日數十至，援蘇、援滬、援皖、援鎭江詔書亦疊下。國藩至祁門未數日，賊陷寧國，陷徽州。東南方困兵革，而英吉利復失好，以兵至。僧格林沁敗績天津，文宗狩熱河，國藩聞警，請提兵北上，會和議成，乃止。

其冬，大爲賊困，一出祁門東陷婺源；一出祁門西陷景德；一入羊棧嶺攻大營。軍報絕不通，將吏惵然有憂色，固請移營江干就水師。國藩曰：「無故退軍，兵家所忌。」卒不從，使人間行檄鮑超、張運蘭亟引兵會。身在軍中，意氣自如，時與賓佐酌酒論文。自官京朝，卽日記所言行，後履危困無稍間。國藩駐祁門，本資餉江西，及景德失，議者爭言取徽州通浙米。乃自將大軍次休寧，値天雨，八營皆潰，草遺囑寄家，誓死守休寧。適宗棠大破賊樂平，運道通，移駐東流。多隆阿連敗賊桐城，鮑超一軍游擊無定居，林翼復遣將助之。十一年八月，國荃遂克安慶。捷聞，而文宗崩，林翼亦卒。穆宗卽位，太后垂簾聽政，加國藩太子少保銜，命節制江蘇、安徽、江西、浙江四省。國藩惶懼，疏辭，不允，朝有大政，咨而後行。

當是時，僞天王洪秀全僭號踞金陵，僞忠王李秀成等犯蘇、滬，僞侍王李世賢等陷浙杭，僞輔王楊輔清等屯寧國，僞康王汪海洋窺江西，僞英王陳玉成屯廬州，捻首苗霈霖出入潁、壽，與玉成合，圖竄山東、河南，衆皆號數十萬。國藩與國荃策進取，國荃曰：「急擣金陵，則寇必以全力護巢穴，而後蘇、杭可圖也。」國藩然之。乃以江寧事付國荃，以浙江事付宗棠，而以江蘇事付李鴻章。鴻章故出國藩門，以編修爲幕僚，改道員，至是令從淮上募勇八千，選良將付之，號「淮軍」。同治元年，拜協辦大學士，督諸軍進討。於是國荃有擣金陵之師，鴻章有征蘇、滬之師，載福、玉麟有肅清下游之師；大江以北，多隆阿有取廬州之師，續宜有援潁州之師；大江以南，鮑超有攻寧國之師，運蘭有防剿徽州之師，宗棠有規復全浙之師：十道並出，皆受成於國藩。

賊之都金陵也，堅築壕壘，餉械足，猝不可拔。疾疫大作，將士死亡山積，幾不能軍。國藩自以德薄，請簡大臣馳赴軍，俾分己責，上優詔慰勉之，謂：「天災流行，豈卿一人之咎？意者朝廷政多缺失，我君臣當勉圖禳救，爲民請命。且環顧中外，才力、氣量無逾卿者！時勢艱難，無稍懈也。」國藩讀詔感泣。時洪秀全被圍久，召李秀成蘇州，李世賢浙江，悉衆來援，號六十萬，圍雨花臺軍。國荃拒戰六十四日，解去。三年五月，水師克九洑洲，江寧城合圍。十月，鴻章克蘇州。四年二月，宗棠克杭州。國藩以江寧久不下，請鴻章來會師，未發，國荃攻益急，克之。江寧平，天子褒功，加太子太傅，封一等毅勇侯，賞雙眼翎。開國以來，文臣封侯自是始。朝野稱賀，而國藩功成不居，粥粥如畏。穆宗每簡督撫，輒密詢其人，未敢指缺疏薦，以謂疆臣既專征伐，不當更分黜陟之柄，外重內輕之漸，不可不防。

初，官軍積習深，勝不讓，敗不救。國藩練湘軍，謂必萬衆一心，乃可辦賊，故以忠誠倡天下。其後又謂淮上風氣勁，宜別立一軍。湘勇利山徑，馳騁平原非所長，且用武十年，氣亦稍衰矣，故欲練淮士爲湘勇之繼。至是東南大定，裁湘軍，進淮軍，而捻匪事起。

捻匪者，始於山東游民相聚，其後剽掠光、固、潁、亳、淮、徐之間，捻紙燃脂，故謂之「捻」。有衆數十萬，馬數萬，蹂躪數千里，分合不常。捻首四人，曰張總愚、任柱、牛洪、賴文光。自洪寇、苗練嘗糾捻與官軍戰，益悉攻鬬，勝保、袁甲三不能禦。僧格林沁征討數年，亦未能大創之。國藩聞僧軍輕騎追賊，一日夜三百餘里，曰：「此於兵法，必蹶上將軍。」未幾而王果戰歿曹州，上聞大驚，詔國藩速赴山東剿捻，節制直隸、山東、河南三省，而鴻章代爲總督，廷旨日促出師。國藩上言：「楚軍裁撤殆盡，今調劉松山一軍及劉銘傳淮勇尙不足。當更募徐州勇，以楚軍之規模，開齊、兗之風氣；又增募馬隊及黃河水師，皆非旦夕可就。直隸宜自籌防兵，分守河岸，不宜令河南之兵兼顧河北。僧格林沁嘗周歷五省，臣不能也。如以徐州爲老營，則山東之兗、沂、曹、濟，河南之歸、陳，江蘇之淮、徐、海，安徽之廬、鳳、潁、泗，此十三府州責之臣，而以其餘責各督撫。汛地有專屬，則軍務乃漸有歸宿。」又奏：「扼要駐軍臨淮關、周家口、濟寧、徐州，爲四鎭。一處有急，三處往援。今賊已成流寇，若賊流而我與之俱流，必致疲於奔命。故臣堅持初議，以有定之兵，制無定之寇，重迎剿，不重尾追。」然督師年餘，捻馳突如故。將士皆謂不苦戰而苦奔逐，乃起張秋抵淸江築長牆，憑運河禦之，未成而捻竄襄、鄧間，因移而西，修沙河、賈魯河，開壕置守。分地甫定，而捻衝河南汛地，復突而東。時議頗咎國藩計迂闊，然亦無他術可制捻也。

山東、河南民習見僧格林沁戰，皆怪國藩以督兵大臣安坐徐州，謗議盈路。國藩在軍久，益愼用兵。初立駐軍四鎭之議，次設扼守黃運河之策。旣數爲言路所劾，亦自以防河無效，朝廷方起用國荃，乃奏請鴻章以江督出駐徐州，與魯撫會辦東路；國荃以鄂撫出駐襄陽，與豫撫會辦西路：而自駐周家口策應之。或又劾其驕妄，於是國藩念權位不可久處，益有憂讒畏譏之心矣。匃病假數月，繼請開缺，以散員留軍效力；又請削封爵：皆不許。

五年冬，還任江南，而鴻章代督軍。時牛洪死，張總愚竄陝西，任柱、賴文光竄湖北，自是有東西捻之號。六年，就補大學士，留治所。東捻由河南竄登、萊、青，李鴻章、劉長佑建議合四省兵力堵運河。賊復引而西，越膠、萊、河南入海州。官軍陣斬任柱，賴文光走死揚州。以東捻平，加國藩雲騎尉世職。西捻入陝後，為松山所敗。乘堅冰渡河竄山西，入直隸，犯保定、天津。松山繞出賊前，破之於獻縣。諸帥勤王師大至，賊越運河竄東昌、武定。鴻章移師德州，河水盛漲，扼河以困之。國藩遣黃翼升領水師助剿，大破賊于茌平。張總愚赴水死，而西捻平。凡防河之策，皆國藩本謀也。是年授武英殿大學士，調直隸總督。

國藩為政務持大體，規全勢。其策西事，議先清隴寇而後出關；籌滇、黔，議以蜀、湘二省為根本。皆初立一議，後數年卒如其說。自西人入中國，交涉事日繁。金陵未下，俄、美、英、法皆請以兵助，國藩婉拒之。及廷議購機輪，置船械，則力贊其成，復建議選學童習藝歐洲。每定約章，輒詔問可許不可許，國藩以為爭彼我之虛儀者可許，其奪吾民生計者勿許也。既至直隸，以練兵、飭吏、治河三端為要務，次第興革，設清訟局、禮賢館，政教大行。

九年四月，天津民擊殺法領事豐大業，燬教堂，傷教民數十人。通商大臣崇厚議嚴懲之，民不服。國藩方病目，詔速赴津，乃務持平保和局，殺十七人，又遣戍府縣吏。國藩之初至也，津民謂必反崇厚所爲，備兵以抗法。然當是時，海內初定，湘軍已散遣，天津咫尺京畿，民、教相鬨，此小事不足啓兵端，而津民爭怨之。平生故舊持高論者，日移書譙讓，省館至毀所署楹帖，而國藩深維中外兵勢强弱，和戰利害，惟自引咎，不一辯也。丁日昌因上奏曰：「自古局外議論，不諒局中艱苦，一唱百和，亦足以熒上聽，撓大計。卒之事勢決裂，國家受無窮之累，而局外不與其禍，反得力持清議之名，臣實痛之！」

國藩既負重謗，疾益劇，乃召鴻章治其獄，逾月事定，如初議。會兩江缺出，遂調補江南，而以鴻章督直隸。江南人聞其至，焚香以迎。以亂後經籍就燹，設官書局印行，校刊皆精審。禮聘名儒爲書院山長，其幕府亦極一時之選，江南文化遂比隆盛時。

國藩爲人威重，美鬚髯，目三角有稜。每對客，注視移時不語，見者竦然，退則記其優劣，無或爽者。天性好文，治之終身不厭，有家法而不囿於一師。其論學兼綜漢、宋，以謂先王治世之道，經緯萬端，一貫之以禮。惜秦蕙田五禮通考闕食貨，乃輯補鹽課、海運、錢法、河堤爲六卷；又慨古禮殘闕無軍禮，軍禮要自有專篇，如戚敬元所紀者。論者謂國藩所訂營制、營規，其於軍禮庶幾近之。晚年頗以清靜化民，俸入悉以養士。老儒宿學，羣歸依之。尤知人，善任使，所成就薦拔者，不可勝數。一見輒品目其材，悉當。時舉先世耕讀之訓，教誡其家。遇將卒僚吏若子弟然，故雖嚴憚之，而樂爲之用。居江南久，功德最盛。

同治十三年，薨于位，年六十二。百姓巷哭，繪像祀之。事聞，震悼，輟朝三日。贈太傅，謚文正，祀京師昭忠、賢良祠，各省建立專祠。子紀澤襲爵，官至侍郎，自有傳；紀鴻賜舉人，精算，見疇人傳。

論曰：國藩事功本於學問，善以禮運。公誠之心，尤足格衆。其治軍行政，務求蹈實。凡規畫天下事，久無不驗，世皆稱之，至謂漢之諸葛亮、唐之裴度、明之王守仁，殆無以過，何其盛歟！國藩又嘗取古今聖哲三十三人，畫像贊記，以爲師資，其平生志學大端，具見於此。至功成名立，汲汲以薦舉人才爲己任，疆臣閫帥，幾徧海內。以人事君，皆能不負所知。嗚呼！中興以來，一人而已。

清史稿卷四百六

列傳一百九十三

駱秉章　胡林翼

駱秉章，原名俊，以字行，改字籲門，廣東花縣人。道光十二年進士，選庶吉士，授編修。遷御史，稽察銀庫，卻陋規，嚴檢閱。吏不便其所爲，欲齮齕去之，會發其奸，不得逞。歷給事中、鴻臚寺少卿、奉天府丞兼學政。二十三年，銀庫虧帑事發，坐失察，褫職，罰分賠。及讞定，宣宗知秉章獨持正無私，特旨以庶子用。尋丁母憂。服闋，補右庶子，先後命赴山東、河南、江蘇按事。詞臣奉使出異數，所治獄悉稱旨。二十八年，擢侍講學士。出爲湖北按察使，遷貴州布政使，調雲南。三十年，擢湖南巡撫。

咸豐元年，廣西匪熾，詔湖廣總督程矞采赴湖南督辦防務，秉章及提督余萬清副之。大學士賽尚阿督師過境，以供張薄，有嫌，密奏湖南吏治廢弛。二年，詔秉章開缺來京，而粵匪已由桂林北竄入湖南。喬采聞警，由衡州退長沙，尋復往駐。萬清守道州，被賊陷。江華、嘉禾、桂陽、郴州、攸縣相繼失，萬清逮治。秉章坐未能預防，革職留任。先議修長沙城，甫畢工，而賊由醴陵突犯長沙。秉章嬰城固守，悍賊蕭朝貴預詗城壞，故以輕軍來襲，未得逞，尋斃於礮。副將鄧紹良赴援最先至，入城任戰守。賊屢以地雷壞城，皆擊卻之。新授巡撫張亮基至，秉章奉旨暫留同守城。及賊首洪秀全大舉來攻，援軍向榮、和春、張國樑等亦並集，且守且戰，歷八十餘日。賊引去，陷岳州，趨湖北。賽尙阿、程喬采並坐失機罷譴。秉章以守城功，免議，召來京。尋命留湖北襄辦防守事宜，未至而武昌陷。三年春，官軍收復武昌，暫署湖北巡撫。詔赴徐州筦糧臺，未行，復署湖南巡撫，尋實授。

在籍侍郎曾國藩奉命治團練，始立湘軍，秉章力贊成之。又延湘陰舉人左宗棠襄理戎幕，廣羅英俊之士，練勇助剿，軍威漸振。先清境內，遣軍分路破江西賊於桂陽，破廣西賊於永明、零陵、江華，破廣東賊於興寧，又破江西賊於茶陵，而常寧、永興土匪皆平。賊由湖北進陷岳州，令王鑫、曾國葆水陸截擊，敗之，岳州遂復。令貴州道員胡林翼率黔勇追賊逼界口。四年，總督吳文鎔師潰黃州，漢陽復陷。曾國藩水師成，進援湖北，前敵失利，岳州復陷。賊犯靖港及樟樹港，距長沙數十里，並陷寧鄉、湘潭。秉章調撫標兵益塔齊布軍，令偕楊岳斌、彭玉麐同援湘潭。國藩親率水師戰靖港，復失利。布政使徐有壬、按察使陶恩培請奏劾罷其軍。秉章曰：「曾公謀國之忠，不可以一時勝敗論也。」會次日塔齊布等大破賊於湘潭，復其城，靖港賊亦遁走，長沙獲安。賊繞西湖陷華容、龍陽、常德，令胡林翼專剿此路。塔齊布、羅澤南進規岳州、崇陽、通城，未幾，各城皆復，而武昌再陷。國藩整軍東征，餉械悉力資之無缺，十月，遂克武昌。湘軍之名自此顯。

五年，武昌三陷，胡林翼署巡撫，飛書告急。秉章令鮑超率水師先赴，彭玉麐募勇繼之。起楊岳斌於家，統其衆以固北路，而南路廣東、廣西羣賊擾境，土匪紛起應之。令田興恕禦東路，王鑫剿南路，先清土匪，克東安，斬廣西賊首胡有祿。餘賊復擾永明、江華，擊走之。克桂陽、永興、茶陵、郴州、宜章，斃廣東賊首何祿，南路遂定。貴州苗犯晃州、沅州、麻陽，並擊走之。當武昌陷後，總督楊霈奏飭胡林翼渡江上扼漢川，以固荊襄。秉章上疏爭之，略曰：「楊霈始終堅執防賊北竄，然以現在形勢論之，江西、湖南尚稱完地。若使湖北水陸兩軍移駐漢川，長江千里，盡委之賊，其將置東南於不問乎？未解者一也。移駐漢川，祗能禦上竄襄陽之路，其於荊州並無輕重。若賊水陸並進，荊州門戶，其孰當之？未解者二也。水陸兩軍相爲依附，胡林翼既駐漢川，則水軍非退守監利，卽移泊岳州，爲湖南門戶計，尚未爲失。然武漢門戶豈能度外置之乎？未解者三也。若謂賊衆兵單，不思廣濟失利之初，以總督萬餘之兵，不能當千餘之賊，乃退守黃州，未一日卽退漢川，由此而德安，而隨州，今又退至棗陽。北竄者賊也，引之北竄者誰歟？未解者四也。扼賊北竄，必固荆襄，欲保荆襄，必守武漢，此一定之局。漢陽未復，不能繞至漢川，況武漢均爲賊屯，胡林翼縱至漢川，以孤軍駐四面皆賊之地，又能爲荆襄門戶計乎？未解者五也。」霈之專防北竄，原出迎合上意。疏入，詔斥所詆霈者過當。然上意開悟，未久罷霈，以官文代之，與胡林翼合規武漢。秉章悉力資給林翼軍，如所以助曾國藩者。洎林翼與羅澤南破石達開於咸寧，達開折入江西，連陷瑞州、臨江，而吉安、撫州、建昌屬城多被擾。

國藩自上年九江之挫，久留南昌，孤軍難進展。秉章至是銳意東援，令江忠濟出通城以固岳州，令劉長佑、蕭啓江率軍分路入江西。六年，劉長佑等連克萍鄉、萬載，進攻袁州。江忠濟戰歿通城，以王鑫代之，連克通城、崇陽、蒲圻、通山諸縣。至冬，長佑克袁州、分宜、新喻，趙煥聯自茶陵收永寧，余星元自酃縣收永新、蓮花廳。初議規江西分三路，北路出瑞州，中路出袁州，南路出吉安。劉長佑袁州一路兵逾九千，餉難再籌。至是始令周鳳山、曾國荃各募勇二千，合趨吉安。詔嘉秉章不分畛域，越境殄寇，賜花翎。

七年，武漢旣復，下游無警，湘軍乃四出。以蔣益澧率永州軍援廣西，以王鑫軍增援江西，以兆琛等軍援貴州，需餉益鉅。湖南自軍興停漕運，米賤，而徵折猶沿舊價，民困賦絀。秉章減浮折，覈中飽，民減納而賦增。倣揚州例，抽收鹽貨釐金，歲入百數十萬，給軍無缺。

王鑫戰江西，屢破悍寇，克樂安，尋卒於軍，以張運蘭及鑫弟開化分統其衆。劉長佑攻臨江，至十二月克之。八年，京察敍功，加頭品頂戴。劉長佑以疾歸，以劉坤一代領其軍。進規撫州、建昌，先後克復。八月，諸軍齊集，克吉安。石達開敗竄浙江，江西略定。秉章以兵合不易，應乘勝進取。疏請起曾國藩督師援浙，留蕭啓江、張運蘭兩軍隨征，餘軍盡撤。蓋自五年援江西，糜湖南餉凡二百六十萬，協濟之數不預焉。

石達開由浙入閩、粵，徘徊五嶺之上。九年春，復由江西入湖南。秉章調魏喻義、陳士杰扼歸河，起劉長佑於家，令與劉坤一募勇四萬備迎擊。調蕭啓江、張運蘭於江西，調田興恕於貴州，未集而賊至，陷桂陽、宜章、興寧，窺衡州，爲歸河之軍所扼，回竄嘉禾、新田、臨武、寧遠。達開大隊竄永興，以據上游。劉長佑出祁陽，與之相持。回犯東安、新寧，劉坤一再挫之，乃趨寶慶，衆號三十萬，多烏合。秉章下免死令，散數萬人。時趙煥聯、田興恕等軍先至，營城外。賊營環二百里，包諸軍於中。胡林翼遣李續宜率軍赴援，秉章令劉長佑、劉嶽昭、何紹彩分三路進。六月，戰寶慶城下，內外夾擊。賊人衆乏食，再戰再敗，遂東竄。蕭啓江軍遇於永州，又擊敗之。乃由全州竄廣西，啓江尾追，劉長佑繼進，敗之於大榕口，又敗之桂林，賊竄慶遠。秉章令長佑留鎮廣西，田興恕回貴州，蕭啓江出沅江，兼顧川、黔。時廣東賊又擾邊境，令張運蘭、黃淳熙分擊於江華、宜章，並殲之。

十年，命赴四川督辦軍務。時左宗棠已奉命募勇援浙，聘湘鄉劉蓉贊軍事。湘軍名將多從曾國藩、胡林翼，惟劉嶽昭、黃淳熙在湖南。調兩軍隨行，受代將發，石達開復由廣東犯湖南境，吏民乞留。遣嶽昭、淳熙會剿，賊尋引去。十一年正月，始啓行，抵宜昌，聞陳玉成犯湖北，分遣嶽昭赴援，自率五千人入川。

四川之亂，始於咸豐九年。滇匪藍大順又名朝柱，李短搭又名永和。結黨私販鴉片，其黨被捕，聚衆陷宜賓，攻敘州，擾嘉定，衆號十餘萬，羣盜遂四起。總督有鳳、曾望顏等不能制，徵兵湖南，先遣蕭啓江一軍赴之。啓江尋病歿，詔曾國藩赴川督師，中止未行，成都將軍崇實署總督。秉章奉命後，慮客軍易遭齮齕，猶觀望。崇實馳書促行，開誠迎候，發夔關稅以給軍，軍至，乃出望外。時賊首李永和、卯得興踞青神，藍朝柱圍緜州，張第才、何國樑圍順慶，蹂躪四十餘縣，將逼成都。秉章至萬縣，卽令黃淳熙援順慶，戰於定遠，陣斬何國樑，賊大敗。追至潼川二郎場，中伏，淳熙陣亡，然賊驚湘軍勇銳，引去。秉章由順慶進駐潼川，令胡中和、蕭慶、何勝必率蕭啓江舊部，曾傳理代領黃淳熙之衆，劉德謙率親軍，唐友耕率川軍，合萬九千人，援緜州，別以他軍綴青神，分扼東北。會穆宗卽位，擢授秉章四川總督。八月，師會緜州城下，連破賊十餘壘，賊敗退，渡涪水屯守。官軍作五浮橋以濟，又擊敗之。賊遁走，由什邡、崇慶趨丹稜，秉章始入成都。

蒞任，奏劾布政使祥奎、中軍副將張定川不職，罷之。薦劉蓉，詔超擢署布政使。軍事吏治，振刷一新，於是分剿諸賊，急攻藍、李二股。令唐友耕扼眉州洪堰，斷青神之援，胡中和等諸軍圍丹稜，作長壕木城，節節進逼。賊棄城走，追斃藍朝鼎於陣。餘賊分路逃散，爲民團汛兵截殺幾盡。藍朝柱率二百人遁入山，尋出合諸匪陷新寧，復爲官軍擊散。其後陝西盩厔匪潰走興安，爲民團所獲，有自稱爲藍大順及弟三順至九順，並戮之。李永和見丹稜已克，亦遁走，分軍追擊，圍之於鐵山。同治元年，京察，詔嘉秉章殄寇迅速，整頓地方，加太子少保。尋克青神，李永和、卯得興由鐵山遁走，追至宜賓，擒之。道員張由庚克新寧，賊分竄，張第才遁陝西，曹燦章入老林。總兵周達武解涪州圍，追擒周紹湧於大竹，又擒郭刀刀於巴州。周翭翭由雲南入岳池、合州、新寧，張由庚擊走之，諸城皆復。至冬，川南北一律肅清，詔嘉調度有方，予優敍。

石達開見川中兵事方殷，屢由黔、楚窺伺來犯。是年春，陷石柱，撲涪州，爲劉嶽昭軍所阻，竄黔境。尋又入敍永，攻江安，陷長寧，分擾珙、高、慶符，劉嶽昭、曾傳理等擊敗之。退滇境，分竄筠連、高縣，官軍扼金沙江以守。賊謀三路入川，秉章調諸將及土司兵分防。二年正月，賴裕新自寧遠犯冕寧，至越巂，爲邛部土司嶺承恩擊斃。餘賊散擾川西十餘縣，多爲官軍民團截殺，盡殲於平武山谷中。三月，石達開渡金沙江，爲唐友耕等軍所扼，由小徑趨土司紫打地。大渡河水漲，官軍伺半濟擊之，退撲松林、小河，又爲土司王應元所扼。嶺承恩夜襲破馬鞍山賊營，斷其糧道。復連撲兩河，皆不得渡，糧盡，殺馬採樹葉而食。唐友耕等漢、土官兵合擊，焚其巢，墮巖落水無數。餘七八千人奔老鴉漩，復爲土兵所阻。達開率一子及其黨三人乞降，解散四千人，餘黨盡誅之。五月，檻送達開至成都，磔於市。捷聞，詔深嘉之，加太子太保，將士奬擢有差。李福猷爲達開死黨，初約由黔入川。令劉嶽昭與黔軍合剿，尋於黔境就殲。達開餘孽遂盡。

粵匪擾陝西，圍漢中，秉章令道員易佩紳率軍解其圍，張由庚駐防川境。至是復令蕭慶高、何勝必赴剿。詔擢劉蓉爲陝西巡撫，督諸軍。秉章病目請告，命力疾視事。三年，江寧克復，詔錄前後功，予一等輕車都尉世職，賜雙眼花翎。四年，陝西粵匪爲諸軍擊敗，竄甘肅階州，令周達武會剿平之。回剿南坪番匪，匪首歐利哇降。又剿馬邊，擒匪首宋士傑，邊境悉平。令劉嶽昭援黔，由綏陽抵遵義，道路始通，後由黔規滇，皆秉章遺策也。六年夏，疾愈視事，命以四川總督協辦大學士。十一月，卒於官，優詔賜卹，稱其「公忠誠亮，清正勤明」，贈太子太傅，入祀賢良祠，四川、湖南建專祠。賜其子天保郎中、天詒舉人，諸孫並賜官，謚文忠。

秉章晚年愈負重望，朝廷要政多諮決，西南軍事胥倚之。所論薦人才，悉被任用，著勳名。川民感其削平寇亂，出於水火，及其歿，巷哭罷市。遺愛之深，世與漢諸葛亮、唐韋臯並稱云。

胡林翼，字潤之，湖南益陽人。父達源，嘉慶二十四年一甲三名進士，官至少詹事，學宗宋儒。林翼少時，卽授以性理諸書，而林翼負才不羈，娶總督陶澍女，習聞緒論，有經世志。

道光十六年，成進士，選庶吉士，授編修。二十年，充江南副考官，坐失察正考官文慶攜舉人熊少牧入闈，降一級調用。丁父憂，服闋，捐納內閣中書，改貴州知府。署安順、鎮遠，皆盜藪，用明戚繼光法練勇士，搜捕林箐，身與同甘苦。屢擒劇盜，靖苗氛，以功賜花翎。又因防剿新寧匪李沅發，以道員用。總督吳文鎔、巡撫喬用遷並薦堪大用。咸豐元年，補黎平，實行保甲團練，千五百餘寨，建碉樓四百餘座，嚴扼要隘，儲穀備城守。地鄰湘、桂，匪戢而民安。三年，剿甕安榔匪，誅其魁。湖南巡撫張亮基、駱秉章兩次奏調，以貴州留不行。御史王發桂疏薦林翼剿匪成效，詔赴湖北委用。

四年，擢貴東道，率黔勇千人行次通城，而總督吳文鎔戰歿黃州，遂進援武昌。賊尋犯湖南，駱秉章調林翼回防，平安化土匪，擢四川按察使，尋調湖北。曾國藩旣克武昌，檄林翼與羅澤南會攻九江，屯湖口，破賊梅家洲。五年春，擢湖北布政使。總督楊霈師潰黃梅，林翼率所部回援武昌，別以副將王國才一軍隸之，未至，漢陽陷，會攻不克，屯沌口。武昌復陷，潛師渡江規武昌，爲賊所圍，兵少食盡，退金口。詔林翼署理湖北巡撫，楊霈奏令上扼漢川。林翼疏陳形勢，宜急攻武漢，方能內固荆襄，上俞之。時武、漢、黃、德四郡皆爲賊踞，後路崇陽、通城多伏莽，公私赤立，兵餉皆絀。林翼馳書四出乞貸，發家穀給軍。添募兵勇，兼顧南北兩路，凡數十戰，時有克捷，亦屢瀕於危。七月，攻克漢口鎮，奪大別山賊卡。未幾，援賊由漢川至，焚漢口。崇、通匪勾結武昌城賊，撲金口大營。詔念林翼素善用兵，勉以重整散卒。尋退奓山，餉絕兵潰，下部議處。林翼移營大軍山，收集潰兵，駐新隄、嘉魚。水陸合萬人，半出新募，賊至常數萬，軍中奪氣。林翼鎮靜相持，以忠義激勵將士，始漸定。奏調羅澤南由江西來援，連克通城、崇陽，林翼自往迎之於蒲圻。合破援賊韋俊、石達開於咸寧，復其城。乘勝進攻武昌，自率所部普承堯、唐訓方軍由中路，羅澤南當西路，楊岳斌以水師會金口，總督官文亦令都興阿率騎兵駐北岸。林翼和輯諸將，軍勢遂日振，屢戰皆捷。

六年三月，羅澤南急攻城，傷於礮，驟卒。以李續賓代領其軍，攻戰不少輟。石達開自咸寧敗後，竄江西，連陷數郡。曾國藩屢調羅澤南回援，不克往。林翼分遣劉騰鴻、普承堯兩軍赴之。詔以武漢久不克，督戰急。林翼疏陳，略曰：「臣頓兵城下五月餘矣。血肉之軀，日當礮石，傷亡水陸士卒三千餘，喪將領羅澤南、周得魁百餘人，李續賓中丸墮馬者數矣。夫兵易募而將難求，臣觀前史，李左車告韓信，以頓兵城下，情見事絀爲戒。戰易攻難，自昔已然。故臣自四月後乃禁仰攻，分兵咸、蒲以取義寧，四戰皆捷。分水師以清下游，直達九江。臣自率兵五千扼武昌南路，李續賓率六千三百扼洪山東，分剿北路。水師六營下駐沙口。賊由九江、興國分路來援，臣豫撥三千餘人戰於百里之外。微臣之志，誓與兵事相終始。萬一變生意外，決不敢退怯苟且，自取羞辱。」文宗覽奏，特慰勉之。

五月，賊於武昌城外豹子澥等處增壘掘壕，林翼抽調諸軍擊之，遂於要隘掘壕困賊。賊屢撲，皆擊退。諜知九江賊古隆賢來援，已至樊口，先遣黨數千進踞葛店。令蔣益澧率精銳迎擊，戰於葛店，大破賊，焚其舟。追至樊口，楊載福水師亦至，合擊，斃賊數千。攻克武昌縣城，遂渡江攻黃州。而石達開由江西竄江寧，復糾衆上犯，分數路。七月，急調黃州軍回援。賊由金牛趨葛店，古隆賢亦起應之。林翼督水陸軍分禦，連戰於油坊嶺、魯家港、姚家嶺、窰灣、沙子嶺、小龜山，旬日內二十餘捷，擒斬無算，解散脅從萬餘，追奔百餘里，至華容，賊悉遁。九月，楊岳斌追賊至蘄州，焚其舟，直抵田家鎮。賊援既絕，添募陸勇五千，水師六營，爲長圖計。十一月，咨會官文剋期大舉。楊岳斌斷擱江鐵鎖，焚賊船盡。賊傾城出撲，鏖戰三時，大敗狂奔，諸軍逐之，遂復武昌。擒賊酋古文新等，駢誅數百人，生降四千。同日官文亦克漢陽。詔實授林翼湖北巡撫，加頭品頂戴。遂分兵收復武昌縣、黃州府及興國、大冶、蘄水、蘄州、黃梅。令李續賓乘勝規九江，都興阿、楊岳斌、鮑超屯小池口，自駐武昌籌全局。

上疏論軍事吏治，略曰：「湖北軍務不飭已久，無論賊之多寡强弱，聞警先驚，接仗即潰。上下相蒙，恬不知恥。誤於使貪使詐，而實爲貪詐所使。川、楚、河南勇目，招合無賴投効，以一報十，冒領口糧。交綏即敗，又顧之他。帑項至艱，徒飽無賴慾壑。遣散不得其方，又相聚爲盜。近年湖北募勇之大患，綠營則怯懦若性，正額虛浮，軍政營制，蕩然無存。此爲兵事急應整頓之要。自古用武之地，荆襄爲南北關鍵，武漢爲荆襄咽喉。武漢有警，則鄰疆胥震。四年之中，武昌三陷，漢陽四陷。東南數省，受害惟武漢爲甚。夫善鬭者必扼其吭，善兵者必審其勢。今於武漢設重鎭，則水陸東征之師，恃爲根本軍火米糧委輸不絕，傷痍疾病休養得所。平吳之策，必先保鄂，明矣。保鄂必先固漢陽。湖北之失，在漢陽無備。下游小挫，賊遂長驅直入。應請於武漢設陸師八千，水師二千，日夜訓練。平時有蔾藿不採之威，臨事有千里折衝之勢。且東征之師，孤軍下剿，苦戰必傷，久役必疲。傷病之人，留於軍中，不但誤戰，亦且誤餉。若以武漢之防兵更番迭代，則士氣常新，軍行必利。此武漢宜急設防練之要。湖北莠民從賊者多，兵勇搜捕，徒滋擾害。惟有保甲清釐，族戶網獻，分別斬釋。然牧令不得其人，則法不能行。官吏之舉動，爲士民所趨向；紳士之舉動，又爲愚民所趨向。未有不養士而能致民，不察吏而能安民者。五年大熟，州縣乃或報災，六年大饑，州縣轉或徵賦。以豐爲歉，是病國計；以歉爲豐，是害民生，而終害於國計。歉歲官吏私收錙緩，實惠不及於民。有所謂挖徵、急公等名目，無一非蠹國病民。凡下與上交接之事，諉之幕友；官與民交接之事，諉之門丁。詞訟案牘，病在積壓；盜賊姦宄，弊在因循。州縣之小事，卽百姓之大事，今日之小賊，卽異日之大賊。厝火積薪，隱憂方大。又如捐輸則有踩堂、贄見之費，牙帖則有勒索之費，釐金則有私設之費。臣受事以來，迭次特參，在國自有刑章，在臣甘爲怨府。惟思劾貪非難，求才爲難。前者劾去，後者踵事，而巧避其名，弊將不可勝言。臣愚以爲必嚴禁官場應酬陋習，與羣吏更始，崇尙敦樸，屛退浮華。行之數年，庶可改觀。目下州縣懸缺待人，請敕下部臣，暫勿拘臣文法資格。此吏治急應整飭之要。武漢甫經收復，人或以爲已治已安，臣竊憂之。如以爲治安，則前收復已二次矣。況江西七府俱淪於賊，旁軼橫出，不僅九江、安慶爲足慮也。未收復之前，事勢極難，文武尙有懼心；收復之後，布置尙易，而特恐文武均萌肆志。外省粉飾之習，久在聖明洞鑒。不揣愚昧，用以直陳。」疏入，上嘉納焉。於是裁浮勇，練新軍，錙四十六州縣田賦以蘇民困。

設清查局，稽核全省倉庫盈虛之數；設節義局，表彰死難官紳士女；設軍需局，以備東征餉械。嚴課吏治，糾劾文武數十人，推廉尙能，手書戒勉將吏如子弟。初，將吏頗搆督、撫異同，下令曰：「敢再言北岸兵事吏事長短者，以造言論罪。」官文亦開誠相與，無掣肘。軍政吏治，皆林翼主稿，林翼推美任過，督撫大和。湖北振興，實基於此。襄陽土匪猖獗，擾及河南境，令唐訓方等剿之。

七年春，擒匪首高先二等。陳玉成由皖北上犯，諸軍不能禦。林翼赴黃州督師，賊衆十餘萬環踞巴河東。會水漲，林翼令毀三台河石橋，扼河而守。潛師出迴龍山，遏賊上竄。調李續宜率湖勇馳至，督諸軍合擊於孫家嘴、馬家河、月山，賊大敗遁走。都興阿、李續賓亦連破賊於黃梅、宿松，楚北肅淸。遂視師九江，定合圍方略而還。八年四月，李續賓等攻九江，克之，磔賊首林啓榮。詔嘉林翼調度有方，加太子少保。林翼乃急規安慶，楊岳斌率水師出九江，都興阿出宿松、望江，逼安慶爲圍師。李續賓規復太湖、潛山、桐城，與都軍爲犄角。五月，丁母憂，詔予假百日治喪，假滿仍署巡撫。七月，廬州陷，李續賓輕軍赴援，戰歿三河。林翼方奉母柩回籍，詔急起視師，林翼聞命，痛哭起行，逕次黃州，軍心始定。

九年，進屯上巴河，與李續宜整飭部伍，日夜訓練，謀大舉。會石達開由江西犯湖南，圍寶慶。林翼令李續宜率所部赴援，舒保馬隊助之，又以水師分扼河道，寶慶圍得解，於是與曾國藩合力圖復安徽。國藩循江而下爲第一路，多隆阿、鮑超攻取潛山、太湖爲第二路，林翼自出英山、霍山爲第三路，李續宜由松子關出商城、固始爲第四路。十月，由黃州移營英山。陳玉成在賊中最狡悍，見太湖圍急，糾合捻匪張洛行、龔瞎子衆數十萬來援。林翼集諸軍精銳全力備戰，欲一鼓殲之。與曾國藩部署諸將，指揮戰略。謀前敵總統，以多隆阿謀勇兼優，而鮑超素不相下，手書勸勉，十數往復，始定議。又備意外，令金國琛、余際昌以八千人出潛山天堂拊賊背。十二月，賊至，鮑超營小池驛，當其衝，賊聚攻之。多隆阿慮分兵掣全勢，置不救，調唐訓方往助。事且急，金國琛等由山中鼓行而出，賊乃奪氣。十年正月，多隆阿攻羅山衝爲西路，鮑超出小池驛爲東路，朱品隆、蔣凝學、唐訓方等合擊，金國琛等亦同時並進，大破賊，殲斃先後二萬餘，遂克太湖城，潛山亦復。是役爲僅見之大捷，安慶之勢遂孤。

既而江南大軍潰，蘇、常盡陷，曾國藩授兩江總督，督師。林翼爲畫分路大舉之策，國藩不盡用，率鮑超等次祁門，爲規復江南計，以其弟國荃圍安慶。林翼令多隆阿圍桐城，李續宜屯青草塥，爲兩軍援，都興阿別出師江北，分兵濟餉，林翼悉任之。十月，多隆阿、李續宜大破賊於桐城掛車河。林翼進駐太湖，度賊援安慶不利，必深入湖北腹地以分我軍勢。令余際昌屯霍山樂兒嶺，成大吉屯羅田松子關，戒賊至勿浪戰，堅守待援。十一年春，賊果合捻匪西犯，成大吉破之松子關，殲捻渠龔瞎子。霍山守者違節度，爲賊所敗，遂進陷黃州、德安、孝感、隨州，林翼令李續宜回援。賊復分股回略蘄、黃，趨安慶，約城賊夾擊。檄成大吉下援，鮑超亦由南岸至，破賊於集賢關，擒斬數千，磔其渠劉瑲林。多隆阿亦破援賊於桐城，賊計不得逞，城中糧將盡，勢益感。南岸之賊復由江西犯興國、大冶，南及崇、通，武漢震動。林翼方病咯血，自率師回援，而圍攻安慶益急。及抵湖北，賊已聞風遁。八月朔，遂克安慶。曾國藩推林翼爲首功，詔加太子太保，予騎都尉世職。桐城、廬江、舒城以次復，黃州、德安之賊先後擒斬，楚境悉平。

林翼久病，聞文宗崩於熱河行在，大慟嘔血，八月，卒。詔贈總督，祀賢良祠，湖北、湖南並建專祠，賜其子子勛舉人，諡文忠。同治元年，復詔：「林翼未竟全功，遽就溘逝，蹟其功勛卓越，名播寰區，至今江、鄂士民稱頌。命於原籍家祠賜祭一壇。」洎江南平，加予一等輕車都尉世職，子子勛襲，後併兩世職爲男爵。光緒中，以孫祖蔭襲，官郵傳部參議。

林翼貌英偉，目巖巖，威稜懾人。事至立斷，無留難。尤長綜覈，釐正湖北漕糧積弊，以部定漕折爲率，因地量加輕重，民歲減錢百餘萬緡，歲增帑四十餘萬兩，提存節省銀亦三十餘萬兩。兩湖自淮鹽阻絕，率食川鹽，於宜昌、沙市、武穴、老河口設局徵稅，視舊課增至倍蓰。時東南各省皆抽釐助餉，惟湖北多用士人司榷，覈實無弊。其治軍務明紀律，手訂營制，留意將才。嘗曰：「兵之嚣者無不罷，將之貪者無不怯；觀將知兵，觀兵知將。爲統將必明大體，知進退緩急機宜；其次知陣法，臨敵決勝；又其次勇敢：此大小之分也。」馭將以誠，因材而造就之，多以功名顯。察吏嚴而不沒一善，手書褒美，受者榮於薦剡，故文武皆樂爲之用。士有志節才名不樂仕進者，千里招致，於武昌立寶善堂居之，以示坊表。嘗曰：「國之需才，猶魚之需水，鳥之需林，人之需氣，草木之需土。得之則生，不得則死。才者無求於天下，天下當自求之。」薦舉不盡相識，無一失人。曾國藩稱其薦賢滿天下，非虛語。嘗自以聞道晚，刻自繩檢，欿然常若不足。家有田數百畝，初筮仕，誓先墓，不以官俸自益。父著弟子箴言行世，承其志爲箴言書院，教人務實學。病革，曰：「吾死，諸君賻吾，惟修書院，無贍吾家。」所著讀史兵略、奏議、書牘，皆經世精言。

論曰：駱秉章休休有容，取人爲善。胡林翼綜覈名實，幹濟冠時。論其治事之寬嚴疏密若不相侔，而皆以長駕遠馭，驅策羣材，用能丕樹偉績。所蒞者千里方圻，規畫動關軍事全局。使無其人，則曾國藩、左宗棠諸人失所匡扶憑藉，其成功且較難。緬懷中興之業，二人所關繫者豈不鉅哉？

清史稿卷四百七

列傳一百九十四

江忠源 弟忠濟 族弟忠信 羅澤南

江忠源，字岷樵，湖南新寧人。道光十七年舉人。究心經世之學，伉爽尚義。公車入京，初謁曾國藩，國藩曰：「吾生平未見如此人，當立名天下，然終以節烈死。」大挑教職，回籍。察教匪亂將作，陰以兵法部勒鄉里子弟。既而黃背嵩盜雷再浩果勾結廣西莠民爲亂，一戰破其巢，擒再浩戮之。以功擢知縣，揀發浙江。秀水災，奉檄往賑，遂權縣事。賑務畢，擒劇盜十數，邑大治。巡撫吳文鎔待以國士，補麗水，檄治海塘。文宗卽位，曾國藩應詔薦其才，送部引見，尋以父憂去官。

咸豐元年，大學士賽尚阿督師剿粵匪，調赴軍前，副都統烏蘭泰深倚重，事必諮而行。忠源招舊所練鄉兵五百人，使弟忠濬率以往，號「楚勇」。賊氛方熾，官兵莫攖其鋒。忠源勇始至，偪賊而壘。賊輕其少，且新集，急犯之。堅壁不出，逼近始馳突，斬級數百，一軍皆驚。累功賜花翎，擢同知直隸州。賊聚永安，向榮與烏蘭泰不協，忠源調和，勿聽，知必敗，引疾回籍。

二年春，賊果突圍出犯桂林。忠源聞警，增募千人，偕劉長佑兼程赴援，未至，烏蘭泰傷歿於軍，自是獨領一軍，進扼桂林城外鸕鷀洲，三戰皆捷，圍尋解，擢知府。賊竄全州，將趨湖南，忠源偕諸軍進擊。賊陷城不守，復出竄，悉載輜重舟中，期水陸並下。忠源發樹塞河，截賊蓑衣渡，鏖戰兩晝夜，悍酋馮雲山中礮死。賊棄舟夜遁，盡獲其輜重。忠源先請扼東岸，未用其策，賊由東竄入湖南，陷道州。又議賊衆不滿萬，慮日久裹脅衆，分防不如合剿，遠堵不如近攻。於是諸軍合攻道州，賊堅壁，意在久踞。購城中內應，約期襲之。賊走藍山、嘉禾，犯桂陽，陷郴州。忠源謂後路進剿愈急，前路攻陷愈多，請仍申合剿之議，當事不省，賊益張，徑犯長沙。忠源偕總兵和春馳援，至則賊已踞城南，窟穴民廛，攻城甚急。忠源望見天心閣地勢高，賊柵其上，驚曰：「賊據此，長沙危矣！」率死士爭之，賊敗退。趣移壘逼賊，共汲一井，擊柝相聞。忠源弟忠濟自郴州尾賊至，約夾擊，爲伏賊所傷。縋入城商方略，因語衆曰：「官軍四面集，惟河西一路空虛。賊奪民舟渡江掠食，食盡將他竄。宜重兵扼迴龍塘。」巡撫張亮基韙之，而諸將逡巡莫前。時賽尙阿罷，徐廣縉代之，未至，城內外巡撫三，提督二，總兵十，莫相統攝。忠源赴湘潭，請於廣縉，不省。賊卒由迴龍塘竄陷岳州，遂破武昌。忠源痛謀不見用，不欲東。張亮基奏留守湖南，剿平巴陵土匪，調赴瀏陽剿徵義堂會匪周國虞，斬馘七百，解散萬人。瀏陽平，擢道員。

三年正月，授湖北按察使，張亮基署總督，兵事悉倚之。剿平通城、崇陽、嘉魚、蒲圻諸匪，擒其渠劉立簡、陳百斗、熊開宇等。文宗知忠源忠勇可恃，命率所部赴向榮軍，尋命幫辦江南軍務。瀕行，上疏切論軍事，略曰：「粵寇之亂，用兵數年，糜餉二千萬，人無固志，地罕堅城。臣出入鋒鏑，於今三年，謹策其大端，惟聖明裁察：一曰嚴軍法。將不行法，是謂無將；兵不用法，是爲無兵。全州以失援陷而左次相仍，道州以棄城陷而潰逃踵接；岳州設防而不能爲旦夕之守，九江列艦而不能遏水陸之衝。豈有他哉？畏賊之念中之也。賊嘗致死於我，而我不能致死於賊。賊之戰也，驅新附於前，以故黨乘其後，卻則擊殺。故賊退必死而進乃生，我退必生而進則死，不待戰陣，而勝負分焉已。誠欲反怯爲强，莫若易寬爲猛。皇上執法以馭將帥，將帥執法以馭偏裨，偏裨執法以馭兵士。避寇者誅，不援者誅，未令而退者誅。法令既嚴，軍聲自壯。此討賊之大端也。一曰撤提鎮。承平既久，宿將凋亡，提鎮大臣，積資可待。位尊則意爲趨避，偏裨不敢與爭；權重則法難驟加，督撫不能擅決。人情當齒壯官卑之日，輒思發奮爲雄，位高則進取念衰，必不能踔厲以赴時會。且軍興數載，饋餉滋艱，提鎭所需，較副參懸絕。裁一提鎭，養精兵二百而有餘。奚取以有限脂膏，奉此無益之提鎭？誠擇一深明將略者統制其間，餘則悉歸休致。副將以下，量擢其才。此整軍之要道也。一曰汰冗兵。選兵膽氣爲上，堅樸次之，技藝又次之。質實耐苦之人，令進則進，令退則退，其身聽命於將而不知它。浮怯之徒，無事則趨蹌觀美，臨陣則退縮旁徨，論功則鑽刺以圖美官，遇敗則推諉以逃咎戾，宜汰者一也。征調頻煩，或羸老備籍，坐耗資糧，或部曲散亡，驚魂甫定。當此餉糈匱絀，豈容更益虛糜，宜汰者二也。誠敕各營將領，討部曲而嚴察之，氣充膽壯者備攻剿，樸實堅苦者備屯防。舍此二端，盡歸釐汰，此致强之急務也。一曰明賞罰。勝有賞，敗有罰，亙古不變之常經也。顧勝有賞而賞非勝，則不如無賞；敗有罰而罰非敗，則不如無罰。無賞無罰，人猶冀賞罰之時；賞非其功，罰非其罪，則懲勸之用乖，怨讟之聲作，而軍事不可爲矣。今戰勝有功，固當賞錄，左右侍從，獎敍尤多；且未嘗行一失律之誅，按一縱寇之罪。勝敗本兵家之常，主兵者每言勝而諱敗；功過本無妨互見，主兵者輒匿過而言功。治承平天下且不可，況危亂之世哉？夫軍中賞罰未可一概論。勝固當賞，或旅進取斬級以冒功，或追擊貪貨財而得小，則當罰；敗固當罰，或邁勇先驅，後援不繼，或大軍已卻，一將獨前，則當賞。今大帥據營將之言，營將恃左右之口。功罪之實，非採訪所可知，好惡之心，因毀譽而多舛。求是非洽乎人心，難矣。自非親歷行陣，開誠布公，何以慰軍士之心而振披靡之習？此風氣不可不急爲振拔者也。一曰戒浪戰。用兵之道，能守而後能戰，能制人而後不制於人，能避賊之長而後可用吾之短。臣自廣西以來，深觀賊勢，結營則因地築壘，環以深壕；置陣則正兵敵前，奇兵旁襲；止則徧購徒黨，伺吾虛實；行則遙壯聲威，乘吾張皇。故嘗以爲賊止則當扼要以斷其饋濟，嚴兵以截其奔逃；賊行則當逆擊以遏其鋒，設伏以撓其勢。乃我之圍賊不嚴守而攻堅，追賊不截歸而尾擊，小有挫失，士氣先頹。此兵法不可不變計者也。一曰察地勢。勢者非圖史所載山川一定之險也。視賊出入之途，先爲之防，察賊分合之機，遙爲之制；則漸車之濬，數仞之岡，苟形勢在所必爭，卽事機不容或失。全州蓑衣渡之戰，寇焰已摧，宜速壁河東斷其右臂；道州之役，寇鋒已挫，宜分屯七里橋扼其東趨；長沙將解圍，則宜堅壁迴龍潭、土橋頭，使賊不得西犯。它若道州蓮花池、蓮濤灣，死地六十里，而縱之使生；湘陰臨資口、岳州城陵磯皆必爭之區，而縱之使遁。禍機在咫尺之間，流毒遂在千里之外。此敗轍之不可不深鑒者也。一曰嚴約束。殺賊所以安民，安民乃可殺賊。粵寇慘虐，不可勝言，然擇肥而噬，窮簷不暇搜求。或僞結民心，多償市直。兵則攫取姦汚，窮戶且難倖免。故於賊且有怨詞，於兵能無怨毒。且長夫估客，游蕩無常，託僞營裝，恣行淫掠，鄉民畏懼，莫敢誰何。應敕諸營首嚴防制，備册時稽。犯則軍法按行，絕其芽蘖。此結民心毖後患之要圖也。一曰寬脅從。粵寇徒黨，喪亡實多，煨燼之餘，類多附脅。平昔會徒盜賊，寬典相蒙，監禁軍流，乘時放逸，命爲前導，尤所甘心。凡此法無可逭，自爾獲焉必殺。至若良民驅迫，骨肉羈縻，此中進退維谷之忱，艱苦顛連之狀，每一念及，輒用隱傷。宜敕各營刊示射達，臨陣建免死之旗，令其倒戈以赴，曲賜保全。既可探賊情，復以攜賊黨。此尤好生盛德，討賊機宜之大權也。行此八者，破格以攬奇才，便宜以畀賢帥，擇良吏以固根本，嚴綜覈以裕餉源。如此而盜賊不滅，盛治不興，願斬臣首以謝天下。」疏入，上嘉納之。

行至九江，聞南昌被圍，方有旨促援鳳陽，疏請先援江西，率兵千三百人，三晝夜馳抵南昌。巡撫張芾舉王命旗牌授忠源，戰守事悉聽指揮。忠源火城外廛廬，斬逃者，謂章江門最受敵，自當之，日登城督戰。賊穴地轟城，崩數十丈。刃斃先登賊，囊土塡缺。數突門出戰，夜遣死士縋下焚賊營。詔嘉獎，被珍賚。尋湖南援師至，分軍扼樟樹鎭，遣羅澤南剿平泰和、萬安、安福土匪。守南昌九十餘日，至八月，屢礮毀賊壘，沉賊船，乘風縱火，賊乃遁。詔嘉其功，加二品頂戴。賊退據九江，分擾湖北興國，逕犯田家鎭。忠源赴援，部兵二千，途阻不能遽達，先挈親兵數十人抵田家鎭。甫一日，賊舟乘風大至，道員徐豐玉等死之。忠源自劾，詔原之，降四級留任，尋擢安徽巡撫。

賊已陷黃州、漢陽，圍武昌。沿江擊賊，敗之，武昌解嚴。疏請增兵萬人，當淮南一路，而湖北留其兵不盡遣，僅率兵二千冒雨行。將士疲頓，忠源亦遘疾。至六安，賊已陷桐城、舒城。吏民遮留，不可，留千人守六安，舁疾抵廬州。部署未定，賊已大至。城中合援兵團勇僅三千人，忠源力疾守陴，迭挫撲城之賊。地道轟城屢圮，皆奮擊却之。詔嘉忠源力保危城，躬馳戰陣，賜號霍隆武巴圖魯。時陝甘總督舒興阿兵萬餘，畏葸不進。忠源弟忠濬偕劉長佑來援，駐城外五里墩，阻不得前。被圍月餘，廬州知府胡元煒陰通賊，賊知城中食乏，軍火將盡，攻益急。水西門圮，且戰且修築。賊突自南門緣梯入，忠源掣刀自刎。左右持之，一僕負之行，忠源奮脫。轉戰至水閘橋，身受七創，投古塘死之。布政使劉裕鉁，池州知府陳源兗，同知鄒漢勳、胡子雝，縣丞興福、艾延輝，副將松安，參將馬良、戴文淵，同時殉難。胡元煒竟降賊。忠濬募人求其屍。後八日，部卒周昌迹得之，負出，面如生。

事聞，文宗震悼，贈總督，予騎都尉兼雲騎尉世職，入祀昭忠祠，謚忠烈。同治初，江南平，追念前功，予三等輕車都尉世職，湖南、江西並建專祠，湖北省城與羅澤南合祀三忠祠。忠源歿逾年，湖南有寇警，弟忠淑奉檄募勇助剿。母陳出私財助餉，並懸重賞以勵衆。事定，巡撫駱秉章以聞，特旨予忠源父母三代一品封典。忠源弟三人，忠濬、忠濟、忠淑，族弟忠義、忠信，皆自忠源初起卽從軍中。忠濬、忠義自有傳。

忠濟，從守長沙，城壞，堵缺口，殺登城賊數十，以勇名。三年，忠源赴湖北，以舊部千人付忠濟留長沙。忠源剿賊通城，兵單不利，忠濟倍道赴援，戰於桂口，斬賊首陳中子於陣，又破何田俊等，焚其巢；及援南昌，兩塞城缺，斬賊之先登者。巡撫張芾疏稱其精敏勇敢，軍中畏服，累功擢候選知府。江西解嚴後，忠濟回籍侍母。忠源既歿，有旨仍用忠濟及忠濬率兵剿賊。忠濬方赴援廬州，從和春攻剿。忠濟爲駱秉章調赴藍山、寧遠剿土匪，連破賊解圍，擢道員。五年，駐防岳州。胡林翼攻武昌未下，賊勾結崇陽、通城土匪，忠濟遣兵復通城，遂留駐。六年春，江西賊由義寧竄至，忠濟進擊，連破賊壘，而悍黨集數萬，爲所圍，力戰三日，營陷，死之。贈按察使銜，予騎都尉世職，諡壯節。

忠信，少跅弛不羈，年十六，從忠源赴廣西軍。犯軍令，忠源將斬之，衆爲乞免。及遇賊，驍捷敢戰，常爲軍鋒，累加擢千總。聞忠源被圍廬州，從忠濬赴援。比至，壁西門外五里墩不得進。忠信夜率壯士十餘人，潛越賊營，縋入城，告以援至。留城中，屢完城缺，縋出攻賊壘，殺賊，擢守備，賜花翎。及城陷，忠源揮之去。五年，從忠濬復廬州，功多，擢游擊，賜號毅勇巴圖魯。忠濬假歸，代統其衆。六年，從和春克三河、巢縣，累擢副將。從秦定三規桐城，建議出奇兵夾擊，連破賊營十有六，進逼城下，賊大出，迎擊，進至東門外，躍馬越壕擒賊將，礮丸中左腋，殞於陣。予雲騎尉世職，諡忠節。忠濟、忠信並附祀忠源專祠。

羅澤南，字仲嶽，湖南湘鄉人。諸生，講學鄉里，從游甚衆。咸豐元年，舉孝廉方正。二年，粵匪犯長沙，澤南在籍倡辦團練。三年，以勞敍訓導。曾國藩奉命督鄉兵，檄剿平桂東土匪，擢知縣。江忠源援江西，乞師於國藩，乃令澤南率以往。所部多起書生，初臨行陣，戰南昌城下，爭奮搏，死者數人。國藩聞之，喜曰：「湘軍果可用。」及圍解，剿安福土匪，以三百人破賊數千，擢同知直隸州。歸湖南，剿平永興土匪，所部增至千人，屯衡州。與國藩簡軍實，更營制，教練歷半載。

四年六月，偕塔齊布進攻岳州，以大橋爲賊所必爭，堅扼不動，伺便突出擊之，三戰皆捷，殲賊千。閏七月，破高橋賊壘九，賊退踞城陵磯，偕塔齊布乘勝進擊，連破賊營，賊遂遁走，擢知府，賜花翎。自是湘軍名始播，以澤南與塔齊布並稱。轉戰而東，復崇陽，擊走咸寧賊，再敗之金牛，進駐紫坊。曾國藩會諸將於金口，議攻武昌。澤南繪圖獻方略，謂由紫坊出武昌有二道，請以塔齊布扼洪山，而自攻花園。賊萬餘踞花園，築堅壘，一枕大江，一瀕青林湖，一跨長隄，深溝重柵，峙江東岸，與蝦蟆磯對壘。列巨礮向江內外，分阻水陸兩路。澤南率隊直趨花園，賊憑木城發礮。士卒蛇行而進，三伏三起，已逼賊壘，分兵奪賊舟，舟賊退，營賊亦亂，三壘同下。翌日又破鮎魚套賊營，其竄洪山者，爲塔齊布所扼，賊夜棄城走。武昌、漢陽皆復，距會議僅七日。捷聞，以道員記名，尋授浙江寧紹台道，國藩請仍留軍。

賊據興國，分陷大冶。澤南馳克興國，塔齊布亦克武昌、大冶，乃規取田家鎮。賊以鐵鎖截水師，而踞半壁山爲犄角，夾江而守。澤南進駐馬嶺坳，距半壁山三里許。賊數千突來犯，而由田鎮渡江來援者近萬人。澤南兵僅二千，令堅伏，度賊懈，奮擊，賊大潰，後路爲我軍所阻，墜崖死者數千，遂奪半壁山，水師斷橫江鐵鎖，燔賊舟，克田家鎮，賜號普鏗額巴圖魯，加按察使銜。時議水陸軍分三路進剿，總督楊霈督江北岸軍，澤南偕塔齊布攻其南，曾國藩督水師循江下。霈不能軍，賊復北趨，乃偕塔齊布改北渡江，復廣濟、黃梅。賊退踞孔隴驛、小池口，澤南約諸軍會攻。渡江未半，賊來犯，軍少卻，澤南傷臂，仍指揮衝突，分兵破街口賊壘，賊酋羅大綱引去。是役也，五千人破賊二萬，賊乃盡撤沿江諸營，併守九江。塔齊布圍攻之，澤南別剿盔山，遏湖口援賊。會水師入鄱陽湖，爲賊所襲，輜重皆失。國藩馳入澤南營，而水師阻湖口不得出。

五年，湖北官軍屢敗，武昌復陷。澤南從國藩入南昌，赴援饒州，戰於陳家山、大松林，大破賊，復弋陽。又援廣信，破賊於城西烏石山，復之。連復興安、德興、浮梁，進剿義寧。敗賊於梁口、鼇嶺，復義寧，加布政使銜。澤南見江西軍事不得要領，上書國藩，略曰：「九江逼近江寧，兼牽制武昌，故賊以全力爭之。犯弋陽，擾廣信，從信水下彭蠡，抄我師之右；據義寧，守梅嶺，從修水下彭蠡，抄我師之左。今兩處平定，九江門戶漸固，惟湖北通城等處羣盜如毛。江西之義寧、武寧，湖南之平江、巴陵，終無安枕之日。欲制九江之命，宜從武昌而下；如解武昌之圍，宜從崇、通而入。爲今之計，當以湖口水師、九江陸師截賊船之上下，更選勁旅掃崇、通以進武昌，由武昌以規九江。東南全局，庶有轉機。」國藩據以上聞，遂命澤南移師湖北會剿，以塔齊布舊將彭三元、普承堯所部寶勇隸之，凡五千人。

九月，至通城。賊號數萬，皆烏合，一戰而潰。進奪桂口要隘，克崇陽，駐軍羊樓峒。悍賊韋俊、石達開合黨二萬餘自蒲圻來犯，截擊走之。胡林翼來勞師，合攻蒲圻，復其城，乘霧進克咸寧。自是武昌以南無賊蹤。十一月，師抵紫坊，與林翼議進取次第。澤南屯洪山，林翼屯城南隄上，水師駐金口。賊於城外築堅壘十三，與城埒。初戰，賊二萬出十字街，林翼與交綏，數卻數進。澤南與李續賓分兩路潛抄賊壘，破十字街營，盡毀城東南諸壘。八步街口爲我軍通江要路，塘角爲賊糧運所出，先後攻破之，焚其船廠，環西北賊壘亦盡。賊又由望山門外葺石壘二，揮軍躡平之；又迭於窰灣、塘角逐賊，殲戮數千，賊遂閉城不出。

石達開自崇陽敗後，竄入江西，勢復張。曾國藩檄澤南回援，澤南以武漢爲南北樞紐，若湘勇驟撤，胡林翼一軍不能獨立，現在賊糧將盡，功在垂成，舍之非計。其父年八十，貽書軍中勗以忠義，林翼以聞，六年二月，詔特予澤南祖父母、父母二品封典，以示旌異。三月，賊開門出撲，澤南親督戰。援賊大隊繼至，我軍自洪山馳下，奮擊追逐，直抵城下，飛礮中澤南左額，血流被面。駐馬一時許，歸洪山，猶危坐營外，指畫戰狀。翌日，卒於軍。文宗震悼，詔依巡撫例議卹。賜其父嘉旦頭品頂戴，子兆作、兆升皆舉人，予騎都尉世職。入祀昭忠祠，本籍、湖北、江西建立專祠，謚忠節。及江南平，穆宗追念前勞，加一雲騎尉世職。

澤南所著有小學韻語、西銘講義、周易附說、人極衍義、姚江學辨、方輿要覽諸書。體用兼備，一宗程、朱，學者稱羅山先生。嘗論兵略，謂大學首章「知止」數語盡之，左傳「再衰」、「三竭」之言，其注脚也。弟子從軍多成名將，最著者李續賓、李續宜、王錱、劉騰鴻、蔣益澧，皆自有傳。其早死兵事名未顯者，有鍾近衡，少事澤南，以克己自勵，日記言動，有過立起自責。澤南語劉蓉曰：「吾門爲己之學，鍾生其庶幾乎！」從平郴、桂土匪，敍從九品。咸豐四年，粵匪由江寧上竄犯岳州，偕弟近濂各將五百人從王錱破賊於靖港，追至蒲圻羊樓峒，戰失利，死之。王錱退保岳州，賊又大至，近濂亦戰歿。易良幹、謝邦翰，並戰死南昌城下。邦翰死後，李續賓代領其衆，所稱「湘右營」者是也。諸人皆湘鄉人，後並附祀澤南專祠。

論曰：湖南募勇出境剿賊，自江忠源始。曾國藩立湘軍，則羅澤南實左右之。樸誠勇敢之風，皆二人所提倡也。忠源受知於文宗，已大用而遽殞。澤南定力爭上游之策，功未竟而身殲，天下惜之。忠源言兵事一疏，澤南籌援鄂一書，爲大局成敗所關，並列之以存龜鑑。此大將風規，不第爲楚材之弁冕已。

清史稿卷四百八

列傳一百九十五

李續賓 丁銳義 曾國華 李續宜 王鑫 弟開化 劉騰鴻 弟騰鶴
蔣益澧

李續賓，字迪庵，湖南湘鄉人。諸生，膂力過人，善騎射。羅澤南講學里中，折節受書。咸豐初，澤南募鄉勇殺賊，續賓奉父命往佐之，從平桂東土匪。三年，援江西，令將右營。澤南每戰，續賓皆從。歸湖南，屯衡州，復永興。

四年夏，從澤南規岳州，湘軍僅千人，戰於大橋，續賓率數騎駐山岡，賊至不動，俟兵漸集，親搏戰，馳斬賊目，奪其旗，追北十餘里。次日，塔齊布至戰地，服其勇，由是知名。連旬與賊戰，續賓曰：「賊不得擄掠，今且盡，可乘機薄其壘。」塔齊布從之。會風雨，奮擊，連破賊壘，賊乃棄岳州而遁。論功，累擢知縣。從澤南克崇陽、咸寧，規武昌，大戰於花園，及破鮎魚套賊營，功皆最。武漢復，擢直隸州知州，賜花翎。進攻田家鎭，賊水陸數萬，塔齊布阻於富池口，湘軍合寶勇僅二千六百人，咸色沮，續賓手刃逃者三人，軍心始固。大戰於半壁山，殺賊數千，焚其巢，遂平田家鎭。擢知府，賜號摯勇巴圖魯。尋授安慶知府。

於是從羅澤南、塔齊布連復廣濟、黃梅，破賊於濯港、孔壠，每戰率爲軍鋒。進規九江，九江城堅，賊所聚合，攻不能下。議分兵剿湖口、梅家洲，從澤南屯盔山。十二月，水師失利，入彭蠡湖，爲賊所扼。續賓憤甚，請於曾國藩，自率千人渡江攻小池口，塔齊布率二十人偕行。塔齊布與續賓皆恃勇，每合戰，逼賊，席地坐，槍彈如雨，不顧，忽躍起突陣，橫厲無前，習以爲常。至是衆寡懸絕，戰竟日不能克，暮收隊，而塔齊布失蹤，欲再渡江入賊壘覓之，塔齊布旋自返。

五年春，粵匪由江寧大股上犯，武昌再陷。曾國藩頓兵江西，續賓偕澤南從之。尋分赴贛東攻剿，連復弋陽、廣信、德興、義寧，記名以道員用。是年秋，回援湖北，克通城、崇陽，分兵趨羊樓峒。策賊遠道赴援利速戰，堅守俟之。明日賊至，相持至暮，瞰其怠，突擊之，大潰。蒲圻、咸寧相繼復，加鹽運使銜。十一月，進攻武昌，破塘角賊壘，又敗賊於窰灣，屢戰皆捷，蹋平城外賊壘。六年二月，羅澤南以礮傷卒於軍，軍中新失帥，人情洶洶，賊復增壘抗拒。巡撫胡林翼奏以續賓代領其衆，軍勢復振，盡鏟平城外新壘，連於賽湖隄、小龜山、雙鳳山破城中出竄之賊。七月，石達開糾江南、江西各路賊七八萬來援，城賊將應之，續賓禦之魯家港，旬日內大小二十餘戰，解散脅從萬餘，破賊二十餘壘，加布政使銜。賊閉城不出，乃開壕引江水灌入，爲長圍困之。十一月，克武昌，記名以按察使用。

渡江克黃州，連復大冶、興國，直薄九江城下。九江賊首林啓榮堅守苦戰。續賓復用攻武昌法，濬長壕三十里。七年三月，壕成，湖口、安慶賊迭來援，皆擊走之。六月，賊犯蘄州、黃梅，續賓渡江迎擊於廣濟童司牌，大破之。合水師進攻小池口，毀其城。策九江賊恃湖口爲犄角，不拔湖口，九江不可得。九月，令弟續宜攻梅家洲，自率師揚言往宿松，潛伏湖口後山。水師並至，分攻，賊方悉銳以拒。續賓率士卒攀蘿至山椒，破空下，賊大駭，盡殲其衆。立克湖口縣城，梅家洲賊亦遁，乘勝克彭澤及小姑洑。捷聞，授浙江布政使。於是賊援遂絕。八年四月，以地雷轟城百餘丈，梯而登，殄賊萬餘，擒林啓榮及李興隆等磔之。九江平，加巡撫銜，賜黃馬褂，許專摺奏事。

續賓既下九江，請假省親，抵湖北，陳玉成陷麻城、黃安，移兵擊走之。時續賓威望冠諸軍，浙人官京師者，合疏請飭援浙江。胡林翼議大舉進規安徽，詔將軍都興阿、總兵鮑超由宿松趨安慶，續賓由英山趨太湖。續賓乃留弟續宜屯武昌，自率八千人行，會起曾國藩視師，續賓復分所部千人與之，至太湖而署巡撫李孟羣師潰廬州，改道赴援。八月至十月，克楓香鋪、小池驛、梅心驛，復太湖、潛山、桐城、舒城，賊望風潰走。軍無留行，進規廬州。賊於三河鎭築城，外列九壘，憑河設險，我軍非得三河不能進。續賓克桐城、舒城後，各留守兵，所率臨敵僅五千人。十月，分三路攻賊，九壘皆下，殺賊七千餘，我軍傷亡亦逾千人。趣後軍未至，而陳玉成、李世賢糾合捻匪來援，衆十萬，連營十餘里。諸將議退守桐城，續賓不可。夜半，部勒各營，旦日迎擊，至樊家渡，天大霧，賊分隊包抄，我軍驚潰，副將劉祜山，參將彭友勝，游擊胡廷槐、鄒玉堂、杜廷光，皆戰死。續賓衝盪苦戰，賊集愈多，營壘皆破。或勸突圍出，圖再振，續賓曰：「軍興十年，皆以退走損國威。吾前後數百戰，出隊即不望生還。今日必死，不願從者自爲計。」諸將士皆曰：「願從公死！」日暮上馬，開壁擊殺數百人。總兵李續燾、副將彭祥瑞越壘衝出，賊踞其壘，決河隄，斷去路。續賓具衣冠望闕叩首，取所奉廷旨及批摺焚之，曰：「不可使宸翰汚賊手。」躍馬馳入賊陣，死之。同知曾國華，知府何忠駿，知州王揆一，同知董容方，知縣楊德誾，從九品李續藙、張溥萬，皆殉焉。道員孫守信、運同丁銳義猶守中右營，越三日營陷，同死之。是役文武官弁死者數百人，士卒數千人。

時方有旨命會辦安徽軍務，及死事上聞，文宗流涕，手敕曰：「惜我良將，不克令終。尙冀忠靈不昧，他年生申、甫以佐予也！」贈總督，入祀昭忠祠，立功地建專祠，謚忠武。賜其父一品封典，子光久、光令並賜舉人，予騎都尉世職。

續賓既歿，曾國藩疏上其生平戰績，略曰：「續賓隨羅澤南征剿，循循不自表異。岳州之戰，所將白旗，號爲無敵，田家鎭以少勝衆。九江之敗，士卒多逃，獨所部依依不去，衆稱其能得士心。軍中人人以氣節相高，獨默然深藏。然忠果之色，見於眉宇。遠近上下，皆信其大節不苟。臣所立湘勇營制，行之既久，各營時有變更，獨續賓守法，始終不變。歷年節省餉項及廉俸，不寄家自肥，概留備軍中非常之需。量力濟人，不忍他軍飢而己軍獨飽。馭下極寬，而弁勇有罪，往往揮淚手刃之。至於臨陣，專以救敗爲務。遇賊則讓人禦其弱者，自當其悍者。分兵則以强者予人，而攜弱者自隨。弱者漸强，又易新營。軍中每言肯攜帶弱兵，肯臨陣救人者，前惟塔齊布，後惟續賓。三河之敗，亦由分兵所致。此軍民所由感泣不忘者也。」於是特詔嘉其有古名將風，以國藩疏宣付史館，用示褒異。洎江南平，軫念前勞，加二等輕車都尉，併爲男爵，子光久襲。

丁銳義，字伯晁，長沙人。治鄉團有聲。咸豐四年，從胡林翼援湖北，募壯士百人，後增至千人，號義字營。戰武漢，以勇聞。六年，羅澤南傷殞，賊酋古隆賢率衆犯官軍後路。諸將以新失帥，皆主堅守。銳義曰：「我軍頓城下六閱月，求戰不得。今賊來乘我，出其不意，可一鼓滅。」林翼壯之，令與唐訓方、蔣益澧、孫守信等夜出掩擊，大破賊於豹子海。又戰葛店、華容，奪樊口賊舟，克武昌縣，圍黃州。會大水，退軍屯青山。武漢復，擢知縣。駐防蘄、黃間，屢與鄉團卻敵。八年，破黃泥畈、青天畈賊壘，擢同知。又破賊於南陽河、阿彌鎮，擢運同。遂從李續賓進剿安徽，破石牌賊壘，連下數縣。

將進攻三河，銳義諫曰：「孤軍深入，留兵四城，分力之半，死傷復多，士罷將驕，賊援將集，而貪進不已，此所謂强弩之末也。使賊斷絕我餉道，舒、桐、潛、太兵少，見勝則怠，見敗必潰，四城將幷覆。乃令退師桐城，休息待援，僅可不敗耳。」續賓不聽，銳義乃馳書湖北請援。續賓讓之曰：「君嘗以千人破賊數萬，乃何怯耶！」及續賓軍敗，銳義率所部急救，身被數創。續賓突圍戰死，銳義偕孫守信堅守其壁。三日壘破，死之。銳義耳聾，喜論兵，戰每孤軍勇進。獨三河之役主持重，而說不見用。卹贈鹽運使，加太常寺卿、騎都尉世職。

孫守信，亦長沙人。由內閣供事敍從九品，官湖北，從軍積功，累擢道員。未嘗獨將，與銳義爲友，臨危不去，同及於難。贈按察使，加太常寺卿、騎都尉世職。

曾國華，字溫甫，國藩弟。咸豐五年，國藩兵困於江西，國華請於父，赴湖北乞師。胡林翼令劉騰鴻、吳坤修、普承堯率五千人往援，以國華領其軍。攻克咸寧、蒲圻、通城、新昌、上高，以達瑞州。騰鴻戰城南，國華偕承堯戰城西北，屢破賊。國藩至，乃合圍，掘塹周三十里，斷賊接濟。會丁父憂，偕國藩奔喪去軍。與李續賓姻家，招佐軍事。當連克四縣，軍勢銳甚，國華以常勝軍家所忌，時與續賓深語，並書告國藩。及軍敗，從續賓力戰死，贈道銜，予騎都尉世職，諡愍烈。

李續宜，字希庵，續賓弟。同事羅澤南。以文童從軍，援江西、湖北，積功累擢同知，賜花翎。武昌、漢陽復，胡林翼疏陳續宜功多爲續賓所掩，詔以知府選用。從續賓攻九江，賊由安徽上犯蘄、黃以牽我師。咸豐七年，續宜率兵千七百人回援湖北，戰於黃州壩崎山，分三路進，毀賊壘，次蘄水、黃岡界。上馬家河、火石港、郴柳灣賊壘林立，傾巢出撲，續宜伏兵山下，驟起突擊，賊大亂，譟，乘之，破壘四十，移屯蘄水。遇援賊於月山，誘至山角，發礮擊之，潰，直擣其巢，焚屯聚數十處，破僞城五。會克小池口，以道員用，賜號伊勒達巴圖魯，由是續宜之名與其兄相頡頏。

回軍江西，會攻梅家洲，克湖口。十月，賊酋韋俊率衆二萬復犯湖口。續宜駐蝘蚘山，分兵三路，一出馬影橋，一出流澌橋，一扼勞家渡，賊來，擊卻之。而賊由西洋橋、排龍口、二賢寺直趨蝘蚘山，續宜麾諸路奮擊，斬獲千餘。馳抵磨盤山，設伏破泰坪關援賊，賊乃遁。八年，九江既克，陳玉成由安徽竄蘄、黃，陷黃安。續宜馳援不利，續賓繼至，合擊。續宜攻北門，破其壘，賊夜遁，復黃安。進至麻城，賊不戰引去。續賓出師規安徽，胡林翼疏請留續宜固楚疆。洎三河師熸，續賓戰歿，續宜在黃州，收輯殘部，思鄉者遣歸，願留者歸伍，差汰罪將，簡用其良，申儆訓練，經歲軍氣始復振。

九年，授荊宜施道。石達開由江西竄入湖南，衆號三十萬，圍寶慶府城。胡林翼檄續宜率兵五千馳援，諸援軍悉歸統屬。時援軍三萬餘，城被圍兩月。賊衆，食且盡，野掠無所得，聞續宜至，攻愈急。續宜渡資江而軍，與劉長佑軍當賊衝，四戰而圍解，賊竄廣西境。詔嘉續宜赴援迅速，加布政使銜。

十年，遷安徽按察使。曾國荃方圍安慶，多隆阿攻桐城，續宜率萬人屯靑草塥，在安慶、桐城之間。陳玉成以十萬衆來援，續宜與多隆阿夾擊於掛車河，盡破棠梨山、尊上庵、香鋪街、望鶴墩賊壘，斬馘無算，追奔二十餘里，玉成走廬江。捷聞，賜二品頂戴。十一年，擢安徽巡撫。疏言：「陳玉成圖解安慶之圍，悉銳西竄，以攻我之所必救。湖北爲衆軍根本，臣宜提師回援，不能遽任皖撫之事。」比抵武昌，賊已陷黃州、德安兩府五縣，乃會彭玉麐水師夾攻孝感，乘夜縱火，復其城，進攻德安，穴地道克之。武昌、通城、咸寧、蒲圻諸縣相繼皆下，賜黃馬褂。胡林翼病歿，詔授續宜湖北巡撫，駐黃州督師。捻匪犯光化、穀城、均州及棗陽、襄陽，皆擊走之，調安徽巡撫。

同治元年，命幫辦欽差大臣勝保軍務。時苗沛霖叛服無常，勝保袒之。詔密詢續宜剿撫機宜，覆疏略謂：「苗沛霖官至道員，公犯不韙，圍撫臣於壽州，陷其城，屠其衆。乃復詭言求撫，此豈足信？不過假稱反正，號召近縣，養成羽翼。若正彼叛逆之名，人人得而誅之。寬其黨羽，使爲我用，彼勢孤，終成擒耳。」上韙之。續宜駐臨淮，令提督成大吉、總兵蕭慶衍，渡淮援潁州，破捻匪張洛行於大橋集，潁州圍解。又令蔣凝學克霍丘，撫綏各圩，解散逆黨。沛霖懾湘軍兵威，請討捻自贖，而勝保終欲養沛霖以自重，轉嫉湘軍，勢不相下。會袁甲三以病請去，命續宜代爲欽差大臣，督辦安徽全省軍務。續宜旋丁母憂，奪情留軍。三疏陳謝，舉唐訓方自代，允假百日。回籍病咯血，六次詔促起視師，不能赴，二年十一月，卒於家。詔加恩依總督軍營病故例賜卹，立功地方及原籍建專祠，諡勇毅。賜其父人蔘四兩，地方官以時存問。子光英，予官直隸州知州。

續宜治軍嚴整，與兄續賓同負重名。曾國藩嘗論其昆弟爲人，續賓好蓋覆人過，續宜則嫉惡稍嚴。續賓戰必身先，驍果縝密，續宜則規畫大計，不校一戰之利，及其成功一也。

王鑫，字璞山，湖南湘鄉人。諸生，從羅澤南學，任俠好奇。咸豐二年，粵匪犯長沙，上書縣令朱孫詒，請練鄉兵從澤南教練，屯馬圫埔，以團防勞敍縣丞。剿桂東土匪有功。廣東邊境匪犯興寧，率死士百人馳擊，殪賊甚多，累擢同知直隸州。

三年，羅澤南援江西，初戰多死傷。鑫請於曾國藩，增募三千人，將往援，會南昌圍解。國藩議裁汰其軍，巡撫駱秉章見所募勇可用，留二千四百人防湖南。鑫精於訓練，令士卒縛鐵瓦習超距。自以意爲陣法，進退變動，異於諸軍。四年，粵匪踞岳州，鑫由湘陰進攻，敗賊於杉木橋，乘勝克岳州，曾國藩率水陸軍並至。鑫出境進剿，遇賊羊樓峒，失利，賊躡其後，岳州復陷。鑫所部死者千人，坐輕進奪職，留營效力。既而羅澤南從國藩東征，鑫收集散衆，留未遣，駱秉章令率五百人徇郴州。

時兩廣交界土匪蠭起，朱連英、胡有祿最强，各擁萬人，稱王號，時時擾湖南邊境，鑫與參將周雲耀協防江華，數擊走之。援道州，解其圍。策賊必乘虛襲江華，日馳百餘里，先至，待賊至迎擊，大破之。進擣桃川，出龍虎關，破恭城賊於栗木街，回軍解寧遠、藍山圍。別賊掠零陵，周雲耀困於隘。鑫率數十人馳進，令曰：「寇衆，退且死！」據險夾擊，逐北數十里，轉戰深入九嶷山，賊氛漸清，復原官，賜花翎。五年，土匪何賤苟勾結朱連英陷富川、江華，進犯永明。鑫偕周雲耀往剿，迭敗之。連州匪自龍虎關來犯，勢甚張，疾趨迎擊，殪賊二千，擢知府。餘賊走陷灌陽，復由全州襲陷東安。鑫會廣西軍克灌陽，馳至東安城下，環攻兩月，始克之。賊竄出，合胡有祿，將入四明山。分路抄襲，擒有祿，焚山中賊巢，餘黨悉盡。時別賊何祿踞郴州，陳義和踞桂陽，分擾永興、茶陵、耒陽，窺衡州。鑫增募至千五百人，分兵守耒陽，自率千人攻桂陽，再戰克之。賊聚糧於瓦窰坪，火其屯，出奇兵攻郴州，賊遁走尙萬餘，合鄉團邀擊於黃沙堡，追至兩廣墟，賊方食，縱擊殲之。乘勝破永明、江華踞賊，窮追至連州，朱連英僅以身跳免。六年春，又破賊於陽山，賊遁英德。駱秉章上其功，迭詔嘉奬，予四品封典，以道員卽選。

鑫專辦南防凡二年，湘、粵間諸匪誅殄幾盡，軍士死亡亦多。請假將還，會羅澤南卒於武昌，李續賓代將其軍，粵匪石達開自江西窺湖北，續賓招鑫助剿。遂進屯岳州，轉戰崇陽、通城、通山、蒲圻，復四縣，殲賊首張康忠、陳華玉等，興國、大冶匪衆亦解散。武昌尋克復，加按察使銜，以湖北道員記名簡放，仍駐軍岳州。

七年，調援江西，五月，抵吉安。先是官軍水陸合圍吉安，其攻臨江者，亦掘長壕困賊。賊渠胡壽階、何秉權率衆數萬來援，據水東，與城賊夾江相望。鑫沿贛江而南，自三曲灘濟，結營水東東南山上。賊鼓噪乘之，鑫登望樓，令士卒築壘不輟，毋許仰視，賊疑不進。俄山後一軍出賊背，鼓聲起，築壘者投畚大呼馳擊，左右伏起，陣斬秉權，蹙賊衆於水，餘走水東。軍中方具餐，鑫曰：「不克水東不追食！」揮軍擣賊壘。都司易普照，勇士也，先登中礮殞，衆憤，爭入壘，殺賊數千，壽階遁。鑫渡江壁藤田，壽階自寧都、沙溪挾援衆來犯，鑫分兵擊其左，自率百人擣其右，賊崩潰，蹙之瑤嶺，擒壽階，斬馘數千。是役悍賊俘斬殆盡。閏月，援賊復自寧都出永豐。鑫以千二百人迎擊之，追至寧都之釣峯。賊背水以拒，既敗，盡沒於水。斬賊首蕭復勝等，拔難民萬餘；六月，再破新城賊於東山壩，斬賊首張宗相等。

時悍賊楊輔清憤屢敗，糾衆十萬踞廣昌頭陂，誓決死戰。鑫笑曰：「賊聚此，可一鼓殲也！」勒兵大戰，先馳馬陷陣，衆從之，賊大潰，逐北六十里，斬馘無算。捷聞，詔嘉獎，稱其以寡敵衆，殲除鉅憝，賜號給什蘭巴圖魯。方拔樂安，進規撫、建兩郡，會周鳳山兵潰吉安，乞援。鑫令鄉團張己幟趨建昌，而潛返藤田規吉水。楊輔清聞鑫去，以七萬衆圍樂安。鑫夜入城，誘賊至城下痛殲之。輔清屯林頭，鑫進擊，賊以馬隊數千突陣，令火箭射之，藤牌兵俛首砍馬足。劉松山、易開俊左右合擊，自率精銳貫賊陣，斬級數千，獲馬三百匹，俘八百人，輔清遁走。鑫感疾返樂安，九月，卒於軍，年僅三十有三。詔嘉鑫紀律嚴明，身經數百戰，前後殺賊十餘萬，克復城池二十餘處，厥功甚偉，贈布政使銜，依二品從優議卹，予騎都尉世職。江西、湖南建專祠，謚壯武。

鑫貌不逾中人，膽力沉鷙，用兵好出奇制勝，馭衆嚴而有恩。所著有練勇芻言、陣法新編，皆出心得。劉松山爲湘軍後起名將，舊隸部下，後其軍皆用鑫法。鑫既歿，所部歸其弟開化及張運蘭分統之。

開化，年十七從鑫軍中，南防剿匪功最多，累擢知縣。及援江西，寧都鈞峯之戰，率伏兵潛襲賊營，遂大捷，無戰不與。駱秉章疏陳其功，擢知府。遂令分統鑫軍，偕張運蘭攻吉安，連戰皆捷。八年，克樂安、宜黃、崇仁、南豐、建昌，擢道員，加按察使銜。病歸里。十年，左宗棠初出治軍，開化從之，戰鄱陽、樂平，皆有功。及宗棠大破李世賢於樂平，開化與劉典各當一路。是役官軍不及萬，破賊十萬，稱奇捷，加布政使銜。江西既平，從宗棠援皖南。十一年，卒於軍。開化在軍先後八年，勇毅亞於其兄。詔優卹，予騎都尉世職，謚貞介。

劉騰鴻，字峙衡，湖南湘鄉人。少讀書，未遇，服賈江湖間。咸豐三年，夜泊湘江，遇潰卒數十輩行掠，誘至湘潭，白縣令捕之，由是知名。

五年，巴陵土匪起，巡撫駱秉章令率五百人往戰於毛田，擒賊渠，又敗之於三林坳，散其黨，遂駐岳州。從羅澤南攻通城，攀堞登城，克之。參將彭三元等戰歿崇陽，澤南調騰鴻往，而石達開驅悍賊二萬來撲，騰鴻與游擊普承堯夾擊破之。蒲圻賊壘臨河，騰鴻由寶塔山截渡河賊，直抵城下，與普承堯循環攻擊，克蒲圻。連下咸寧，抵武昌。騰鴻偕蔣益澧爲後隊，搜伏賊，殲斃甚衆。論功，以從九品選用。羅澤南愛其才，令增募五百人當前敵。騰鴻遂師事澤南，列弟子籍。攻克十字街、塘角賊壘，毀其船廠，進據小龜山。賊七八千由塘角沿湖而下，澤南自率中營出洪山西，令騰鴻出洪山東，夾擊，斃賊無算，蕩平賊壘。胡林翼奏騰鴻身先陷陣，七戰皆在諸軍前，超擢知縣。六年春，賊踞賽湖以阻官軍，騰鴻與戰於隄上，追及長虹橋，遇伏，賊七倍我，奮擊，殺賊五六百。羅澤南欲扼窰灣，賊出爭，大戰於小龜山，斬級六百，遂偕李續賓同駐其地。騰鴻所將號湘後營，樹黑幟，賊望見輒走。

會江西軍事棘，胡林翼令騰鴻率所部千人從曾國華赴援瑞州，道為賊梗，轉戰而前，連捷於羊樓峒、分水坳，擒斬偽總制三十餘人，克上高、新昌。七月，進攻瑞州，郡治有南北二城，中貫一河，聯以長橋。先拔南城，賊酋韋昌輝自臨江來援，軍容甚盛。騰鴻曰：「是羊質虎皮，不久見轢。宜乘其敝攻之。」相持旬日，賊氣衰。乃從北岸渡兵抄其後，與南城兵夾擊，大敗之。偽指揮黃姓來援，列陣出岡，兩軍對峙。別賊馳截我後路，圖夾攻，俟其近，發劈山礮擊之，再至，皆擊退，追奔三十里。石達開適自九江來，勒賊復還，築五壘於東北。騰鴻曰：「不急破之，壘成則難制矣。」令楚軍防城賊，江軍進剿，自率死士三百督戰。賊見兵少，先犯之，三百人植立無聲，伺近乃發礮，凡衝突六次不為動，賊氣沮，諸營併力猛攻，賊大敗，盡平其壘。捷聞，擢直隸州知州，歸江西補用，賜號衝勇巴圖魯。

自克南城後，賊萃於北城。騰鴻欲斷其接濟，取南城磚石築壘造橋，賊來爭，且戰且築，又於北岸石封嶺築新城以逼之。七年春，曾國藩巡視瑞州，用騰鴻議，爲長壕三十里，絕賊餉道。國藩尋以喪返湖南，囑騰鴻主南路軍事。先後遏賊於馬鞍嶺、陰岡嶺，戰皆捷，於是會諸軍克袁州、分宜、上高、新喻。劉長佑與賊戰於羅防，不利，騰鴻往援，擊敗之。七月，回攻瑞州。時李續賓進兵九江，胡林翼疏調騰鴻回湖北。騰鴻以功在垂成，先分兵應之，而攻城益力，奪南門礮臺，復撲東門，毀其城樓，身自督戰，中槍子五，卧不能起。次日，裹創舁往，城垂克，忽中礮，洞穿左脅，移時殞。語弟騰鶴曰：「城不下，無斂我！」一軍皆泣，冒礮火登城，斬殺悍賊過半，卽夕克瑞州，迎騰鴻尸入城治喪。事聞，卹典加等，依道員例，予騎都尉世職，於瑞州建專祠，予其父母正四品封典。洎江南平，曾國藩追論前功，詔嘉其忠勇邁倫，加恩予謚武烈。

弟騰鶴，隨軍將中營。先數月，因攻城傷左臂，創甚。騰鴻命歸，不可。及騰鴻殞於陣，騰鶴號泣督戰，克竟厥功，遂代將其軍。進援臨江，復峽江。會攻吉安，當西南路，掘長壕久困之。八年秋，賊乘江漲突圍出，兩次皆擊退，尋拔其城。率所部窮追，斬馘過半。調防九江，屯彭澤。九年二月，戰牯牛嶺，進攻建德風雲嶺賊巢，破其二壘。賊大至，被圍，力戰死之，年二十有八。官候選知府，詔依道員例賜卹，予騎都尉世職，附祀兄祠。

蔣益澧，字薌泉，湖南湘鄉人。少不羈，不諧於鄉里，客游四方。湖南軍事起，從王鑫攻岳州，以功敍從九品。復隸羅澤南部下，勇敢常先人，澤南異之，許列弟子籍。從克黃梅，擢縣丞。進剿九江，連敗賊於白水港、小池口。咸豐五年，進攻廣信。大軍駐城西烏石山，益澧屯山右。賊覘其壘未成，來攻。益澧堅壁不動，伺懈縱擊，斬賊首於陣。進逼城下，諸軍蟻附而登，復其城。進攻義寧，澤南潛師進鼇嶺，令益澧分駐乾坑。賊來爭，分數千人抄官軍後。益澧曰：「今以數百人當大敵，不死戰，將殲。」揮兵直薄之，當者披靡，遂會師鼇嶺，乘勝復義寧，擢知縣。

從澤南回援武昌。在軍與李續賓論事不相下，及澤南歿，續賓代將。益澧屯魯港，賊攻之急，請援，續賓置之。益澧大恚，憑壘死守，賊旋引去。益澧遂告歸，不待報而行。嗣武漢克復，仍論前功，擢知府，賜花翎。

益澧家居，悒悒不得志，會廣西匪熾，乞援於湖南，湖南宿將盡出征，駱秉章顧左右無可屬者，益澧請行，乃令率千六百人赴之。七年五月，連破賊於賣珠嶺、唐家市，復興安、靈川；艇匪踞平樂二塘墟、沙子街，進破之，焚賊艇，薄平樂，克之：擢道員，賜號額哲爾克巴圖魯，加按察使銜。巡撫勞崇光疏請留於廣西補用，八年，入屯桂林。時廣西兵食並絀，率藉招撫馭盜，兵賊相糅，橫行無忌，疆吏不能制。益澧至，乘兵威，悉按誅桀黠者，易置守軍，人心始定。駱秉章奏助益澧軍月餉二萬，造船六十艘，募水師以益其軍。省城既固，進規右江。賊踞柳州，連結洞砦，恃水師不能至。益澧具舟修仁，令軍士舁舢板陸行九十里，置洛靑水中，載礮而下，遇賊洛垢墟，火賊舟。次日，賊水陸並集，力戰斬賊數千，進鷓鴣山，攻柳州克之，加布政使銜。偕右江道張凱嵩會剿慶遠，掘長壕斷賊出入，賊渡河竄，邀擊敗之。慶遠平，以按察使記名。

九年，石達開竄湖南，前隊掠全州，益澧分兵守柳州，自回援省城，授按察使，尋遷布政使。出剿恭城土匪，扼平樂。粵匪石國宗由全州、興安窺桂林，勢甚張。學政李載熙劾益澧失機及冒餉忌功等事，詔念益澧前勞，降道員，留廣西，並下疆臣察奏。會湖南遣劉長佑、蕭啓江率師來援，益澧與合剿，解桂林圍。駱秉章、曹澍鍾並爲疏辨，得白。十年，賀縣匪分擾昭平、平樂，益澧擊走之。進破賊首陳金剛於大灣嶺，焚沙田賊寨，復布政使原銜。又會廣東援師破賊於竹洞嶺。十一年，復授廣西按察使，進駐平南。偕總兵李揚陞復潯州，復布政使原官。

益澧年少戇急，曾國藩、胡林翼素不滿之，而左宗棠特器重。至是宗棠規浙江，疏請以益澧爲助。同治元年，調浙江布政使。自湖南增募八千人，道廣東，總督勞崇光資以餉械。九月，至衢州，分兵復壽昌。賊酋李世賢屯裘家堰，按察使劉典兵先進，益澧繼之，降賊李世詳爲內應，襲破之，悉毀賊壘。二年，克湯溪，被珍賚優敍。宗棠進屯嚴州，規富陽，援賊麕至，益澧渡江築壘新橋，分三路迎擊，大敗之。會游擊徐文秀等攻鷄籠山，益澧自督戰，盡破十餘壘。八月，克富陽。自杭州至餘杭，賊營連數十里。益澧沿江下逼清波、鳳山兩門，據十里街、六和塔、萬松嶺，俯瞰城中，自駐東嶽廟，賊屢出犯，皆擊退。分兵會道員楊昌濬、總兵黃少春攻餘杭，敗賊城下，匿不出。又破鳳山門、淸泰門賊壘，由錢江入西湖，奪賊舟。平湖、乍浦、海鹽皆下，海寧守賊蔡元吉、桐鄉守賊何紹章先後投誠効用。三年，令紹章扼烏鎭，元吉會蘇師復嘉興，賊勢日蹙。二月，饅頭山地雷發，壞城垣，諸軍擁入，戰竟日，悍賊多斃，餘夜遁，遂復杭州，餘杭亦下。詔嘉其功，賜黃馬褂，予雲騎尉世職。分軍克德淸、石門，進攻湖州。蔡元吉深入，爲賊所圍，益澧自往援之。轉戰而前，距元吉營隔一河未達。時僞幼王洪福瑱遁入湖州，悍酋黃文金衆尙十餘萬。七月，作浮橋通元吉營，出湖趺漾襲賊後。降賊譚侍友出太湖攻袁家匯，賊棄城走，邀擊之，解散數萬人。浙境肅淸，晉騎都尉世職。

左宗棠追賊赴福建，益澧護理巡撫。疏陳善後事宜，籌閩餉，濬湖汊，築海塘，捕槍匪，又豁減漕糧，酌裁關稅，商農相率來歸。增書院膏火，建經生講舍，設義學，興善堂，百廢具舉。東南諸省善後之政，以浙江爲最。逾歲，乃回本任。

五年，擢廣東巡撫，奏裁太平關稅陋規四萬兩，斥革丁胥，改由巡撫委員徵收；五坑客匪投誠，分別安插高、廣各府，另編客籍；設學額：並如議行。六年，以病乞休。尋爲總督瑞麟疏劾，下閩浙總督吳棠按奏，坐任性不依例案，部議降四級，改降二級，以按察使候補，命赴左宗棠軍營差委。尋授廣西按察使，以病回籍。

十三年，日本窺臺灣，召至京。未及任用，病卒。太常寺卿周瑞淸疏陳益澧廣西政績，詔復原官，依巡撫例賜卹。浙江巡撫楊昌濬、梅啓照先後疏言平浙功尤鉅，詔允建祠，謚果敏。

論曰：李續賓果毅仁廉，治軍一守羅澤南遺法，戡定武昌、九江，戰績爲一時之冠。李續宜獨以持重稱，殆鑒於其兄之銳進不終而然耶？王鑫、劉騰鴻皆出奇制勝，駿利無敵，惜早殞，未竟其功。蔣益澧經挫折而奮起，平浙、治浙，並著顯績，信乎能自樹立。諸人並湘軍之傑，不以名位論高下也。

清史稿卷四百九

列傳一百九十六

塔齊布 畢金科 多隆阿 孫壽長 鮑超 宋國永 婁雲慶 譚勝達 唐仁廉 劉松山

塔齊布，字智亭，陶佳氏，滿洲鑲黃旗人。由火器營鳥槍護軍擢三等侍衞。咸豐初，揀發湖南，以都司用，署撫標左營守備。以長沙守城功擢游擊，署中軍參將。侍郎曾國藩在籍治鄉兵，月調官兵會操。每校閱，塔齊布從侍，國藩與語，奇之，試所轄兵，特精整。爲副將清德所忌，嗾提督鮑起豹將加摧辱。國藩劾罷清德，薦塔齊布「忠勇可大用，如將來出戰不力，甘與同罪」，加副將銜，兼領練軍。巡撫張亮基亦特薦之，以副將用。

三年，剿平茶陵、安化土匪，賜花翎。四年，率所部進剿粵匪，至湖北通城、崇陽，賊由岳州上犯，奉檄援寧鄉。未至，湘潭亦陷，賊勢甚張，遂改援湘潭。長驅至高嶺，猝遇賊，塔齊布手持大旗陷陣，麾軍縱擊，斬其酋數人，逐北數里，至城下。明日，賊大出，塔齊布伏兵山左右，賊近，礮殪百餘人，伏起夾擊，僵仆枕藉，燔城外賊栅皆盡。水師會戰，焚賊舟，浮屍蔽江。賊棄城走，六日而湘潭平。時曾國藩師挫於靖港，長沙震動，賴此一戰破賊，人心始定。捷聞，加總兵銜，賜號喀屯巴圖魯。詔斥鮑起豹畏葸不出戰，罷之，即超擢塔齊布署提督，尋實授。初，所部辰勇與標兵私鬭有釁，鮑起豹頻齮齕之；至是代其位，徧賞提標兵，示無修怨意，標兵大讙。衆見其由都司不三年立功驟膺專閫，莫不驚服，軍氣頓振。

賊自湘潭敗後，退走岳州，分黨陷常、澧。塔齊布馳抵新牆爲援，進與羅澤南合軍，會水師攻岳州，七月，克其城。賊退泊城陵磯，勢猶盛，水陸夾擊，屢挫之。曾國藩親率新募水師至，戰失利。越日，賊由城陵磯舍舟登陸踞險，三路來撲，塔齊布分路迎擊，西馬陷陣，士卒皆猛進，破其中路，賊復包鈔；愈戰愈奮，賊敗走，追至擂鼓臺，斬馘八百，落水者無數。迭偕羅澤南合力攻賊，旬日三捷。水師乘隙進勦，賊勢始衰，岳州危而不失。閏七月，偕羅澤南、李續賓進高橋，賊出二萬人抗拒。塔齊布首先衝入，諸軍繼之，會大雨，賊礮不燃；踰溝入壘，連破賊營十三座，殲斃及逃散者數千。水師亦分路勦殺，賊遁走，追擊二百餘里，破之於羊樓峒，又破之於崇陽，克其城，咸寧亦復。曾國藩師抵金口，令羅澤南攻花園，塔齊布趨洪山。八月，武昌賊遁走，塔齊布預設伏，賊至，要擊，左右夾湖無去路，殲戮溺斃八九千人，武、漢同時克復。進攻大冶，克之。

十月，與羅澤南會攻田家鎭，澤南攻半壁山，塔齊布屯富池口，中隔小河，作浮橋以通兩軍之路。賊以萬人來爭，澤南率李續賓奮戰，塔齊布隔港對擊，浮橋成。賊復由田家鎭渡江撲富池口營壘，迎擊敗之。遂與水師約大舉，楊岳斌、彭玉麐分隊毁其横江鐵鎖，陸師從半壁山擁下，鏖戰一晝夜，鐵鎖盡燬，賊舟盡焚。賊棄壘而遁，克田家鎭，蘄州亦復，賜黃馬褂，予騎都尉世職。

偕羅澤南渡江至蓮花橋，遇伏，前隊少卻，塔齊布手刃賊目，追奔五十里，遂克廣濟。悍酋秦日綱、陳玉成、羅大綱併力守黃梅，以數萬賊布小池口、孔壠驛，而大河埔、龍頭寨皆立堅壘。軍抵雙城驛，賊突來襲，堅持不動，旋突起憑高下擊，斬其渠。賊奔大河埔，糾黨返鬭，連擊敗之，殪三千餘，進攻黃梅，肉薄而登。塔齊布被石擊，流血被面，督戰益力，克其城。賊麕聚孔壠驛，三面築土城，塔齊布從西南進，累肩爲梯，卓矛而躍，大破之。賊悉竄小池口，分黨奔湖口，與九江之賊相犄角。曾國藩率水師抵九江，塔齊布偕羅澤南渡江會攻。詔嘉諸將轉戰直前，同心勠力，特頒珍賚。十二月，攻九江西南門不克，驍將童添元死之。會水師爲賊所襲，喪失輜重。羅澤南攻小池口，塔齊布親率勇士二十人往督戰，衆寡不敵，且戰且退，匹馬衝突，爲諸營扞蔽。有黃衣賊酋三來犯，塔齊布以套馬竿圈一酋斬之，奪其馬，餘賊皆靡，俟大隊沿江上，始單騎渡江回營，已除夕三鼓。

五年正月，城賊出犯，斬獲二百餘，又伏地雷誘賊來撲，斃之，戰屢捷而城不下。三月，總督楊霈師潰，武昌復陷，塔齊布分兵遣將回援。時水師半頓鄱陽湖，半回湖北，陸師留攻九江，力甚單，賊益堅拒。六月，與曾國藩會於青山議軍事，國藩謂宜移師東渡，剿湖口、東流、建德，塔齊布誓攻九江。七月，方傳令薄城，遽氣脫卒於軍，年三十有九。事聞，文宗震悼，詔依將軍例賜卹，湖南省城建專祠，謚忠武。同治三年，江南平，加三等輕車都尉世職，入祀昭忠祠。

塔齊布忠勇絕倫，自擢提督，湼「忠心報國」四字於左臂。每戰，匹馬當先，不使士卒出己前。他軍被圍輒馳救。背負槍，挾弓矢，二卒持長矛、套馬竿從，皆精絕，無虛發。每逼賊壘覘形勢，瀕危輒免，賊驚爲神，而從容謙退，未嘗自伐其能。在岳州，率四騎覘擂鼓臺，忽有悍酋獰髯睅目，持槊來犯。健卒黃明魁矛刺酋墜馬，塔齊布手刃殪之，獲其旗，知爲僞丞相曾天養，驍桀稱最，羣賊奪氣，尋皆引去。先是水師燬天養坐船，已報殲斃。塔齊布不欲爭功，終不上聞。軍中與下卒同甘苦，嘗共中夜絮語家事，念及老母，泣下。其卒也，軍民皆慟。湘潭、岳州兩捷，關係湘軍大局。曾國藩尤痛惜焉。

畢金科，字應侯，雲南臨沅人。以征開化苗功，敍外委。從王國才赴湖北，破賊荊州龍會橋、天門丁司橋，累擢都司。曾國藩奇其才，令從攻九江，改隸塔齊布部下。及塔齊布歿，石達開擾江西。金科每戰陷陣，驍勇爲諸軍冠。五年冬，破賊樟樹鎭，而周鳳山軍敗，尋失之。六年，破賊章田渡，未幾，饒州陷，又失之。金科憤爲他部所累，募死士攻取饒州。誓曰：「今日上岸不破賊，吾不復歸舟！」一鼓克其城，賜號呼爾察巴圖魯，補臨沅鎭都司，以游擊陞用。名大振而忌者衆，軍食不繼，金科鬱鬱，思立奇功。江西大吏責其破景德鎭始給餉。七年正月，驟往攻之，入市不見一人，率十卒搜捕，賊蜂起，傷其七，亡其三，隻身縱橫擊刺，踐血而出。賊以噴筒環攻於王家洲，殞焉。曾國藩爲勒碑紀事，稱其勇與塔齊布相埒。洎江南平，疏請優卹，贈總兵銜，諡剛毅，立祠景德鎭。

多隆阿，字禮堂，呼爾拉特氏，滿洲正白旗人，黑龍江駐防。由前鋒補驍騎校。咸豐三年，從勝保剿粵匪，解懷慶圍。及賊擾畿輔，僧格林沁督師，徵兵黑龍江，多隆阿率二起馬隊從克連鎭、馮官屯，擢佐領。

五年，調援湖北，隸將軍都興阿部下。破賊黃州、新洲，從克廣濟。六年，克武昌、漢陽，加副都統銜，補協領，充行營翼長。進剿蘄州，敗賊於曹家河，復廣濟，次孔壠；賊復來犯廣濟，擊走之。時湘軍圍攻九江，賊於對岸小池口築土城，環以堅壘，附近數十里內，段窯、楓樹坳、獨山鎭等處賊壘凡數十。七年三月，都興阿與鮑超攻小池口，令多隆阿趨段窯，甫至，賊數千來拒，一戰破之，毁其壘。揚言攻獨山鎭，而暗襲楓樹坳，賊三路分拒，分擊之。別遣隊繞山南襲賊營，賊陣亂紛竄，進殪三千餘，乘勝疾趨獨山鎭。四鼓至，月明如晝，見賊壘浚深壕，木樁竹籤環之，不易攻。以輕騎誘賊出，散隊設伏，伺賊至，以勁騎衝突，又分隊潛越壕縱火，賊大奔，追殺至曉，斃賊五千，生擒數百。自是賊畏其軍，見旗輒走。

陳玉成率悍黨踞黃梅，連營百里，官軍屢挫。六月，多隆阿偕鮑超赴援，戰於黃梅十里鋪，分兵潛攻西路億生寺賊壘，賊出不意，駭奔，而十里鋪之賊亦大敗；水師進毁童司牌賊壘，湘軍自九江來援，合擊，大破賊於黃蠟山，平賊壘凡百餘，逐北至宿松城下，遂克黃梅，以副都統記名。賊尋棄宿松而去，多隆阿率馬隊駐守。鮑超以步隊屯二郎河。九月，賊陷太湖，分路來犯，偕鮑超合擊於涼亭河，破之；又合擊於楓香驛，賊死抗，鏖戰逾時，盡破其壘，乃遁太湖。八年春，賊由渡船口等處上犯，將綴官軍，以緩九江之攻。多隆阿伺其初至，急擊走之。

四月，九江克復，多隆阿從都興阿進規安慶，石牌爲要衝，賊據山阻水爲堅壘，水陸重兵守之。多隆阿攻上石牌，鮑超攻下石牌，同時並下。餘壘驚竄，馬步截殺及落水溺斃者六千餘人，其酋以數十騎逃入安慶，遂進軍逼安慶，破城外九壘，城賊屢出戰，皆擊敗之。會李續賓戰歿三河，桐、舒、潛、太諸縣皆不守。安慶圍師牽動，多隆阿退保宿松。次日，賊麕至，值大霧，多隆阿驅勁騎陷陣，敢死士隨之，斫殺無算。鮑超軍夾擊，呼聲震天，賊驚潰，自相踐踏，陳玉成精銳損失過半。自三河失利後，得此捷，軍聲復震。

是年冬，都興阿以病離營，奏多隆阿素當前敵，請所部悉令統帶。詔責成督率將士，就近聽胡林翼調度。九年春，進逼太湖。諸將猶謂賊銳，宜稍避，多隆阿曰：「不入虎穴，焉得虎子？」賊憑城出鬬，力戰挫之，營壘乃就。胡林翼遣唐訓方會攻，而石牌復爲賊踞，攻太湖城連月不克。多隆阿謂必先取石牌而後太湖可下，乃選精銳，自茶婆嶺進兵，用火攻困之。賊由潛山、安慶兩路來援，分馬隊擊卻之。九月，復猛攻，焚其壘，殲賊酋霍天燕、石廷玉等，遂克石牌，令部將雷正綰駐守之。時湘軍圍安慶，陳玉成糾合捻匪衆十餘萬來援，太湖當其衝。胡林翼調集諸將爲備，多隆阿已授福州副都統，戰略威望最著，遂令前敵諸軍並受節制。歲將盡，賊分三路至，鮑超屯小池驛，蔣凝學屯龍家涼亭，多隆阿自以馬步各隊駐新倉，朱品隆與唐訓方合軍仍圍太湖，初戰，中賊伏，頗有傷亡。賊勢專趨小池驛，鮑軍爲所困。多隆阿慮牽動局勢，僅分隊爲護餉道。會金國琛等軍出潛山高橫嶺、仰天庵，密約夾攻。

十年正月，賊移壘羅山衝、白沙畈，與城賊互應。多隆阿定計以大圍包裹援賊，以伏兵橫截城賊，令步隊誘敵，馬隊驟起圍擊。唐訓方鈔其後，朱品隆扼其右，鮑超遏其前，自率馬步衝突陷陣，賊大敗。次日，分軍三路，鮑超等東出小池驛，朱品隆等西趨羅山衝，多隆阿自居中路，見賊屯袤廣二十餘里，陳玉成踞羅山衝，尤爲悍賊所聚，列隊進攻，爲賊陣所壓，遂督中西兩路併力攻山，奮呼直上，賊始敗竄。鮑超亦由小池驛連破四路之賊，合隊追奔，同攻賊壘，乘風縱火，賊柵、賊館頃刻延燒，大小營壘百餘，一律平燬。金國琛等沿山兜擊，賊前後受敵，奪路狂竄，連夜追勦，擒斬無算。城賊聞敗，宵遁，伏兵四起，截殺未逸者，盡數殲之，卽日克復太湖，乘勝追賊至潛山城下，亦克之。是役時稱奇捷，推多隆阿首功，詔加頭品頂戴。賊旣敗，回踞桐城，增壘爲固。七月，多隆阿率軍進逼城西，晝夜環攻，其西北山岡曰毛狗洞，賊壘最據形勢，攻下之。俯瞰全城，掘隧道轟之，未克。陳玉成復糾捻匪自舒城來援，十月，於掛車河隔河而陣，連戰敗之。復與李續宜約期合攻，裹賊於中，戰酣，以馬隊鈔擊，賊大敗，殲殪近萬，解散脅從萬餘，賊棄壘夜遁，賜黃馬褂。

陳玉成屢爲多隆阿所挫，知不敵，乃謀犯湖北。是年冬，又糾衆繞英、霍，陷蘄水，掠黃州、德安。十一年春，折回趨安慶，經掛車河，耀兵而過。多隆阿曰：「此示假道，不欲戰也。」設伏山隘，令賊過呼噪勿擊，而以輕騎躡之，斬馘甚衆。玉成入安慶，築壘集賢關，多隆阿進駐高路埔。桐城、廬江諸賊二萬餘，將與玉成聯合。多隆阿分五路進擊，迭敗之於練潭、橫山堡、金神墩、新安渡，餘賊遁回桐城。未幾，悍賊黄文金糾衆二萬餘踞天林莊，擊走之。陳玉成留悍黨守集賢關，自率馬步五六千竄馬踏石，欲與桐城諸賊會合。多隆阿要擊於河岸，卻之。四月，玉成復率諸酋合粵、捻三萬餘人圖上犯，以解安慶之圍。多隆阿分路設伏，扼之於掛車河，左右往來衝擊，伏發，四面夾攻，殲斃八九千，追剿，五戰皆捷。賊仍退桐城，安慶之援遂絕。

官文、胡林翼疏陳多隆阿樸誠忠勇，智略冠軍，爲衆所悦服，於是奉幫辦軍務之命。八月，安慶克復，急令穆圖善攻桐城，即日克之。數日中連克宿松、黄梅，而舒城賊亦棄城走廬州，予雲騎尉世職。擢正紅旗蒙古都統，又擢荆州將軍。進規廬州，同治元年春，連破賊，絕其運道，賊黨相率投誠，散遣千餘人。四月，大破援賊，陳玉成戰敗不敢入城，竄走，遂克廬州。令穆圖善、雷正綰追玉成，玉成奔壽州，爲練總苗沛霖擒獻勝保營，誅之。捷聞，優詔褒嘉，加予騎都尉世職。

尋命督辦陝西軍務，率所部西征。時粵匪陳得才合捻匪姜台淩、張洛行衆二十萬，三路窺陝。多隆阿令雷正綰、陶茂林率三千人前驅，大軍繼之，七月，抵商南。陳得才躡後路，圖截餉道，乃率穆圖善回軍掩擊，大破賊於荆子關。賊夜遁，令馬隊追賊，步隊休息，自擕數十人入商南，姜台淩大隊突薄城下。調衞隊四營猶未至，陽示鎭靜，設伏城外，親率百餘人開城衝出，伏兵齊應，賊不知衆寡，倉皇退竄。次日，復出城誘戰，正與相持，總兵朱希廣率四營由間道來援，連日力戰，擒斬二千餘，賊乃西竄，檄溫德勒克西馬隊要截，王萬年步隊躡追。金順守荆子關，陶茂林遏武關，自率親軍於捉馬溝築壘，賊夜來襲，俟其近，排槍礮擊之，穆圖善自外夾攻，斃賊無算。至曉，見賊蟻聚，亙數十里，令降俘指認賊旗居中之紅邊白旗爲姜台淩，先集攻之。戰方酣，自率穆圖善從山側繞擊，賊敗如山倒，斫殺萬計，追至三角池，截其尾隊。姜台淩僅以身免，張洛行聞風亦遁。詔嘉其旬日內剿除巨寇，頒賜黃馬褂及江綢刀觿，以示優異。

時勝保入陝督師，移多隆阿赴南陽防剿，連敗賊於樊城、唐縣。尋復命赴陝。十一月，入潼關。勝保以罪逮，詔授多隆阿欽差大臣，督辦軍務。

回匪方熾，偏擾東西北三路，陝南則爲粵、捻、川匪所出沒。多隆阿令雷正綰任西路，自剿東路，克韓村、背坡諸賊營，同州解圍。二年春，督軍併攻王閣村、羌白鎭，破之。回匪自倡亂，至是始被痛創，遂進攻倉頭鎭。多隆阿積勞致病，將士亦多染疫，遣將分攻龐谷、雷化、喬千、孝義諸鎭，皆克，惟倉頭爲老巢，負嵎未下。四月，移營進逼，揮軍縱擊，破其土城，賊大奔，追殺無算，東路肅清。令曹克忠一軍赴西安護運道，自率穆圖善等攻高陵，分路夾擊，八月，克之，掃蕩附近賊巢。

關輔略定，而漢南諸賊紛擾。川匪藍朝柱近踞盩厔，三年春，親督兵力攻，城小而固，多隆阿憤甚，臨高指揮督戰，城已垂破，忽中槍，傷頭目，將士攻城益力，旋克之。事聞，溫詔慰勞，賜上方藥，遣其子馳驛省視。尋命督辦陝、甘兩省軍務。四月，創甚，卒於軍。贈太子太保，予一等輕車都尉世職，入祀京師昭忠祠，立功地建專祠，謚忠勇。未幾，江寧復，加一雲騎尉，併爲一等男爵。子雙全襲，官頭等侍衞。

孫壽長，光緒中，官正黃旗滿洲副都統，統奉天仁字軍，因事革職。二十六年，俄兵入邊，壽長力請戰，召回京，未行，爲俄人所執，不屈死。

鮑超，字春霆，四川奉節人。咸豐初，以行伍從提督向榮廣西剿匪，尋入湖南協標。四年，曾國藩治水師，調充哨長。勇銳過人，每以單舸衝賊隊，當者辟易。從克岳州、武昌、漢陽，破賊田家鎮、武穴，積功擢守備，賜花翎。五年，武昌復陷，赴援，胡林翼拔充營官。擊賊於漢陽小河口、鮎魚套，屯沌口，破宗關賊壘，擢都司。會金口陸軍潰，賊聚攻胡林翼於高廟。超飛棹往救，力戰卻之。德安、應城之賊復由涓口來犯，火其舟，拔林翼於重圍。進擣賊營，右肋中礮，裹創而戰，復金口。論功最，擢游擊，賜號壯勇巴圖魯。

六年，林翼疏薦超勇敢冠軍，曉暢兵略，以水師總兵記名。夏，會攻漢陽，扼沙口，斷賊往來，江面肅清，擢參將。武昌既復，林翼令赴長沙募勇三千，創立霆字五營，改領陸軍。七年，補陝西宜君營參將。攻小池口，破賊於孔壠，援黃梅。時總兵王國才戰歿濯港，賊甚張。衆議水陸暫扼守，超不可，主速戰，多隆阿贊之，以騎兵助攻億生寺賊壘。戰一日夜，傷左膝右臂，不退，遂破黃蠟山賊巢，生擒賊渠，斬馘五千有奇。擢副將，加總兵銜。乘勝焚黃梅後山，進屯宿松二郎河，平涼亭、祝家塝賊壘。陳玉成擁衆數萬踞楓香驛，連破之，奪其十三壘。八年，援麻城，克黃安，偕多隆阿進規太湖。超攻北門，燒賊火藥庫，破雷公埠、石牌賊營，斬馘萬餘，授湖南綏靖鎮總兵。進攻安慶省城，而三河軍敗，陳玉成糾捻衆上犯，都興阿令超退守二郎河，遏賊衝。超偕多隆阿大破賊於宿松東北花涼亭，斬僞成天侯韋廣新以下渠目三百餘，殲賊八千，散脅從數萬。捷聞，優敍。

九年，會諸軍圍太湖，陳玉成糾衆十餘萬來援。多隆阿總統諸軍，撤圍分屯，備大戰。超壁小池驛，十二月，賊至，壓超軍而壘，凡百餘座。超破其十餘壘，賊悉銳更番環逼，晝夜力禦，棚帳皆爲礮裂，士卒傷痍，糧道將斷，超志氣彌奮，相持二十餘日。十年正月，援軍自潛山天堂出，諸軍乃約期夾擊。超空壁而出，賊圍之數重，爲方陣拒戰，四路賊皆破。合諸軍盡焚賊壘，斬馘無算，遂克太湖。官文等奏捷，謂：「非超勇鷙堅強，以二千人獨禦前敵，血戰兼旬，則援應各師，必有緩不濟急之勢。」詔加提督銜。超與多隆阿不相下，爲胡林翼故，勉屈聽節制。臨危，多隆阿復不力救，雖成功，頗觖望，林翼慰解之，遂乞假省親去軍。

曾國藩方規皖南，奏令超增募萬人以從，未至，悍賊黃文金由浙入贛，李秀成亦由蕪湖上犯，取包圍遠勢。詔促超赴軍，而寧國陷，褫勇號，責圖克復。賊已直犯祁門大營，國藩兵單，誓死守。超至休寧，聞警，日馳百餘里，連戰皆捷，驅賊出嶺，國藩亦不意超軍遽至也。詔嘉其神速，賜號博通額巴圖魯。進援江西景德鎮，與左宗棠會剿，因雨遲至。宗棠假霆軍旗幟，賊見之卻走。復回踞洋塘、謝家灘。十一年正月，超至，大戰破之。黃文金負創遁，追敗之黃麥鋪，復建德。曾國藩奏請以超軍爲江、皖游擊之師。陳玉成與安慶城賊夾攻官軍，頗爲所困。超渡江援之，大破賊於赤岡嶺，生擒悍黨劉瑲琳。既而李秀成犯江西，連陷二十餘城。超破之於樟樹鎮，斬馘萬餘，被珍賚。又進解撫州圍。調援江北，至南昌，聞安慶已克復，回軍戰於貴溪、雙港、湖坊河口，大破賊，遂克鉛山，解廣信圍，李秀成遁走。命遇提督缺出儘先題奏。規取青陽，敗援賊，盡毀城外賊壘。

同治元年，詔推恩諸將，嘉超屢著戰功，賜黃馬褂，授浙江提督。時賊聚皖南，東連蘇、浙，西瀕江，上自建德、東流，下至銅陵、蕪湖。超東西策應，解銅陵圍，克青陽、石埭、太平、涇縣，大破楊輔清於寧國，復其城，予雲騎尉世職。賊首洪容海、張遇春先後投誠，受降，編其衆爲啓化營、春字營，從戰皆有功。是年冬，丁母憂，請終制，詔奪情留軍。二年，戰涇縣。賊設伏來誘，超亦潛伏山坳以伺，斷賊後路，夾擊，大破之，遂克西河，灣沚。黃文金竄鄱陽，方欲赴援，李秀成又陷江浦、浦口，超馳救，破賊青溪鎭，連克巢縣、含山，和州、江浦、浦口，北岸肅清；遂會水師克九洑洲，而青陽又被圍，馳至，賊遁，追破之於曹塘，進攻東壩賊巢，克之。賊酋先後率衆降者數萬，建平、溧水皆復。曾國藩奏以東壩爲重隘，令超駐守，以備游擊。

三年春，克句容、金壇。時蘇、浙敗賊聚於江西，命超馳援，破賊於豐城。會江寧克復，論功，予一等輕車都尉世職。七月，破許灣賊巢，連克崇仁、宜黃、東鄉、金谿、南豐。賊酋陳炳文以六萬人降，受之。追賊贛南，解寧都圍，殲賊萬計，賜雙眼花翎。賊酋汪海洋遣黨詐降，整軍以待，驟擊之，潰，入瑞金，城下屍積爲阜，城賊亦遁，追至福建境。洪秀全幼子福瑱爲贛軍所擒，詔錫封超一等子爵。

先是，超請回籍葬親，賜銀五百兩，命俟江、皖肅清後予假。是年冬，申前請，允之，復命假滿率舊部出關援新疆。所部多南人，畏遠征，疆臣多以爲言，請留剿粵匪餘孽，曾國藩亦請先留甘肅內地。超已令部將宋國永率八千人先發，四年春，至湖北金口，軍潰。詔急起超於家，免其出關，改赴福建，命沿途招撫潰勇。潰勇多降衆，仍由江西趨粵與匪合，超由贛州進剿。時粵匪餘黨聚踞嘉應州，汪海洋已爲閩軍所殲，賊中推譚體元爲首。十二月，戰於平成鋪，賊踞嶺而陣。超合閩、粵諸軍大破之，追至城下，宵遁。預設伏於黃沙障及北溪、白沙壩，五路兜擊，譚體元中槍墜崖死，諸酋擒斬無漏網者，獲叛勇歐陽輝、黃矮子等磔之。粵匪蕩平，加一雲騎尉世職。五年，仍授浙江提督，命移師剿捻，追逐於湖北、河南、陝西界上，賊望風輒走。疆臣爭欲得其兵爲助，以西安戒嚴，詔飭赴陝。

六年正月，抵樊城，聞捻匪至，與淮軍將劉銘傳約期於安陸永隆河夾擊。銘傳先至，爲賊所敗，夷傷頗重。超至，擊賊背，大破之。任柱、賴文光遁走，俘其妻孥，奪回所失軍裝。超久爲名將，銘傳後起與之埒。是役超自以轉敗爲勝有功，而銘傳咎其後至，李鴻章右銘傳，超大憤，稱病。迭詔慰勉，曾國藩及鴻章馳書相繼。超終乞罷去軍，所部三十營，令部將宋國永、唐仁廉分領。詔婁雲慶代將，皆慮其軍難制，遣散過半焉。

超既歸，屢敕問病狀。十三年，召來京，因病未復，仍續假。光緒六年，起授湖南提督，募軍駐樂亭防俄羅斯，事定回任。八年，復以病請解職。十一年，法越戰起，命率師駐雲南馬白關外。和議成，撤防回籍。十二年，卒，贈太子少保，賜銀三千兩治喪，立功地建專祠，謚忠壯。子祖齡襲爵，官浙江金衢嚴道。

超治軍信賞必罰，不事苛細，得士卒死力。進戰，疾如風雨，賊望而披靡，棄械跪馬前，卽不殺，以此服其威信。所部多驍將，宋國永、婁雲慶最爲所倚。譚勝達、唐仁廉亦並至專閫。

國永，四川人。由軍功補千總。初從鮑超隸水師，以戰金口功，擢守備。破賊童司牌、黃蠟山，克麻城、黃安，累擢參將。霆軍初立，爲營官。咸豐十年，曾國藩調霆軍赴皖南。鮑超方假歸，國永暫統其軍。及超至，從攻休寧，分兵復黟縣，連破賊於羊棧嶺、盧村、洋塘、黃麥鋪，功皆最，超擢以總兵記名。十一年，補廣西梧州協副將。從援江西，破賊樟樹鎭，加提督銜。克鉛山，解撫州、廣信圍，以提督記名。同治元年，克靑陽、寧國，授直隸宣化鎭總兵。時楊輔淸仍踞寧國附近圖返攻，國永屯老祖山，迭破來犯之賊。二年，進克西河、灣沚，賜黃馬褂。

三年，江南平，鮑超回籍，國永與婁雲慶分領其軍，調赴福建，未行。四年，鮑超將赴新疆，國永率所部由江西先發，軍中索餉鼓噪，撫定之。道經湖北，復譁潰於金口。坐不能約束，褫職留營。從克嘉應州，復原官。從剿捻匪，自永隆河破賊後，鮑超乞病，軍中事一倚國永。及超去軍，國永先請散遣己所部衆，餘付婁雲慶統之。八年，授雲南鶴麗鎭總兵。李鴻章疏陳國永戰績，稱爲膽識兼優、不可多得之才。留於兩江委用，駐防鎭江。光緖初，調赴福建。四年，卒，詔念前功，允祀四川、湖北霆軍昭忠祠。

雲慶，湖南長沙人。初入水師，累功至都司，尋充霆軍營官。咸豐十年，小池驛之戰，功最，擢參將。從戰皖南，會鮑超赴援江西，留雲慶率四營扼漁亭。賊聞大軍遠出，突來犯，擊走之。追至岩䑓，斃賊酋黃世瑚等，復擊敗上溪口賊。十一年，會克休寧。既而攻徽州，諸軍失利，雲慶仍挫賊，全軍而退。尋會張運蘭戰盧村，遂克徽州，以總兵記名。從鮑超轉戰江西，數破賊，功最，授直隸正定鎮總兵。同治元年，從克青陽，乘勝攻石埭，雲慶率士卒負板薄城，蟻附而登，克之。時霆軍威名益著，營隊日增。曾國藩令雲慶與宋國永爲其軍分統，克寧國，以提督記名，賜黃馬褂。三年，分兵克金壇。及江寧既下，調援江西。既而鮑超奉命西征，分兵令宋國永赴陝甘，雲慶率萬人援福建。國永軍再譁潰，雲慶軍不遠役，又得餉，未爲搖動。尋從鮑超滅賊於嘉應，始赴正定鎮本任。六年，鮑超病歸，衆慮霆軍難制，曾國藩薦雲慶才能應變，詔飭接統。遂裁撤全軍，改募五千人，號曰霆峻營，駐防湖北。明年，捻平，雲慶請歸養。光緒初，復起授正定鎮總兵。十七年，擢湖南提督。三十年，以老乞歸，卒於家。

勝達，湖南長沙人。咸豐中，投効霆軍，無役不從。石牌、羊棧嶺、洋塘、赤岡嶺諸戰，功皆最，累擢至副將。從戰雙港，克鉛山，賜號協勇巴圖魯。同治元年，赴援銅陵，戰橫塘，斬賊酋於陣。進攻城外賊壘，勝達偕唐仁廉冒礮烟踰壕，奪其一壘，餘壘皆下。賊夜遁，復銅陵，以總兵記名。又戰於寒亭，勝達橫衝賊隊截爲四，不能成伍，大破之，復寧國，加提督銜。二年，分兵解涇縣圍，連奪西河、灣沚要隘，詔遇總兵缺先行簡放。三年，克句容，以提督記名。鮑超以東壩爲重隘，令勝達守之。賊至，蔽山谷。勝達陷陣，刺殺其酋，賊大潰。踐屍追擊，殲斃數千。尋赴援江西，克新城，解寧都圍。四年，霆軍以索餉毆傷糧道段起，勝達坐褫職，尋復之。及嘉應殄滅粵匪，賜黃馬褂，授直隸正定鎮總兵。八年，始赴任，練軍捕盜，濬河修隄，頗著勞勩。光緒元年，卒於官，賜卹，謚勇慤。

唐仁廉，湖南東安人。初隸楊岳斌部下。粵匪韋志俊以池州降，仁廉從彭玉麐往受之。賊黨忽變，仁廉手刃其悍者數人，岳斌嘉其勇，令選降衆立仁字營。咸豐十年，改隸霆軍。從戰太平、石埭間，擢守備。克黟縣、建德，擢游擊，賜號壯勇巴圖魯。破安慶援賊於赤岡嶺，戰豐城，克鉛山，累擢副將。同治元年，克青陽，以總兵記名。三年，克金壇，以提督記名。四年，戰嘉應，粵匪蕩平，賜黃馬褂。五年，從剿捻匪，率馬隊逐賊於鄂、豫之交。六年，大破賊於永隆河，連敗之於鍾祥池河、棗陽平林店。鮑超解軍事，仁廉分統其衆，從李鴻章剿匪。東捻平，論功，遇提督儘先簡放。西捻張總愚犯畿輔，仁廉追賊於直隸、河南、山東三省之間，連敗之濬縣大伾山、海豐郝家寨、商河李家坊。又偕郭松林合擊於沙河，總愚中槍遁，再敗之於高唐盧寨。西捻平，以一等軍功議敘。九年，從李鴻章援陝西，平北山土匪。尋調防畿輔，駐青縣馬廠。十三年，授通永鎭總兵。光緒十年，擢廣東水師提督。二十年，皇太后萬壽恩，詔加尙書銜。日本犯遼東，時以唐仁廉爲霆軍舊將，召至京。仁廉奮發陳方略，請募二十營當前敵，允之。及成軍出關，和議旋定，遂還。二十一年，卒，賜卹。

劉松山，字壽卿，湖南湘鄉人。初應募入湘營，隸王鑫部下，從平永州、郴、株諸匪，以功擢千總。咸豐七年，克崇陽、通山，擢守備，始領一營。從援江西，克廣昌、樂安，擢都司。王鑫卒，張運蘭分領其軍。松山從戰克建昌，擢游擊。賊由福建回竄江西，陷安仁。松山從破賊於青山鋪，進攻安仁，攀堞先登，克之，擢參將。會剿廣東連州踞賊，擒其酋，折回江西。

九年，轉戰至徽州，屯祁門。賊自盧村來犯，突擊敗之。會諸軍克景德鎭，追至浮梁，爭渡橋，賊返鬬，城賊出助。松山據橋血戰，軍賴以全，遂克浮梁，擢副將。十年，追敍連州功，加總兵銜，賜號志勇巴圖魯。十一年，克建德、黟縣，進攻徽州，賊夜劫營，諸營皆潰，松山列隊月下不少動，賊不敢逼。遍諸將曰：「我第四旗劉松山也！」戒勿奔，衆始定。曾國藩自是待之以國士。賊再入黟縣，再克之。毁樟嶺、盧村賊壘，賊棄徽州遁，進克休寧，以總兵記名。楊輔清復糾黨圍徽州，松山四戰皆捷。援軍至，會擊於巖市，賊引去。同治元年，克旌德。張運蘭以病歸，松山與總兵易開俊分領其衆。守寧國，大疫，士卒多病，松山加意撫循，力疾戰守。二年，援涇縣，破賊於金村、李村，而賊乘虛襲寧國，松山馳還，設伏敬亭山，伺賊至，分三路鼓噪而進，伏起夾擊，伏屍塞途，蹙餘賊水濱多死。三年，大軍克江寧，松山收降潰賊四千人。皖境肅清，署皖南鎮總兵。

四年，授甘肅肅州鎮總兵，仍調皖南鎮。曾國藩督師剿捻匪，奏以松山獨統湘軍從征，屯臨淮。時湘將久役思歸，又不習北方水土，皆不願從。惟松山投袂而起，立率所部渡江。有譁餉者，誅數人而定。五年，敗捻首張總愚、牛洛紅於湖團，又敗之於徐州西，追剿入河南。張總愚踞西華，牛洛紅踞上蔡，設伏萬金寨，圖鈔襲官軍。松山與總兵李祥和擊破之，進攻雙廟，大破之，又敗之郾城、南陽、新野。總愚挾衆竄陝西，自此與任柱等分，不復合，號爲西捻。

時議遣援剿之師，因陝境殘破，諸將皆觀望。惟松山毅然自任，率師西行，曾國藩尤重之。六年，擢廣東陸路提督。張總愚與回匪合，踞鄜縣，進擊走之。轉戰扶風、岐山間，於涇陽要擊竄賊，殲斃數千。追至富平，破其壘，而陝軍戰灞橋失利，賊犯同州、朝邑。松山疾趨，及賊於晉成堡、姜彥村，張兩翼擊之，賊敗走。追至許家莊，復返鬬，血戰四時，大破之，同、朝圍解，被珍賚。賊勢猶張，渡渭犯西安，松山會戰於城南，斬馘數千，解散萬人。六月，左宗棠蒞陝督師，張總愚復結回匪窺同州、朝邑，分黨踞流曲鎮、王寮鎮以阻師。松山連拔二鎮，繞北山趨朝邑，截賊前。賊走高陵，復渡涇而東，松山據涇，濬壕築牆而守。賊鋌走入北山，陷綏德州。十一月，松山偕郭寶昌擊敗之。

賊棄綏德城，踐冰渡河，入山西，陷吉州、鄉寧。松山偕郭寶昌追剿，克二城，解河津、稷山之圍，又追敗之洪洞。賊由垣曲入河南境，七年正月，逕犯畿輔。松山間道踰太行，冒雪日行百數十里，先諸軍抵保定，特詔嘉獎，優敍。敗賊於獻縣商家林，又敗之深州、博野。偕郭寶昌、張曜、宋慶合擊於深澤，大破之，賊渡滹沱南竄。畿輔解嚴，晉號達桑阿巴圖魯。迭追擊於河南延津、封丘，山東海豐，直隸長垣、慶雲、滄州、吳橋，大小數十戰，與淮、楚諸軍長圍困賊，六月，張總愚赴水死。捻匪平，賜黃馬褂，予三等輕車都尉世職。從左宗棠還陝剿回。

松山在軍十餘年，僅因募勇一歸里，聘婦二十年未娶；至是婦家待於洛陽，成禮旬日即行。冬，抵陝，議先平土匪，乃可專力剿回。次綏德，分軍攻懷遠大理川回巢。自督攻小理川、店子寺、周家㟙，悉拔之。破定邊回酋馬萬得、馬棘子衆數萬。八年，部卒合會匪叛，踞綏德，松山馳捕首逆百餘人而定，自請重處，革職留任。進剿西北路諸堡，收降董福祥等衆凡十七萬人，楡、延、綏、鄜四郡皆肅清。

秋，度隴規靈州，破李旺堡、黑城子回寨數百，克靈州，開復處分。敗匪乞撫，察其詐，擊之，平大小堡寨數十。進攻金積堡。堡酋馬化隆悍狡爲諸回之最，黨衆糧足，負嵎已久，官軍屢爲所挫。松山先籌糧運，敗其黨援，大舉穩進。西寧、河州、臨洮、靖遠諸回皆震其威，不敢來救，先平堡北諸莊寨。九年正月，賊在秦渠南，踞石家莊及馬五、馬七、馬八諸寨，負嵎抗拒。松山先破石家莊，督攻馬五寨，破其援賊，毀外卡，縱火焚寨門。垂克，礮中左乳，墜馬，諸將來視，叱令整隊速攻，毋亂行列，遂破馬五寨。松山創甚，顧諸將曰：「我受國恩未報，卽死，毋遽歸我屍，當爲厲鬼殺賊。」遂卒，年三十有八。

事聞，詔嘉其謀勇兼優，無愧名將，贈太子少保，加騎都尉兼一雲騎尉，入祀京師昭忠祠，立功地建專祠，謚忠壯。松山既歿，兄子錦棠代領其衆，留其柩未歸以繫軍心。次年，克金積堡，特詔賜祭一壇。十二年，甘回悉平，追論前功，加一等輕車都尉，併世職爲二等子爵。嗣子燕襲，官至山西按察使。

論曰：曾國藩湘軍初起，賴塔齊布爲助，及規江寧，淸江、皖後路，則鮑超之力爲多。胡林翼由鄂規皖，悉倚多隆阿、鮑超二人。塔齊布不幸早歿。多隆阿才略冠時，朝廷倚以剿回，中道而殞，未竟其用。鮑超攻戰無敵，動招衆忌，功成身退，亦以保全之。劉松山後起，忠誠獨著，左宗棠平捻、平回，胥資其力；使獲永年，其建樹未可量也。

清史稿卷四百十

列傳一百九十七

彭玉麐　楊岳斌　王明山　孫昌凱　楊明海　謝濬畬

彭玉麐，字雪琴，湖南衡陽人。父鳴九，官安徽合肥梁園巡檢。玉麐年十六，父卒，族人奪其田產，避居郡城，爲協標書識以養母。知府高人鑑見其文，奇之，招入署讀書，爲附生。新寧匪亂，從協標剿捕。敍功，大吏誤以爲武生，拔補臨武營外委，不就。至耒陽，佐當商理事。粵匪至，罄所有資助縣令募勇籌防。賊知有備，不來攻，城獲全。玉麐不願敍功，但乞償所假錢，以是知名。

咸豐三年，曾國藩治水師，成十營，辟領一營。其九營多武員，白事悉倚玉麐，隱主全軍，草創規制多所贊畫。四年，初出師規岳州，不利，退長沙。玉麐偕楊岳斌援湘潭，會塔齊布陸師夾攻，賊舟連檣十里，分三隊合擊，同時縱火焚其輜重皆盡。賊棄城走，復湘潭，敍功以知縣選用。六月，再進岳州，賊據南津以拒。玉麐伏君山，岳斌伏雷公湖，遣小舟挑戰，賊舟爭出，兩翼鈔之，燬百餘艘，賊來，迭敗之。進攻擂鼓臺，賊舟多於官軍十倍。玉麐偕岳斌各乘舢板冒礮烟衝入，燒其坐船，賊還救，陣亂，大破之，玉麐傷指，血染襟袖，軍中推二人勇略爲冠。旣而總兵陳輝龍至，率新軍出戰，軍容甚盛，玉麐偕諸營從觀戰，抳峕膠淺，爲賊所乘，急往救，水急風利，陷賊屯中，遂大敗。輝龍等戰歿，玉麐單舸退，自是水師專任彭、楊。

時陸軍累捷，賊退走，水師並進。八月，屯沌口，規武昌。玉麐與諸軍議，請渡江先破城外賊屯。賊自塘角至青山，緣岸列礮，丸發如雨。將士皆露立舢板，櫂船徐進，無一俯側避礮者。賊望見奪氣，沿江賊屯盡潰，悉燒屯壘及其舟。武昌、漢陽同日皆復，論功擢同知。羣賊麕聚田家鎮，夾江爲五屯，依半壁山，連舟斷江，纜以鐵索，布竹木爲大筏，施大礮。筏外護以舟，後列輜重，望之如大城。武昌旣克，水師欲下攻，而爲蘄州江岸賊所撓。玉麐掠江直下，十月，進逼田家鎮。與楊岳斌議分四隊，約陸師同時合擊。頭隊皆小船，具鑪鞴椎斧，融炭以待。順流急趨，至筏下，斷鎖纜得隙，擠而過，後者從之。大呼曰：「鐵鎖開矣！」賊驚譟，爭走相踐墮水。玉麐率二隊順流而下，岳斌率三隊乘風而上，風起火烈，燒毀賊舟四千餘艘，奪獲五百餘艘。玉麐慮軍士互爭，盡焚之。捷入，以知府記名。詔采其戰法頒下江南北諸水軍。遂會諸軍進攻九江，連破賊於小池口、湖口。賊於九江夜襲水師大營，帥舟被燔，曾國藩移駐陸軍。玉麐部將蕭捷三追賊入鄱陽湖，賊斷湖口。玉麐往救不利，乃還新隄籌濟師。

五年，武、漢復陷，玉麐更募士造船，立新軍，合三千人，與楊岳斌分統之。胡林翼約同攻漢口，玉麐自金口進，敗賊鮎魚套；北岸陸軍爲賊所挫，玉麐率衆登岸截擊，破之，攻塘角，焚賊船二百餘：授浙江金華知府。七月，自沌口進拔蔡店，及南北兩岸石城。五顯廟者，賊堅巢也，阻湖而屯，玉麐攻之不下，曰：「已入虎穴，非血戰不能成功。」張兩翼急槳而進，衝賊船尾，擢其卡，奪其船。復督隊徑越賊船，循兩岸包鈔。出襄河口，斷鐵鎖浮橋，毀北岸火藥庫，仍入襄河。乘夜撲漢陽，擒賊酋蕭朝富、吳會元。麾軍攻拔五顯廟，毀晴川閣木城，又破之葉家洲，燒賊船二百餘。初由沙口移軍沌口，過經賊壘，礮如雨下，所乘船桅折覆水。玉麐援橫枚漂江中流，楊岳斌舟掠過，掉舢板拯之還。胡林翼疏陳稱其忠勇冠軍，膽識沉毅，詔以道員記名。

時曾國藩在江西，水軍頻挫，迭召往助。玉麐乞假回長沙，急赴之。袁、瑞兩郡並陷賊，水陸道絕，易衣裝爲賈客，徒步數百里達南昌。重整內湖水師爲十營，船六百艘。六年，擢廣東惠潮嘉道。敗賊樟樹鎭，又連破之於臨江吳城、涂家埠，克南康。七年，國藩還籍治父喪，玉麐與楊岳斌同領其軍。其秋，武、漢再克，水陸並下，圍九江。玉麐約岳斌夾攻湖口，賊扼石鐘山、梅家洲，力遏內湖軍不得出。玉麐分軍爲三以進，賊穴山腹置巨礮，直船衝，舢板先出，前鋒中礮，後船繼進，傷十餘艘。玉麐憤曰：「此險不破，萬不令將士獨死，亦不使怯者獨生！」鼓櫂急赴，賊礮忽裂，船銜尾下，與外江水師合，歡聲雷動。陸軍由城背山下應之，賊大奔，乘勝奪小孤山，加按察使銜。八年，連破樅陽、大通、銅陵、峽口賊屯，合圍九江，克之，晉布政使銜。楊岳斌進軍黃石磯，自九江至武昌，置十二屯。

十年，玉麐移營與合屯。賊復上犯彭澤、湖口，分兵赴援，克都昌。十一年，授廣東按察使。賊犯蘄、黃、德安，玉麐會陸軍克孝感、天門、應城、黃州、德安，擢安徽巡撫。命幫辦袁甲三軍務，潁、壽各軍悉歸調遣，累疏固辭，謂：「久居戰艦，草衣短笠，日與水勇、舵工馳逐於巨風惡浪之中。一旦身膺疆寄，進退百僚，問錢穀不知，問刑名不知，勉強負荷，貽誤國家。」又謂：「從軍八年，專帶水師，棄舟而陸，無一旅一將供其指揮，倉猝召募，必致僨事。」詔嘉其不欺，以李續宜代之，改職水師提督。

同治元年，授兵部右侍郎，節制鎮將。軍中重文輕武，玉麐與楊岳斌威望久埒，一旦名位超越，而相處終始無間，論者謂其苦心協和不可及。別立太湖水師十營，併歸統轄。曾國荃由安慶進規江寧，水師助之。克銅城閘，復巢縣、含山、和州，襲破雍家鎮、裕溪口，奪東西梁山，進攻采石，又克金柱關。諸將銜鋒，玉麐每乘小船督戰，以紅旗爲識，或前或後，將士皆惴惴盡力。閒入陸軍察戰狀，往來飄忽無定蹤，所經行軍民莫敢爲奸宄。

二年，與楊岳斌合兵攻九洑洲。賊於洲築壘數十，外作大城，衆舟環之，與江寧相犄角，而攔江磯、草鞋峽、七里洲、燕子磯、中關、下關皆賊屯。玉麐列舟上流，南隊向下關，北隊向草鞋峽，岳斌攻燕子磯，破之。陸軍亦分三隊，掘洲埂攻中關，舢板環洲而陣。賊以槍礮相持，不能進。玉麐督諸軍更番夜攻，下令曰：「洲不破，不收隊。」選死士從火叢登岸，噪曰：「洲破矣！」諸軍歡呼，騰踔而上，立破洲邊屯舟，賊爭潰走。自田家鎭以來，是戰爲最烈。於是賊黨由江西犯池州，謀撓官軍。玉麐還救青陽，解其圍，復高淳，克東壩，併論九洑洲功，賜黃馬褂。會楊岳斌赴江西督師，自是玉麐專統水師。三年，江寧復，論功，以創立水師爲首，加太子少保，予一等輕車都尉世職。四年，命署漕運總督，再疏辭，允之，命籌商水師善後事宜。

七年，會同曾國藩奏定長江水師營制，自荆州至崇明五千餘里，設提督一員、總兵五員，以六標分汛；營、哨官七百九十八員，兵丁一萬二千人，歲餉六十餘萬兩，以長江釐稅供支，不煩戶部。初，軍事未定，軍餉奇絀，而淮鹽積滯。玉麐議定捆鹽自賣，供水師月餉。及江路大通，曾國藩設三省督銷局，招商領票，水師鹽票大小數百，至是軍餉有額支的欵。

餘銀及票本巨萬，玉麐一不私取，以五之一取息，助水師公費，且備外患倉猝之需。餘分解雲、貴助餉二十萬，甘肅助餉二十萬，以十萬廣本縣學額，而以鹽票犒諸將有大功者。

事既竣，疏請回籍補行終制，略曰：「臣墨絰從戎，創立水師，治軍十餘年，未嘗營一瓦之覆，一畝之殖；受傷積勞，未嘗請一日之假；終年風濤矢石之中，未嘗移居岸上求一日之安。誠以親服未終，而出從戎旅，既難免不孝之罪，豈敢復爲身家之圖乎？臣嘗聞士大夫出處進退，關繫風俗之盛衰。臣之從戎，志在滅賊，賊已滅而不歸，近於貪位；長江既設提鎮，臣猶在軍，近於戀權；改易初心，貪戀權位，則前此辭官，疑是作僞；三年之制，賢愚所同，軍事已終，仍不補行終制，久留於外，涉於忘親。四者有一，皆足以傷風敗俗。夫天下之亂，不徒在盜賊之未平，而在士大夫之進無禮，退無義。伏惟皇上中興大業，正宜扶樹名教，整肅紀綱，以振起人心。況人之才力聰明，用久則竭，若不善藏其短，必致轉失所長。古來臣子，往往初年頗有建樹，而晚節末路隕越錯謬，固由才庸，亦其精氣竭也。臣每讀史至此，竊歎其人不能善藏其短，又惜當日朝廷不知善全其長。知進而不知退，聖人於易深戒之，固有由矣。臣本無經濟之學，而性情褊躁，思慮憂傷。月積年累，怔忡眴暈，精力日衰，心氣日耗。若再不調理，必致貽誤國事。懇請天恩開臣兵部侍郎本缺，回籍補行終制。報國之日正長，斷不敢永圖安逸也。」優詔從之。

八年春，還衡陽，作草樓三重，布衣青鞋，時往母墓，廬居三年不出。自設長江水師，東南無事，將士漸耽安逸，事多廢弛。十一年，詔起玉麐簡閱，疏陳整頓事宜，諷提督黃翼升自退，薦李成謀、彭楚漢二人，即以成謀代之，劾罷營哨官百數十人。入覲，命署兵部侍郎，復陳請開缺，仍命巡閱長江，專摺奏事。別飭兩江、湖廣爲籌經費，玉麐力辭不受。自築別業於杭州西湖，曰退省庵。每巡閱下游，事畢，居之。自是水師皆整肅，沿江盜蹤斂戢，安堵者數十年。朝廷有大政，及疆吏重案，輒諮詢，命按治。

光緒七年，命署兩江總督，再疏力辭，乃以左宗棠代之。留督江、海防如故。言者議長江提督宜駐吳淞口外，玉麐疏言：「江南提督責在海防，請多畀兵輪，使立一軍於海上。長江提督責在江防，請仍由臣督同巡閱，改駐吳淞，會操兵輪，以通江、海。」九年，擢兵部尚書，以衰病辭。

會法、越搆兵，命赴廣東會籌防務。玉麐募四千人從行，駐大黃滘。遣部將王之春、黃得勝等防瓊州、欽州、靈山，婁雲慶、王永章等駐沙角、大角，與粵軍聯合。增兵設壘，編沙戶漁舟，分守內沙港汊。法兵竟不至。十一年春，粵軍大捷於鎭南關，進攻諒山。和議旋成，停戰撤兵。玉麐疏請嚴備戰守，以毖後患，陳海防善後六事。是秋，以病乞休，溫詔慰留。十四年，扶病巡閱。至安慶，巡撫陳彝見其病篤，以聞，詔允開缺回籍，仍留巡閱差使。

十六年，卒，年七十五，贈太子太保，依尙書例賜卹，建專祠立功地，諡剛直。

玉麐剛介絕俗，素厭文法，治事輒得法外意。不通權貴，而坦易直亮，無傾軋倨傲之心。歷奉命按重臣疆吏被劾者，於左宗棠、劉坤一、涂宗瀛、張樹聲等，皆主持公道，務存大體，亦不爲谿刻。每出巡，偵官吏不法輒劾懲，甚者以軍法斬之然後聞，故所至官吏皆危慄。民有枉，往往盼彭公來。朝廷傾心聽之，不居位而京察屢加褒敍，倚畀葢過於疆吏。生平奏牘皆手裁，每出，爲世傳誦。好畫梅，詩書皆超俗，文采風流亦不沬云。

楊岳斌，原名載福，字厚庵，湖南善化人，原籍乾州。祖勝德，乾隆末，從勦苗，戰歿永綏。父秀貴，以廕官至直隸獨石口副將。岳斌幼嫺騎射，補湘陰外委，從勦新寧匪。咸豐二年，守湘陰有功，擢宜章營千總。三年，曾國藩創立水師，拔爲營官。戰岳州，水陸皆潰，獨岳斌一營力拒不敗。四年，戰湘潭，焚賊舟數百，復其城，擢守備，賜花翎。國藩重整水師，進規岳州。岳斌與彭玉麐爲前鋒，伏船雷公湖，誘賊舟至，夾擊，連戰皆捷；賊再至，沿東岸斜擊之，手挺矛刺殺賊酋汪得勝，奪其舟，賊無還者：擢都司，賜號彪勇巴圖魯。進戰擂鼓臺，乘舢板衝賊屯縱火，賊陣亂，大破之，克岳州，擢游擊。總兵陳輝龍率後隊至，狃前勝，欲乘風攻城陵磯。岳斌曰：「順風難收隊，不可行也。」不從，遇賊伏，竟敗。

輝龍及知府褚汝航、同知夏鑾、游擊沙鎮邦皆戰死，岳斌軍獨完。旣而賊爲陸師所敗，將遁，要擊之，平兩岸礮臺，搜螺山、倒口賊舟。尋夜襲嘉魚黃蓋湖，岳斌先入，被火傷，舟覆落水，躍上別船，大呼陷陣，焚賊舟數十。遂會湖北軍進屯金口，破漢陽關賊營，攻塘角，至青山，焚其壘，賊遁，焚其輜重。武昌、漢陽皆復，擢參將，授湖南常德營副將。諸軍進規田家鎭，岳斌由中路先發，克黃州及武昌縣，破援賊於蘄州，逼田家鎭，偕彭玉麐分隊燬橫江鐵鎖，焚賊船四千餘皆盡，漂屍數萬，遂拔田家鎭，蘄州賊亦遁去。岳斌晝夜進戰，積勞嘔血，詔嘉其勞勩最著，加總兵銜。

五年，水陸會攻九江，岳斌以疾留武穴，尋假歸。水師恃勝銳進，前隊舢板入鄱陽湖，賊樹柵湖口扼之，不得出，而留九江者，亦屢爲賊所襲。岳斌聞敗，馳救不及。賊復上犯，武、漢再陷。曾國藩分水師回援，令岳斌回岳州，增募爲十營，會屯金口，屢敗賊。秋，退屯新隄，修船，汰疲卒十之三，簡練以圖大舉。自武、漢爲賊踞，長江商旅皆絕。及水師駐新隄，流亡歸之，市廛始興，漸爲重鎭。授鄖陽鎭總兵，兼署湖北提督。六年，進屯沙口，距武昌三十里。岳斌念賊舟往來長江，停則依壘，行皆乘風，恆避戰，難得大創，乃謀襲燒之。募壯士駕千石大船，實硝黃蘆荻，施火綫。約曰：「近賊而發，急登舢板退。」應募者三百人，懸重賞。夜逼賊舟，於南岸嘴縱火，於是賊舟能戰者多燼。前軍直至黃州，旬日間轉戰數百里，擊燬賊舟六百餘，奪其資糧火藥，哨船掠巴河、蘄州，耀兵九江城下而還。武、漢水路援絕，乃益困。十一月，與李續賓陸師合攻。值大風揚沙，波濤洶湧，水師上下環擊，賊大潰敗走。二城同日克復，捷聞，加提督銜。

進規九江，曾國藩以憂歸，薦岳斌接統其軍，彭玉麐副之。分兵扼蘄州，破援賊。秋，會陸軍克小池口，密與彭玉麐約期會攻湖口，克之。於是內湖外江水師始復合。乘勝奪小孤山，克彭澤，留軍屯之。自率前鋒至望江，賊望風遁，遂復東流。過安慶，攻樅陽、大通賊壘，克之。復銅陵，至蕪湖魯港，與江南師船會。詔嘉其轉戰千里，謀略過人，尋授福建陸路提督，許專摺奏事。八年四月，與李續賓會攻九江。岳斌當北門，臨江地雷發，奮呼齊登，擒賊首林啓榮，逸出之賊，盡爲水師所殲，賜黃馬褂。

詔促東下，疏言楚境肅清後始能會師，遂移屯黃石磯。連攻安慶、樅陽、大通，奪其壘，分兵復建德，調福建水師提督。九月，會都興阿克集賢關，賊自池州來援，迎擊於樅陽，破之。時李續賓三河師潰，賊復謀上犯湖北。岳斌遣兵分扼龍坪、鄔穴、田家鎮。九年，督剿南北兩岸援賊，時出隊薄安慶城，以牽賊勢。十二月，賊酋韋志俊以池州降，令攻蕪湖。其部下有叛者，還陷池州。岳斌察志俊無異志，分別遣留，得精銳二千五百人，令率以助戰。陳玉成、李侍賢率衆分竄楚、皖，水師移屯觀音洲以備之。十年四月，大破賊於蝗磯，令韋志俊拔殷家滙，進攻池州，毀城外石壘，潛襲樅陽，拔其城。秋，遣將攻池州，奪青溪關。李秀成循江岸上竄，連敗之三山、光穴、子橋、白茅嘴、運漕鎭。分兵入內湖，攻神廟山、鎭山，斷松林口浮橋。冬，由魯港潛行百里，解南陵圍，拔出總兵陳大富一軍，及難民十餘萬，被珍賚。十一年，合攻安慶，偕陸軍破赤岡嶺援賊。戰無爲州神塘河，平其壘，焚賊船，剗菱湖兩岸賊屯。集攻安慶東門，乘勝拔城北諸壘，城賊窮蹙。八月，克安慶，遣總兵王明山、黃翼升克池州、桐城，予雲騎尉世職。岳斌屢乞假省親，至是始歸。

同治元年，以母病請展假，不允。五月，至軍，移屯烏江。進攻金柱關，戰龍山橋，殲賊萬餘。賊尋復來犯陣，斬賊酋陳緒賓，破護駕墩、石垉賊壘。自是江寧大營後路始固。二年春，從曾國藩赴前敵大勝關、雨花臺察視，與曾國荃定合圍之策。三月，克黃池，悉收內河三里埂、伏龍橋、花津、護駕墩諸隘，以通寧國、蕪湖之路。五月，克巢縣、含山、和州及江浦、浦口，破下關、草鞋峽、燕子磯，趨九洑洲，力戰拔之。自是長江無賊舟。十月，克高淳、寧國、建平、溧水，奪東壩要隘，江寧遂合圍。岳斌因親病請歸養，詔賜其父母人葠四兩，慰留之。

三年，命督辦江西、皖南軍務，援軍悉歸節制。尋授陝甘總督，命俟江、皖賊氛淨盡後赴任。江寧平，加太子少保，予一等輕車都尉世職。六月，岳斌抵南昌，遣諸將克崇仁、東鄉、金谿、宜黃、南豐，解寧都圍。秋，赴贛州，克瀘溪、新城、雩都，先後收降賊十餘萬，防境肅清。復疏陳傷病親老，請開缺，不允，乃回籍募兵。四年，率彭楚漢等新軍十營從行，抵西安。會僧格林沁戰歿曹州，詔岳斌移兵入衞京畿。自請開缺，專任勦匪，不許，仍命速赴甘肅，六月，履任。

時甘回方熾，通省糜爛。雷正綰、曹克忠新敗於金積堡，都興阿、穆圖善攻寧夏未下，且奉命將出關；本省兵皆疲弱，疏調各省援兵，無一至者，僅自率新募之數千人；又因兵荒耕作久廢，饋運道塞，庫空如洗。岳斌迭疏乞協餉，僅川、陝鄰省稍稍接濟，無以徧給。議進軍先擣靈州，繼規河、狄。未幾，陶茂林、雷正綰兩軍相繼潰變。五年春，岳斌親赴涇州、慶陽視師。蘭州標兵遽變，圍署戕官，逼迫布政使林之望上疏，言糧餉獨厚楚軍，衆心不服。岳斌聞警，先令曹克忠移師鎭撫，尋自回省城，按誅首犯百餘人，餘不問。以在途拆閱林之望奏摺，自請議處，革職留任，降三品頂戴。迭疏請罷，詔以左宗棠代之，未至，六年春，復陳病劇，乃命穆圖善暫署總督，許岳斌回籍。

光緒元年，命偕彭玉麐巡閱長江，整頓水師，屢以親病請罷，五年，始允之。九年，法越戰事起，詔岳斌會辦福建軍務，未至，復命赴江南幫辦軍務。十一年，率十二營赴援臺灣，和議成，仍乞養歸。

十六年，卒於家，贈太子太保，照總督例賜卹，建專祠，謚勇慤。岳斌與玉麐始終長江軍事，所部以功奬擢至提、鎭者不可勝數，實膺專閫者亦數十人。

王明山，湘潭人。初隸岳斌營，積功至守備。彭玉麐調領一營。戰鸚鵡洲，登陸破賊，攻金口先登，累擢游擊。咸豐六年，補乾州協都司。攻漢陽，焚東南門賊船，連破賊於黃州樊口、富池口。戰武穴，伏蘆洲，伺賊登岸，突擊殲之。回擊武昌援賊，累捷，擢參將。戰蘄州，焚賊舟七十餘。登岸誘敵，賊聚攻，別隊乘虛襲城，克之，擢副將，賜號拔勇巴圖魯。進克黃州，會攻九江。八年，授浙江金華協副將。克東流，薄安慶，燬城外賊壘，以總兵記名。九年，乞假回籍。會石達開犯湖南，率隊自衡州趨祁陽要擊之，破賊於毛家埠。十年，授安徽壽春鎭總兵，破賊蕪湖蟂磯、義橋。十一年，破賊練潭鎭，斬其渠龔天福。復會陸師克赤岡嶺，遂下安慶。楊岳斌假歸，令明山代統其軍。連復池州、銅陵，破泥汊口、神塘河諸壘，克無爲州，別遣將遏巢湖口，克運漕鎭，進拔東關。同治元年，擢福建陸路提督。克銅城牐，復和州、含山、巢縣，殲逸賊於木橋、沙洲，又破之江心洲、西梁山。尋以傷病乞假歸。明山在軍十餘年，屢當大敵。江南平，遂不出。光緒中，圖功臣像於紫光閣，明山與焉。十六年，卒於家，賜卹。

孫昌凱，淸泉人。入水師，積功擢千總。昌凱舊業鐵工，田家鎭之戰，領小舟爲頭隊。

冒槍礮鼓鞴斷鐵鎖，纜開，大呼猛進，筏上賊潰走。後隊縱火，賊舟盡焚。功最，擢守備。咸豐五年，破賊漢口，擢都司。六年，從攻武昌，焚賊舟，授廣東陸路提標游擊。七年，從平蘄、黃賊巢，克小池口、湖口，擢參將。克九江，加副將銜，補兩廣督標參將。九年，回援湖南，防祁陽、衡州，擢惠州協副將。以母病乞養開缺。光緒中，彭玉麐疏薦昌凱誠實篤毅，驍果善戰，授浙江海門鎮總兵。丁母憂，改署任，留襄海防。事定，請終制。後仍補原官，調署處州鎮。二十一年，卒，賜卹，附祀彭玉麐祠。

楊明海，長沙人。入水師，洊擢守備。咸豐十年，戰樅陽、殷家滙、池州、蟂磯，迭破賊，擢都司。十一年，克南陵，擢游擊。克安慶，擢副將。同治元年，從攻東梁山、金柱關，裹創血戰，功最，以總兵記名，賜號忱勇巴圖魯。二年，大捷於九洑洲，以提督記名。戰江寧小沙口，先登陷陣，礮子穿右股，率哨船渡江，從陸軍進剿蘇州，授山東兗州鎮總兵。蘇州復，遂留防。三年，楊岳斌赴甘肅，調明海偕彭楚漢率所募兵從行，破回匪於金縣夏官營，晉號格洪額巴圖魯。軍食久乏，明海奉檄治糧運。八年，赴兗州鎮本任。光緒元年，母憂去官。七年，授狼山鎮總兵。十一年，卒，賜卹。

謝濬畬，原名得勝，長沙人。充水師哨長，進攻武昌，濬畬自請為前鋒。突鹽關賊壘，薄鸚鵡洲，與陸師夾擊，克武、漢，戰蘄州田家鎮，累功擢守備。克九江，擢都司。破賊赤岡嶺，擢游擊。同治元年，從彭玉麐克太平及金柱關、東梁山、秣陵關、九洑洲諸要隘，擢副將。江寧平，以總兵記名，授提標中軍副將。光緒十八年，擢瓜洲鎮總兵，兼署水師提督，調署漢陽鎮。二十七年，卒於官，賜卹，附祀彭玉麐祠。

論曰：彭玉麐、楊岳斌佐曾國藩創立水師，爲滅賊根本。兩人勛績，頡頏相並。岳斌後爲朝旨强促西征，用違其才，僨事損望。玉麐終身不任官職，巡閱長江，爲國家紓東顧之憂。其疏論古人晚節之失，由於不能自藏其短，且惜朝廷不善全其長，洵至言也。後盛昱劾其辭尚書之命，乃謂抗詔鳴高，殆淺之乎測玉麐矣。

清史稿卷四百十一

列傳一百九十八

李鴻章

李鴻章，字少荃，安徽合肥人。父文安，刑部郎中。其先本許姓。鴻章，道光二十七年進士，改庶吉士，授編修。從曾國藩游，講求經世之學。洪秀全據金陵，侍郎呂賢基爲安徽團練大臣，奏鴻章自助。咸豐三年，廬州陷，鴻章建議先取含山、巢縣圖規復。巡撫福濟授以兵，連克二縣，逾年復廬州。累功，用道員，賞花翎。久之，以將兵淮甸遭衆忌，無所就，乃棄去。從國藩於江西，授福建延建邵道，仍留軍。

十一年，國藩旣克安慶，謀大舉東伐。會江蘇缺帥，奏薦鴻章可大用，江、浙士紳亦來乞師。同治元年，遂命鴻章召募淮勇七千人，率舊部將劉銘傳、周盛波、張樹聲、吳長慶，曾軍將程學啓，湘軍將郭松林，霆軍將楊鼎勳，以行。又奏調舉人潘鼎新、編修劉秉璋，檄弟鶴章總全軍營務。時沿江賊屯林立，乃賃西國汽舟八，穿賊道二千餘里，抵上海，特起一軍，是爲淮軍。外國人見其衣裝樸陋，輒笑之，鴻章曰：「軍貴能戰，非徒飾觀美。迨吾一試，笑未晚也。」旋詔署江蘇巡撫。

是時上海有英、法二國軍。美國華爾募洋兵數千，攻克松江、嘉定、靑浦、奉賢，號南路軍；學啓等將湘、淮人攻南匯，號北路軍。四月，賊悉衆戰敗南路軍，嘉定、奉賢再陷，華爾棄靑浦走保松江。學啓將千五百人屯新橋，賊圍之數十重，踐尸進。學啓開壁突擊，賊駭卻。鴻章親督軍來援，賊大奔，乘勝攻泗涇，解松江圍。外國軍見其戰，皆驚歎。自此湘、淮軍威始振。詔促移師鎭江，鴻章請先圖滬而後出江。旣定浦東廳縣，僞慕王譚紹光來援，敗之北新涇，賊走嘉定。九月，進克其城。譚紹光率數十萬衆，連營江口，犯黃渡。諸將分攻，簡精卒踰壕伏而前，斃數人，賊陣動，學啓乘之，裹創譟而進，賊大潰。捷入，授江蘇巡撫。

初，美人華爾所將兵名常勝軍，慈谿之役，歿於陣，其副白齊文懷異志，閉松江城索餉。鴻章裁其軍，易以英將戈登，常勝軍始復聽節制，命出海攻福山，不克而還。二年正月，兼署五口通商大臣。初，常熟守賊駱國忠、董正勳舉城降，福山諸海口俱下。僞忠王李秀成悉衆圍常熟，江陰援賊復陷福山。鴻章牒諭國忠固守待援，而檄鼎新、銘傳攻福山，奪石城。國忠知援至，開城猛擊，俘斬殆盡，遂解常熟圍，進復太倉、崑山。因疏陳賊情地勢，建三路進軍之策：學啓由崑山攻蘇州；鶴章、銘傳由江陰進無錫；淮、揚水軍輔之；太湖水軍將李朝斌由吳江進太湖，鼎新等分屯松江，常勝軍屯崑山爲前軍援。

李秀成糾合僞納王郜雲官等水陸十萬，偪大橋角而營，鶴章擊之，敗走，九月，復集，連營互進。鶴章立八營於大橋角，與之持。鴻章以賊屬集西路，志在保無錫，援蘇州。乃令鶴章、銘傳守後路，抽銳卒會學啓合破賊屯，蘇、錫之賊皆大困。賊陷江寧、蘇、杭爲三大窟，而蘇則其脊膂也，故李秀成百計援之。譚紹光尤凶狡，誓死守，附城築長牆石壘，堅不可猝拔。十月，鴻章親視師，以礮毀之，城賊爭權相猜，謀反正，刺殺譚紹光，開門納軍。時降酋八人皆擁重兵，號十萬，歃血誓共生死，要顯秩。學啓言不殺八人，後必爲患。鴻章意難之，學啓拂衣出，鴻章笑語爲解。明日，八人出城受賞，留飲，即坐上數其罪，斬之。學啓入城諭定其衆，搜殺悍黨二千餘人。捷聞，賞太子太保銜、黃馬褂。十一月，鶴章等復無錫，進攻常州，以應江寧圍軍。學啓出太湖，圖嘉興，以應浙軍。鼎新等軍先入浙，收平湖、海鹽，賊爭應官軍，所至輒下。三年二月，學啓急攻嘉興，親搏戰，登城，克之，中彈死。四月，克常州，擒斬僞護王陳坤書，賞騎都尉世職。常勝軍慚無功，戈登辭歸國，乃撤其軍。

廷議江寧久未下，促鴻章會攻，鴻章以金陵破在旦夕，託辭延師。六月，曾軍克江寧，捷書至。鴻章遂分軍令銘傳、盛波由東壩取廣德，鼎新、秉璋由松江攻湖州，松林、鼎勳由滬航海援閩。賊平，封一等肅毅伯，賞戴雙眼花翎。

四年四月，科爾沁親王僧格林沁戰歿曹州，以曾國藩爲欽差大臣，督其軍。鴻章署兩江總督，命率所部馳防豫西，兼備剿京東馬賊、甘肅回匪。鴻章言：「兵勢不能遠分，且籌餉造械，臣離江南，皆無可委託。爲今日計，必先圖捻而後圖回。赴豫之師，必須多練馬隊，廣置車騾，非可猝辦。」詔寢其行。時曾國藩督軍剿捻久無功，命回兩江，而以鴻章署欽差代之，敗東捻任柱、賴文光於湖北。

六年正月，授湖廣總督。賊竄河南，渡運河，濟南戒嚴。初，曾國藩議憑河築牆，遏賊奔竄。鴻章守其策，而注重運西。飭豫軍提督宋慶、張曜及周盛波、劉秉璋分守山東東平以上，自靳口至濟寧；楊鼎勳分守趙村、石佛至南陽湖；李昭慶分守攤上、黃林莊至韓莊、八牌；皖軍黃秉鈞等分守宿遷、運河上下游：互爲策應，使賊不得出運。六月，抵濟寧，賊由濰縣趨竄登、萊。鴻章復議偪入海隅聚殲之，乃創膠萊河防策，令銘傳、鼎新築長牆二百八十餘里，會合豫軍、東軍分汛設守。時賊集萊陽、卽墨間，屢撲堤牆不得出。七月，賊由海神廟潛渡濰河，山東守將王心安不及禦，膠萊防潰。朝旨切責，將罷防，鴻章抗疏言：「運河東南北三面賊氛蹂躪，其受害者不過數府州縣，若驅過運西，則江、皖、東、豫、楚數省之地，流毒無窮。」乃堅持前議，嚴扼運防。令銘傳、松林、鼎勳三軍往來躡擊。十月，追至贛榆，降酋潘貴升斃任柱於陣，捻勢漸衰。賴文光挈衆竄山東，戰屢敗，遁入海濱，官軍圍擊之，斬獲三萬。賴文光走死揚州。東捻平，賞加一騎都尉世職。

七年正月，西捻張總愚由山右渡河，北竄定州，京師大震。詔奪職，鴻章督軍入直，疏言：「剿辦流寇，以堅壁淸野爲上策。東捻流竄豫東、淮北，所至民築圩寨，深溝高壘以禦之。賊往往不得一飽，故其畏圩寨甚於畏兵。河北平原千里，無險可守。截此則竄彼，迎左則趨右，縱橫馳突，無處不流。且自渡黃入晉，沿途擄獲騾馬愈衆，步賊多改爲騎，趨避捷，肆擾尤易。自古辦賊，必以彼此强弱飢飽爲定衡。賊未必强於官軍，但彼騎多而我騎少。今欲絕賊糧、斷賊騎，惟有嚴諭紳民堅築圩寨。一聞警信，即收糧草牲畜老弱壯丁於內。賊至無所掠食，兵至轉可買食。賊雖流而其計漸窮，或可剋期撲滅也。」二月，鴻章督軍進德州，敗賊安平、饒陽。三月，賊竄晉州，渡滹沱河，南入豫，復折竄直隸，撲山東東昌；四月，趨茌平、德平，出德州，西奔吳橋、東光，偪天津。下部議處，命總統北路軍務，限一月殄滅。

鴻章以捻騎久成流寇，非就地圈圍，終不足制賊之命。三口通商大臣崇厚及左宗棠皆以爲言，而直隸地平曠，無可圈圍；欲就東海南河形勢，必先扼西北運河，尤以東北至津、沽，西南至東昌、張秋爲鎖鑰。乃掘滄州迤南捷地壩，洩運水入減河。河東築長牆，斷賊竄津之路。東昌運防，則淮軍自城南守至張秋，東、皖諸軍自城北守至臨清，並集民團協防。閏四月，以勦賊逾限，予嚴議。時賊爲官軍所偪，奔突不常。以北路軍勢重，銳意南行，迴翔陵縣、臨邑間，旁擾茌平、德平，犯臨清運防。鴻章慮久晴河涸，民團不可恃，且晝夜追奔疲士卒，議乘黃河伏汛，縮地棨圈。以運河爲外圍，以馬頰河爲裏圍。其時官軍大敗賊於德州揚丁莊，又追敗之商河。張總愚率悍黨遁濟陽，沿河北出德州犯運防，上竄鹽山、滄州。官軍扼截之，不得出，轉趨博平、清平。適黃、運暨徒駭交漲，東昌、臨清、張秋、脇河水深不可越。河西北岸長牆緜亙，賊竄地迫狹，勢益困。鴻章增調劉銘傳軍，期會前敵。分屯茌平之桃橋、南鎭，至博平、東昌，圈賊徒駭、黃、運之內，而令馬隊週迴兜逐，賊無一生者，張總愚投水死。西捻平，詔復原官，加太子太保銜，以湖廣總督協辦大學士。八月入覲，賜紫禁城內騎馬。

八年二月，兼署湖北巡撫。十二月，詔援黔，未行，改援陝。九年七月，勦平北山土匪。值天津教堂滋事，命移軍北上。案結，調直隸總督兼北洋通商事務大臣。十月，日本請通商，授全權大臣，與定約。十二年五月，授大學士，仍留總督任。六月，授武英殿大學士。十三年，調文華殿大學士。

國家舊制，相權在樞府。鴻章與國藩爲相，皆總督兼官，非眞相。然中外繫望，聲出政府上，政府亦倚以爲重。其所經畫，皆防海交鄰大計。思以西國新法導中國以求自强，先急兵備，尤加意育才。初，與國藩合疏選幼童送往美國就學，歲百二十人。期以二十年學成歲歸爲國効用，乃未及終學而中輟。鴻章爭之不能得，隨分遣生徒至英、德、法諸國留學。及建海軍，將校盡取才諸生中。初在上海奏設外國學館，及涖天津，奏設武備海陸軍，又各立學堂，是爲中國講求兵學之始。嘗議製造輪船，疏言：「西人專恃其礮輪之精利，橫行中土。於此而曰攘夷，固虛妄之論。即欲保和局，守疆土，亦非無具而能保守之也。士大夫囿於章句之學，苟安目前，遂有停止輪船之議。臣愚以爲國家諸費皆可省，惟養兵設防、練習槍礮、製造兵輪之費萬不可省。求省費則必屛除一切，國無與立，終無自强之一日矣。」

光緒元年，臺灣事變，王大臣奏籌善後海防六策。鴻章議曰：「歷代備邊多在西北，其强弱之事，主客之形，皆適相埒，且猶有中外界限。今則東南海疆萬餘里，各國通商傳敎，往來自如。陽託和好，陰懷吞噬，一國生事，諸國搆煽，實爲數千年來未有之變局。輪船電報，瞬息千里，軍火機器，工力百倍，又爲數千年來未有之强敵。而環顧當世，餉力人才，實有未逮，雖欲振奮而莫由。易曰：『窮則變，變則通。』蓋不變通，則戰守皆不足恃，而和亦不可久也。近時拘謹之儒，多以交涉洋務爲恥，巧者又以引避自便。若非朝廷力開風氣，破拘攣之故習，求制勝之實際，天下危局，終不可支，日後乏才，且有甚於今日者。以中國之大，而無自强自立之時，非惟可憂，抑亦可恥。」

鴻章持國事，力排衆議。在畿疆三十年，晏然無事。獨究討外國政學、法制、兵備、財用、工商、藝業。聞歐美出一新器，必百方營購以備不虞。嘗設廣方言館、機器製造局、輪船招商局；開磁州、開平煤鐵礦、漠河金礦；廣建鐵路、電綫及織布局、醫學堂；購鐵甲兵艦；築大沽、旅順、威海船塢臺壘；遴武弁送德國學水陸軍械技藝；籌通商日本，派員往駐；創設公司船赴英貿易。凡所營造，皆前此所未有也。初，鴻章辦海防，政府歲給四百萬。其後不能照撥，而戶部又奏立限制，不令購船械。鴻章雖屢言，而事權不屬，蓋終不能竟厥功焉。

三年，晉、豫旱災，鴻章力籌賑濟。時直隸亦患水，永定河居五大河之一，累年漫決，害尤甚。鴻章修復金門閘及南、上、北三灰壩。盧溝橋以下二百餘里，改河築堤，緩其溜勢。別濬大清河、滹沱河、北運河、減河，以資宣洩，自是水患稍紓。

五年，命題穆宗毅皇帝、孝哲毅皇后神主，賞加太子太傅銜。六年，巴西通商，以全權大臣定約。八年，丁母憂，諭俟百日後以大學士署理直隸總督，鴻章累辭，始開缺，仍駐天津督練各軍，並署通商大臣。朝鮮內亂，鴻章時在籍，趣赴天津，代督張樹聲飭提督吳長慶率淮軍定其亂，鴻章策定朝鮮善後事宜。九年，復命署總督，累乞終制，不允。

十年，法越搆兵，雲貴總督岑毓英督師援越。法乃自請講解，鴻章與法總兵福祿諾議訂條款，既竣，而法人伺隙陷越諒山，薄鎮南關，兵艦馳入南洋，分擾閩、浙、臺灣，邊事大棘。北洋口岸，南始烟臺，北迄山海關，延袤幾三千里，而旅順口實爲首衝。乃檄提督宋慶、水師統領提督丁汝昌守旅順，副將羅榮光守大沽，提督唐仁廉守北塘，提督曹克忠、總兵葉志超守山海關內外，總兵全祖凱守煙臺，首尾聯絡，海疆屹然。十一年，法大敗於諒山。計窮，復尋成。授全權大臣，與法使巴德納增減前約。事平，下部議敍。是年朝鮮亂黨入王宮，戕執政大臣六人。提督吳兆有以兵入護，誅亂黨，傷及日本兵。日人要索議統將罪，鴻章嚴拒之，而允以撤兵寢其事。九月，命會同醇親王辦理海軍。

十二年，以全權大臣定法國通商滇粵邊界章程。十三年，會訂葡萄牙通商約。十四年，海軍成船二十八，檄飭海軍提督丁汝昌統率全隊，周歷南北印度各海面，習風濤，練陣技，歲率爲常。十五年，太后歸政，賞用紫韁。十七年，平熱河教匪，議敍。十九年正月，鴻章年七十，兩宮賜「壽」。二十年，賞戴三眼花翎，而日朝變起。

初，鴻章籌海防十餘年，練軍簡器，外人震其名，謂非用師逾十萬，不能攻旅順，取天津、威海。故俄、法之警，皆知有備而退。至是，中興諸臣及湘淮軍名將皆老死，鮮有存者。鴻章深知將士多不可恃，器械缺乏不應用，方設謀解紛難，而國人以爲北洋海軍信可恃，爭起言戰，廷議遂銳意用兵。初敗於牙山，繼敗於平壤，日本乘勝內侵，連陷九連、鳳凰諸城，大連、旅順相繼失。復據威海衞、劉公島，奪我兵艦，海軍覆喪殆盡。於是議者交咎鴻章，褫其職，以王文韶代督直隸，命鴻章往日本議和。二十一年二月，抵馬關，與日本全權大臣伊藤博文、陸奧宗光議，多要挾。鴻章遇刺傷面，創甚，而言論自若，氣不少衰。日皇遣使慰問謝罪，卒以此結約解兵。會訂條款十二，割臺灣畀之，日本悉交還侵地。七月，回京，入閣辦事。

十二月，俄皇加冕，充專使致賀，兼聘德、法、英、美諸國。二十二年正月，陛辭，上念垂老遠行，命其子經方、經述侍行。外人夙仰鴻章威望，所至禮遇逾等，至稱爲東方畢士馬克。與俄議新約，由俄使經總署訂定，世傳「中俄密約」。七閱月，回京復命。兩宮召見，慰勞有加，命直總理各國事務衙門。

二十三年，充武英殿總裁。二十四年，命往山東查勘黃河工程。疏稱遷民築隄，成工匪易，惟擇要加修兩岸隄埝，疏通海口尾閭，爲救急治標之策。下其奏，核議施行。

十月，出督兩廣。二十六年，賞用方龍補服。拳匪肇亂，八國聯軍入京，兩宮西狩。詔鴻章入朝，充議和全權大臣，兼督直隸，有「此行爲安危存亡所係，勉爲其難」之語。鴻章聞警兼程進，先以兵剿畿甸匪，孑身入京，左右前後皆敵軍，日與其使臣將帥爭盟約，卒定和約十二款。二十七年七月，講成，相率退軍。

大亂之後，公私蕩然。鴻章奏陳善後諸務，開市肆，通有無，施粥散米，中外帖然。並奉詔行新政，設政務處，充督辦大臣，旋署總理外務部事。積勞嘔血薨，年七十有九。事聞，兩宮震悼，賜祭葬，贈太傅，晉封一等侯，諡文忠。入祀賢良祠，安徽、浙江、江蘇、上海、江寧、天津各建祠以祀，並命於京師特建專祠。漢臣祀京師，蓋異數也。

鴻章長軀疏髯，性恢廓，處榮悴顯晦及事之成敗，不易常度，時以詼笑解紛難。尤善外交，陰陽開闔，風采凜然。外國與共事者，皆一時偉人。及八國定盟，其使臣大將多後進，視鴻章皆丈人行也，故兵雖勝，未敢輕中國。聞其薨，咸集弔唁，曰：「公所定約不敢渝。」其任事持大體，不爲小廉曲謹。自壯至老，未嘗一日言退，嘗以曾國藩晚年求退爲無益之請，受國大任，死而後已。馬關定約還，論者未已，或勸之歸。鴻章則言：「於國實有不能恝然之誼，今事敗求退，更誰賴乎？」其忠勤皆類此。居恆好整以暇，案上置宋搨蘭亭，日臨摹百字，飲食起居皆有恆晷。長於奏牘，時以曾、李並稱云。鴻章初以兄子經方爲子，後生子經述，賞四品京堂，襲侯爵；經邁，侍郎。

論曰：中興名臣，與兵事相終始，其勳業往往爲武功所掩。鴻章旣平大難，獨主國事數十年，內政外交，常以一身當其衝，國家倚爲重輕，名滿全球，中外震仰，近世所未有也。生平以天下爲己任，忍辱負重，庶不愧社稷之臣；惟才氣自喜，好以利祿驅衆，志節之士多不樂爲用，緩急莫恃，卒致敗誤。疑謗之起，抑豈無因哉？

清史稿卷四百十二

列傳一百九十九

左宗棠

左宗棠，字季高，湖南湘陰人。父觀瀾，廩生，有學行。宗棠，道光十二年舉人，三試禮部不第，遂絕意仕進，究心輿地、兵法。喜爲壯語驚衆，名在公卿間。嘗以諸葛亮自比，人目其狂也。胡林翼亟稱之，謂橫覽九州，更無才出其右者。年且四十，顧謂所親曰：「非夢卜敻求，殆無幸矣！」

咸豐初，廣西盜起，張亮基巡撫湖南，禮辟不就。林翼敦勸之，乃出。敍守長沙功，由知縣擢同知直隸州。亮基移撫山東，宗棠歸隱梓木洞。駱秉章至湖南，復以計劫之出佐軍幕，倚之如左右手。僚屬白事，輒問：「季高先生云何？」由是忌者日衆，謗議四起，而名日聞。同里郭嵩燾官編修，一日，文宗召問：「若識舉人左宗棠乎？何久不出也？年幾何矣？

過此精力已衰，汝可爲書諭吾意，當及時出爲吾辦賊。」林翼聞而喜曰：「夢卜夐求時至矣！」

六年，曾國藩克武昌，奏陳宗棠濟師、濟餉功，詔以兵部郎中用，俄加四品卿銜。會秉章劾罷總兵樊燮，燮搆於總督官文，爲蜚語上聞，召宗棠對簿武昌，秉章疏爭之不得。林翼、國藩皆言宗棠無罪，且薦其才可大用。詹事潘祖蔭亦誦言總督惑於浮辭，故得不逮。俄而朝旨下，命以四品京堂從國藩治軍。初，國藩創立湘軍，諸軍遵其營制，獨王鑫不用。宗棠募五千人，參用鑫法，號曰「楚軍」。十年八月，宗棠旣成軍而東，僞翼王石達開竄四川，詔移師討蜀。國藩、林翼以江、皖事急，合疏留之。時國藩進兵皖南，駐祁門，僞侍王李世賢、忠王李秀成糾衆數十萬圍祁門。宗棠率楚軍道江西，轉戰而前，遂克德興、婺源。賊趨浮梁景德鎭，斷祁門餉道。宗棠還師擊之，大戰於樂平、鄱陽，僵尸十餘萬，世賢易服逃，而徽州賊亦遁浙江。自是江、皖軍勢始振。

十一年，詔授太常寺卿，襄辦江南軍務，乃率楚軍八千人東援浙。朝命國藩節制浙江，國藩薦宗棠足任浙事。宗棠部將名者，劉典、王開來、王文瑞、王沐，數軍單薄，不足資戰守；乃奏調蔣益澧於廣西，劉培元、魏喩義於湖南，皆未至，而宗棠以數千人策應七百餘里，指揮若定，國藩服其整暇。已而杭州陷，復疏薦之，遂授浙江巡撫。

時浙地唯湖、衢二州未陷賊，國藩與宗棠計，以保徽州，固饒、廣爲根本。奏以三府屬縣賦供其軍，設婺源、景德、河口三稅局裨之，三府防軍悉隸宗棠。賊大舉犯婺源，親督軍敗之。同治元年正月，詔促自衢規浙。宗棠奏言：「行軍之法，必避長圍，防後路。臣軍入衢，則徽、婺疎虞，又成糧盡援絕之勢。今由婺源攻開化，分軍扼華埠，收遂安，使饒、廣相庇以安，然後可以制賊而不爲賊制。」二月，克遂安。世賢自金華犯衢州，連擊敗之。而皖南賊復陷寧國，遣文瑞往援，克績溪。十一月，喻義克嚴州。二年正月，益澧及高連陞、熊建益、王德榜、余佩玉等克金華、紹興，浙東諸郡縣皆定。

杭州賊震怖，悉衆拒富陽。時諸軍爭議乘勝取杭城，宗棠不喜攻堅，謂皖南賊勢猶盛，治寇以殄滅爲期，勿貪近功。乃自金華進軍嚴州，令劉典將八千人會文瑞防徽州，以培元、德榜駐淳安、開化，而益澧攻富陽。劾罷道府及失守將吏十七人，舉浙士吳觀禮等賑荒招墾，足裕軍食。四月，授浙閩總督，兼巡撫事。劉典軍旣至皖南，遂留屯。益澧攻富陽，軍僅萬餘人，皆病疫，宗棠亦患瘧困憊，富陽圍久不下，乃簡練舊浙軍，兼募外國軍助之攻。七月，李鴻章江蘇軍入浙攻嘉善，嘉興寇北援，於是水陸大舉攻富陽，克之。益澧等長驅擣杭州，魏喩義、康國器攻餘杭。宗棠以杭賊恃餘杭爲犄角，非先下餘杭，收海寧，不能斷嘉、湖援濟，躬至餘杭視師。是時皖賊古隆賢反正，官軍連下建平、高淳諸邑。金陵賊呼秀成入謀他竄，獨世賢踞溧陽，與廣德賊比，中梗官軍。鴻章旣克嘉善，上言當益軍攻嘉興。會浙師取常州，而廣德賊已由寧國竄浙。宗棠慮賊分擾江西、福建，乃檄張運蘭率所部趨福建，召劉典防江西。海寧賊蔡元隆以城降，更名元吉，後遂爲驍將。三年二月，元吉會江蘇軍克嘉興。杭州賊陳炳文勢蹙約降，猶慮計中變，乘雨急攻之，夜啓門遁，杭州復，餘杭賊汪海洋亦東走。捷聞，加太子少保銜，賜黃馬褂。

移駐省城，申軍禁，招商開市，停杭關稅，減杭、嘉、湖稅三之一。益澧爲布政使，亦輕財致士，一時翕然稱之。羣賊聚湖州，乃移軍合圍，先攻菱湖。三月，江蘇軍克常州，賊敗竄徽、婺，趨江西。世賢踞崇仁，海洋踞東鄉，宗棠以賊入江西爲腹心患，奏請楊岳斌督江西、皖南軍，以劉典副，從之。六月，曾國荃克江寧，洪秀全子福瑱奔湖州，俄復潰走，磔於南昌。七月，克湖州，盡定浙地。論功，封一等恪靖伯。

餘賊散走徽、寧、江西、廣東，折入汀州，福建大震。乃奏請之總督任，以益澧護巡撫，增調德榜軍至閩。四年三月，江蘇軍郭松林來會師，賊棄漳州出大埔。五月，進攻永定。世賢、海洋既屢敗，傷精銳過半，歸誠者三萬。宗棠進屯漳州，躡賊武平。於是賊竄廣東之鎭平，而福建亦定。

乃檄康國器、關鎭平兩軍入粵，王開琳一軍入贛防江西，劉典軍趨南安防湖南，留高連陞、黃少春軍武平，伺賊進退。六月，賊大舉犯武平，力戰卻之。世賢投海洋，爲所戕，賊黨益猜貳。詔以宗棠節制三省諸軍。十月，賊陷嘉應，宗棠移屯和平琯溪。德榜盧帥屯孤懸，自請當中路。劉典聞德榜軍趨前，亦引軍疾進。猝遇賊，敗，賊追典，掠德榜屯而過，槍環擊之，輒反走。是夜降者逾四萬，言海洋中礮死矣，士氣愈奮。時鮑超軍亦至，賊出拒，又大敗之。合閩、浙、江、粵軍圍嘉應。十二月，賊開城遁，扼諸屯不得走，跪乞免者六萬餘，俘斬賊將七百三十四，首級可計數者萬六千，詔賜雙眼花翎。

五年正月，凱旋。宗棠以粵寇既平，首議減兵併餉，加給練兵。又以海禁開，非製備船械不能圖自強，乃創船廠馬尾山下，薦起沈葆楨主其事。會王師征西陲回亂久無功，詔宗棠移督陝、甘。十月，簡所部三千人西發，令劉典別募三千人期會漢口，中途以西捻張總愚竄陝西，命先入秦剿賊。

陝、甘回衆數至百萬，與捻合。宗棠行次武昌，上奏曰：「臣維東南戰事利在舟，西北戰事利在馬。捻、回馬隊馳騁平原，官軍以步隊當之，必無幸矣。以馬力言，西產不若北產之健。捻馬多北產，故捻之戰悍於回。臣軍止六千，今擬購口北良馬習練馬隊，兼製雙輪礮車。由襄、鄧出紫荆關，徑商州以赴陝西。經營屯田，爲久遠之規。是故進兵陝西，必先清關外之賊；進兵甘肅，必先清陝西之賊；駐兵蘭州，必先清各路之賊：然後餽運常通，師行無阻。至於進止久速，隨機赴勢，伏乞假臣便宜，寬其歲月，俾得從容規畫，以要其成。」

六年春，提兵萬二千以西。議以礮車制賊馬，而以馬隊當步賊。捻倏見礮車，皆不戰狂奔。時陝西巡撫劉蓉已解任，總督楊岳斌請歸益急。詔寧夏將軍穆圖善署總督，宗棠以欽差大臣督軍務。分軍三道入關，而皖南鎮總兵劉松山率老湘軍九千人援陝，山西按察使陳湜主河防，其軍皆屬焉。松山既屢敗捻，又合蜀軍將黃鼎、皖軍將郭寶昌，大破之富平。捻掠三原，沿渭北東趨，回則分黨西犯，麕集北山。宗棠以捻強於回，當先制捻。檄諸軍憑河結營，期蹙而殲之涇、洛間。捻乘軍未集，又折而西渡涇、渭，窺豫、鄠。已而大軍進逼，勢不復能南，乃趨白水。乘大風雨，鋌走入北山。宗棠防捻、回合勢，且北山荒瘠，師行糧不繼，因急扼耀州。十月，捻敗走宜川，別黨果竄耀州，合回匪攻同官。留防軍不能禦，典、連陞軍馳救，大破之。諸軍將雖屢敗捻，終牽於回，師行滯；而捻大衆在宜川者益北擾延長，掠綏德，趨葭州，回亦自延安出陷綏德。宗棠自以延、綏迭失，上書請罪，部議革職。時北山及扶、岐、汧、隴、邠、鳳諸回，所在響應。捻自南而北，千有餘里，回自西而東，亦千有餘里。陝西主客軍能戰者不及五萬，然回當之輒敗。松山等克綏德，回走米脂，捻復分道南竄。於是劉厚基出東北追回，松山等循西岸要捻。師抵宜川，回大出遮官軍，留戰一日，破之；而捻遂取間道逾山至壺口，乘冰橋渡河。宗棠奉朝旨，山右毗連畿輔，令自率五千人赴援，以劉典代督陝甘軍。

是年十二月，捻自垣曲入河南，益北趨定州，游騎犯保定，京師戒嚴。詔切責督兵大臣，自宗棠、鴻章及河南巡撫李鶴年、直隸總督官文，皆奪職。宗棠至保定，松山等連破賊深、祁、饒、晉。當是時，捻馳騖數百里間，由直隸竄河南、山東，已復渡運越吳橋，犯天津。鴻章議築長圍制賊；宗棠謂當且防且剿，西岸固守，必東路有追剿之師，乃可掣其狂奔之勢：上兩從其議。於是勤王師大集，宗棠駐軍吳橋，捻徘徊陵邑、濟陽，合淮、豫軍迭敗之，總愚走河濱以死，西捻平。入覲，天語褒嘉，且詢西陲師期。宗棠對以五年，後卒如其言焉。

七年十月，率師還陝，抵西安。時東北土寇董福祥等衆十餘萬，擾延安、綏德，西南陝回白彥虎等號二十萬，踞甘肅董志原。松山至，破土寇，降福祥；而回益四出剽掠，其西南竄出者，並力擾秦川，黃鼎破之。宗棠進軍乾州，諜報回巢將徙金積堡，分軍擊之，遂下董志原，連復鎭原、慶陽，回死者至三萬。督丁壯耕作，教以區田、代田法。擇嶮荒地，發帑金巨萬，悉取所收饑民及降衆十七萬居焉。遂以八年五月進駐涇州。

甘回最著者，西曰馬朵三，踞西寧；南曰馬占鰲，踞河州；北曰馬化隆，踞寧夏、靈州。化隆以金積堡爲老巢，堡當秦、漢兩渠間，扼黃河之險，擅鹽、馬、茶大利。環堡五百餘寨，黨衆嘯聚，掠取漢民產業子女。陝回時時與通市，相爲首尾。化隆以新教煽回民，購馬造軍械，而陽輸誠給穆圖善。董志原既平，陝回竄靈州，化隆上書爲陝回乞撫。宗棠察其詐，備三月糧，先攻金積堡，以爲收功全隴之基。及松山追陝回至靈州，扼永靈洞。化隆懼，仍代陝回乞撫，謀緩兵，穆圖善信之，日言撫，綏遠城將軍至劾松山濫殺激變。然化隆實無意降也，密召諸回並出劫軍餉。十一月，宗棠進駐平涼。九年，松山陣歿，以其兄子錦棠代之，戰屢捷，而中路、南路軍亦所向有功，陝回受撫者數千人。及奪秦壩關，化隆益窘，詣軍門乞降，誅之，夷其城堡。遷甘回固原、平涼，陝回化平，而編管鈐束之，寧、靈悉定。奏言進規河湟，而是時有伊犂之變，詔宗棠分兵屯肅州，乃遣徐占彪將六千人往。

十年七月，自率大軍由平涼移駐靜寧。八月，至安定。寇聚河州，其東出，必繞洮河三甲集，集西太子寺，再西大東鄉，皆險要。諸將分擊，悉破平之。時回酋朶三已死，占鰲見官軍深入，西寧回已歸順，去路絕，遂亦受撫。河州平。

十一年七月，移駐蘭州。占彪前以伊犂之變率師而西也，於時肅州阻亂，回酋馬文祿先已就撫，聞關外兵事急，復據城叛。及占彪軍至，乃嬰城固守，而乞援西寧。陝回白彥虎、禹得彥亦潛應文祿。會錦棠率軍至，西寧土回及陝回俱變，推馬本源爲元帥。西寧東北阻湟水，兩山對峙，古所稱湟中也。賊據險而屯，俄敗走，遺棄馬騾滿山谷，竄巴燕戎格。大通都司馬壽復嗾向陽堡回殺漢民以叛。十二年正月，錦棠攻向陽堡，奪門入，斬馬壽，遂破大通，擣巴燕戎格，誅本源，河東、西諸回堡皆降。文祿踞肅州，詭詞求撫，益招致邊外回助城守，連攻未能下。八月，宗棠來視師，文祿登城見帥旗，奪氣。請出關討賊自効，不許。金順、錦棠軍大集，文祿窮蹙出降，磔之。白彥虎竄遁關外，肅州平。以陝甘總督協辦大學士，加一等輕車都尉。奏請甘肅分闈鄉試，設學政。十三年，晉東閣大學士，留治所。自咸豐初，天下大亂，粵盜最劇，次者捻逆，次者回。宗棠既手戡定之，至是陝、甘悉靖，而塞外平回，朝廷尤矜寵焉。

塞外回酋曰帕夏，本安集延部之和碩伯克也。安集延故屬敖罕，敖罕爲俄羅斯所滅，安集延獨存。帕夏畏俄逼，闌入邊。據喀什噶爾，稍蠶食南八城，又攻敗烏魯木齊所踞回妥明。妥明者，西寧回也，初以新教游關外。同治初，乘陝甘漢、回構釁倡亂，據烏城。帕夏既攻敗妥明降之，遂併有北路伊犂諸城，收其賦入。妥明旋被逐，走死，而白彥虎竄處烏城，仍隸帕夏。帕夏能屬役回衆，通使結援英、俄，購兵械自備。英人陰助之，欲令別立爲國，用捍蔽俄。當是時，俄以回數擾其邊境，遽引兵逐回，取伊犂，且言將代取烏魯木齊。

光緒元年，宗棠既平關隴，將出關，而海防議起。論者多言自高宗定新疆，歲糜數百萬，此漏巵也。今至竭天下力贍西軍，無以待不虞，尤失計。宜徇英人議，許帕夏自立爲國稱藩，罷西征，專力海防。鴻章言之尤力。宗棠曰：「關隴新平，不及時規還國家舊所沒地，而割棄使別爲國，此坐自遺患。萬一帕夏不能有，不西爲英併，即北折而入俄耳。吾地坐縮，邊要盡失，防邊兵不可減，糜餉自若。無益海防而挫國威，且長亂。此必不可。」軍機大臣文祥獨善宗棠議，遂決策出塞，不罷兵。授宗棠欽差大臣，督軍事，金順副之。

二年三月，次肅州。五月，錦棠北逾天山，會金順軍先攻烏魯木齊，克之。白彥虎遁走托克遜。九月，克瑪納斯南城，北路平，乃規南路。令曰：「回部爲安酋驅迫，厭亂久矣。大軍所至，勿淫掠，勿殘殺。王者之師如時雨，此其時也。」三年三月，錦棠攻克達坂城，悉釋所擒纏回，縱之歸。南路恟懼，翼日，收托克遜城，而占彪及孫金彪兩軍亦連破諸城隘，合羅長祜等軍收吐魯番，降纏回萬餘。帕夏飲藥死，其子伯克胡里戕其弟，走喀什噶爾。

白彥虎走開都河，宗棠欲遂擒之，奏未上，適庫倫大臣上言西事宜畫定疆界，而廷臣亦謂西征費鉅，今烏城、吐魯番既得，可休兵。宗棠歎曰：「今時有可乘，乃爲畫地縮守之策乎？」抗疏爭之，上以爲然。時俄方與土耳其戰，金順請乘虛襲伊犁。宗棠曰：「不可。師不以正，彼有辭矣。」八月，錦棠會師曲會，遂由大道向開都河爲正兵，余虎恩等奇兵出庫爾。白彥虎走庫車，趨阿克蘇，錦棠遮擊之，轉遁喀什噶爾。大軍還定烏什，遂收南疆東四城，何步雲以喀什漢城降。伯克胡里既納白彥虎，乃幷力攻漢城。大軍至，復遁走俄。西四城相繼下，宗棠露布以聞，詔晉二等侯。布魯特十四部爭內附。

四年正月，條上新疆建行省事宜，幷請與俄議還伊犂、交叛人二事。詔遣全權大臣崇厚使俄。俄以通商、分界、償款三端相要。崇厚遽定約，爲朝士所糾，議久不決。宗棠奏曰：「自俄踞伊犂，蠶食不已，新疆乃有日蹙百里之勢。俄視伊犂爲外府，及我索地，則索償盧布五百萬元。是俄還伊犂，於俄無損，我得伊犂，僅一荒郊。今崇厚又議畀俄陬爾果斯河及帖克斯河，是劃伊犂西南之地歸俄也。武事不競之秋，有割地求和者矣。茲一矢未加，遽捐要地，此界務之不可許者也。俄商志在貿易，其政府即廣設領事，欲藉通商深入腹地，此商務之不可許者也。臣維俄人包藏禍心，妄忖吾國或厭用兵，遂以全權之使臣牽制疆臣。爲今之計，當先之以議論，委婉而用機，次決之以戰陣，堅忍而求勝。臣雖衰慵無似，敢不勉旃。」上壯其言，嘉許之。崇厚得罪去，命曾紀澤使俄，更前約。於是宗棠乃自請出屯哈密，規復伊犂。以金順出精河爲東路，張曜沿特克斯河爲中路，錦棠經布魯特游牧爲西路；而分遣譚上連等分屯喀什噶爾、阿克蘇、哈密爲後路聲援：合馬步卒四萬餘人。

六年四月，宗棠輿櫬發肅州，五月，抵哈密。俄聞王師大出，增兵守伊犂、納林河，別以兵船翔海上，用震撼京師，同時天津、奉天、山東皆警。七月，詔宗棠入都備顧問，以錦棠代之。而俄亦懾我兵威，恐事遂決裂。明年正月，和議成，交還伊犂，防海軍皆罷。

宗棠用兵善審機，不常其方略。籌西事，尤以節兵裕餉爲本謀。始西征，慮各行省協助餉不時至，請一借貸外國。沈葆楨尼其議，詔曰：「宗棠以西事自任，國家何惜千萬金。爲撥款五百萬，敕自借外國債五百萬。」出塞凡二十月，而新疆南北城盡復者，饋運饒給之力也。初議西事，主興屯田，聞者迂之；及觀宗棠奏論關內外舊屯之弊，以謂掛名兵籍，不得更事農，宜畫兵農爲二，簡精壯爲兵，散愿弱使屯墾，然後人服其老謀。旣入覲，賜紫禁城騎馬，使內侍二人扶掖上殿，授軍機大臣，兼值譯署。國家承平久，武備弛不振，而海外諸國爭言富强，雖中國屢平大難，彼猶私議以爲脆弱也。及宗棠平帕夏，外國乃稍稍傳說之。其初入京師，內城有教堂高樓，俯瞰宮殿，民間讙言左侯至，樓即燬矣，爲示諭曉，乃止。其威望在人如此。然值軍機、譯署，同列頗厭苦之。宗棠亦自不樂居內，引疾乞退。九月，出爲兩江總督、南洋通商大臣。嘗出巡吳淞，過上海，西人爲建龍旗，聲礮，迎導之維謹。

九年，法人攻越南，自請赴滇督師。檄故吏王德榜募軍永州，號「恪靖定邊軍」，法旋議和，止其行。十年，滇、越邊軍潰，召入都，再直軍機。法大舉內犯，詔宗棠視師福建，檄王鑫子詩正潛軍渡臺灣，號「恪靖援臺軍」。詩正至臺南，爲法兵所阻，而德榜會諸軍大捷於諒山。和議成，再引疾乞退。七月，卒於福州，年七十三，贈太傅，諡文襄。祀京師昭忠祠、賢良祠，並建專祠於湖南及立功諸省。

宗棠爲人多智略，內行甚篤，剛峻自天性。穆宗嘗戒其褊衷。始未出，與國藩、林翼交，氣陵二人出其上。中興諸將帥，大率國藩所薦起，雖貴，皆尊事國藩。宗棠獨與抗行，不少屈，趣舍時合時不合。國藩以學問自斂抑，議外交常持和節；宗棠鋒穎凜凜向敵矣，士論以此益附之。然好自矜伐，故出其門者，成德達材不及國藩之盛云。子四人：孝威，舉人，以廕爲主事，先卒，旌表孝行；孝寬，郎中；孝勛，兵部主事；孝同，江蘇提法使。孫念謙，襲侯爵，通政司副使。

論曰：宗棠事功著矣，其志行忠介，亦有過人。廉不言貧，勤不言勞。待將士以誠信相感。善於治民，每克一地，招徠撫綏，衆至如歸。論者謂宗棠有霸才，而治民則以王道行之，信哉。宗棠初出治軍，胡林翼爲書告湖南曰：「左公不顧家，請歲籌三百六十金以贍其私。」曾國藩見其所居幕陋小，爲別製二幕貽之，其廉儉若此。初與國藩論事不洽，及聞其薨，乃曰：「謀國之忠，知人之明，自媿不如。」志益遠矣。

清史稿卷四百十三

列傳二百

曾國荃 弟貞幹　沈葆楨　劉坤一

曾國荃，字沅甫，湖南湘鄉人，大學士國藩之弟也。少負奇氣，從國藩受學京師。咸豐二年，舉優貢。六年，粵匪石達開犯江西，國藩兵不利。國荃欲赴兄急，與新授吉安知府黃冕議，請於湖南巡撫駱秉章，使募勇三千人，別以周鳳山一軍，合六千人，同援江西。十一月，克安福，連破賊於大汾河、千金坡，進攻吉安，下旁數縣。

七年春，丁父憂回籍。夏，賊麕聚吉安，周鳳山軍敗潰。時王鑫、劉騰鴻皆喪亡，士氣衰沮。江西巡撫耆齡奏起國荃統吉安諸軍，軍復振。冬，敗石達開於三曲灘，吉安圍始合。八年春，克吉水、萬安。八月，督水師毁白鷺洲賊船，破城外堅壘，遂克吉安，擒賊首李雅鳳。以功累擢知府，撤軍還長沙。九年，復赴江西，率朱品隆等軍五千餘人援剿景德鎮。

時諸軍與賊相持數月，莫肯先進。國荃至，乃合力敗援賊於浮梁南。三戰皆捷，火鎭市，追殲賊及半，克浮梁，擢道員。江西肅清。

國藩出九江，至黃州，與胡林翼議分路圖皖。國荃留軍巴河，自還湖南增募爲萬人。多隆阿、鮑超等旣大破賊於太湖、潛山，十年閏三月，國荃乃進軍集賢關，規攻安慶。陳玉成來援，擊走之。十一年，陳玉成復糾捻衆至於菱湖，兩岸築堅壘，與城賊更番來犯。國荃調水師入湖，令弟貞幹築壘湖東以禦之。會陳玉成在桐城爲多隆阿所敗，還趨集賢關，迎擊破之。玉成由馬踏石遁走，仍留黨踞赤岡嶺，與菱湖賊壘犄角。國荃困以長壕，鮑超來，合攻，悉破其壘，擒斬萬餘。進破安慶城外賊營，燬東門月城。惟北門三石壘堅不可下，令降將程學啓選死士緣礮穴入，拔之。陳玉成屢爲多隆阿所創，收餘衆，糾合捻匪，復屯集賢關，襲官軍後路，城賊葉芸來亦傾巢出撲。國荃憑壕而戰，屢擊卻，仍復進，增築新壘，遣貞幹合水師扼菱湖，絕賊糧路。八月，以地雷轟城，克之，殲賊萬餘，俘數千。捷聞，以按察使記名，加布政使銜，賜黃馬褂。尋以追殄餘賊，賜號偉勇巴圖魯。於是國藩進駐安慶，國荃率師東下規江寧，克無爲州，破運漕鎭，拔東關，加頭品頂戴。分兵守諸隘，自回湖南增募勇營。

同治元年，授浙江按察使，遷江蘇布政使。詔以軍務緊要，毋庸與兄國藩迴避同省。

三月，率新募六千人至軍，自循江北岸，令弟貞幹循南岸，彭玉麐等率水師同進，拔銅城牐、雍家鎮諸隘，復巢縣、含山、和州，克裕溪口、西梁山。渡江會攻金柱關，乘間襲太平，克之。回克金柱關，貞幹亦克蕪湖。令彭毓橘截敗賊於薛鎮渡口，大破之。五月，連奪秣陵關、大勝關要隘。水師進扼江寧護城河口，陸師逕抵城南雨花臺駐屯，賊來爭，皆擊卻之。國藩猶以孤軍深入爲慮，國荃謂：「舍老巢勿攻，浪戰無益，逼城足以致敵。雖危，事有可爲。」會秋疫大作，士卒病者半。賊酋李秀成自蘇州糾衆數十萬來援，結二百餘壘。國荃於要隘增壘，輔以水師，先固糧道。賊環攻六晝夜，彭毓橘等乘其乏出擊，破賊營四。賊悉向東路，填壕而進，前仆後繼。國荃督軍抵禦，礮傷頰，裹創力戰，賊始退。李世賢又自浙江率十萬衆至，與秀成合攻，屢掘地道來襲，燬營牆，百計攻襲，皆未得逞。蕪湖守將王可陞率援師至，國荃簡精銳分出，焚賊數壘，餘棄壘走，進擊，大破之。先後殲賊數萬，圍乃解。秀成、世賢引去。是役以病餘之卒，苦戰四十餘日，卒保危局，詔嘉獎，頒珍賚。

議者欲令乘勝退保蕪湖，國荃以賊雖衆，烏合不足畏，不肯退。二年春，國藩親至視師，見圍屯堅定，始決止退軍之議。詔擢浙江巡撫，仍統前敵之軍規取江寧。四月，攻雨花臺及聚寶門外石壘，克之。九洑洲爲江寧犄角，賊聚守最堅。國荃偕彭玉麐、楊岳斌往覘形勢，合水陸軍血戰，克之，江面遂清。連克上方橋、江東橋、近城之中和橋、雙橋門、七甕橋，稍遠之方山、土山、上方門、高橋門、秣陵關、博望鎮諸賊壘，以次並下。國荃初至，合各路兵僅二萬，至是募圍師至五萬人。十月，分軍扼孝陵衞。李鴻章克蘇州，李秀成率敗衆分布丹陽、句容，自入江寧，勸洪秀全同走，不聽，遂留同城守。

三年春，克鍾山天保城，城圍始合。賊糧匱，城中種麥濟饑。國荃迭令掘地道數十處，賊築月圍以拒，士卒多傷亡。會詔李鴻章移師會攻，諸將以城計日可破，恥借力於人，攻益力。鴻章亦不至。國荃慮師老生變，督李臣典等當賊礮密處開地道。既成，懸重賞募死士，李臣典、朱洪章、伍維壽、武明良、譚國泰、劉連捷、沈鴻賓、張詩日、羅雨春誓先登者九人。六月十六日，日加午，地道火發，城崩二十餘丈，李臣典、朱洪章等蟻附爭登。賊傾火藥轟燒，彭毓橘、蕭孚泗手刃退卒數人，遂擁入。朱洪章、沈鴻賓、羅雨春攻中路，向僞天王府；劉連捷、張詩日、譚國泰攻右路，趨神策門，朱南桂等梯城入，合取儀鳳門；其左路彭毓橘由內城至通濟門，蕭孚泗等奪朝陽、洪武門，羅逢元等從聚寶門入，李金洲從通濟門入，陳湜、易良虎從旱西、水西門入：於是江寧九門皆破。守陴賊誅殺殆盡，猶保子城。夜半，自縱火焚僞王府，突圍走。要截斬數百人，追及湖熟，俘斬亦數百。洪秀全已前一月死，獲其屍於僞宮。其子洪福瑱年十五六，訛言已自焚死，餘黨挾之走廣德。國荃令閉城救火，搜殺餘賊。獲秀全兄洪仁達及李秀成，伏誅。凡僞王主將大小酋目三千餘，皆死亂兵，斃賊十餘萬，拔難民數十萬。捷聞，詔嘉國荃堅忍成功，加太子少保，封一等伯爵，錫名威毅，賜雙眼花翎。

國荃功高多謗，初奏洪福瑱已斃，既而奔竄浙江、江西，仍爲諸賊所擁，言者以爲口實，遂引疾求退，遣撤部下諸軍，溫詔慰留；再疏，始允開缺回籍。四年，起授山西巡撫，辭不就。調湖北巡撫，命幫辦軍務，調舊部剿捻匪。

五年，抵任，汰湖北冗軍，增湘軍六千，以彭毓橘、郭松林分統之。時捻匪往來鄂、豫之交，國荃檄鮑超由棗陽趨淅川、內鄉防西路，郭松林由桐柏、唐縣出東路，劉維楨向新野爲聲援。賊折而北竄，詔郭松林越境會剿。是年冬，敗賊於信陽、孝感。賊竄雲夢、應城、德安，郭松林擊走之，克應城、雲夢，又敗之皂河、楊澤。松林追賊臼口，中伏受重傷，其弟芳鈖戰死。彭毓橘破賊於沙口，又敗之安陸。國荃以賊多騎，難與追逐，欲困之山地。毓橘偕劉維楨屢戰不能大創，賊竄去。總督官文與不協，國荃疏劾其貪庸驕蹇，詔解官文總督任。六年春，賊復犯德安，爲劉銘傳、鮑超所敗，遁入河南境，尋復回竄。彭毓橘恃勇輕進，遇賊蘄州，戰歿於六神港。五月，捻匪長驅經河南擾及山東。詔斥諸疆吏防剿日久無功，國荃摘頂，下部議處，尋以病請開缺，允之。

光緒元年，起授陝西巡撫，遷河東河道總督。二年，復調山西巡撫。比年大旱，災連數省。國荃力行賑卹，官帑之外，告貸諸行省，勸捐協濟，分別災情輕重、賑期久暫，先後賑銀一千三百萬兩、米二百萬石，活饑民六百萬。善後蠲徭役，歲省民錢鉅萬。同時荒政，山西爲各省之冠，民德之，爲立生祠。六年，以疾乞罷，慰留，尋召來京。七年，授陝甘總督，命赴山海關治防，復乞病歸。八年，署兩廣總督。

九年，內召。十年，署禮部尚書，調署兩江總督兼通商大臣，尋實授。時法蘭西兵犯沿海，中朝和戰兩議相持。國荃修江海防務，知上海關繫諸國商務，法兵不能驟至，馭以鎮靜。詔遣文臣分赴海疆會辦，福建疆吏遂不能主兵。國荃言權不可分，朝廷亦以其老於軍事，專倚之。命遣兵輪援臺灣，原議五，實遣其三。坐下部議，革職留任。兵輪終不得達，其二折至浙洋，助戰鎮海有功，和議尋定。十一年，京察，以國荃夙著勳勤，開復處分。十五年，皇太后歸政，推恩加太子太保。

國荃治兩江凡六年，總攬宏綱，不苛細故，軍民相安。十六年，卒於官，贈太傅，賜金治喪，命江寧將軍致祭，特謚忠襄，入祀昭忠祠、賢良祠，建專祠。孫廣漢襲伯爵，官至左副都御史。

國荃弟貞幹，原名國葆。諸生。從兄國藩剿平常德、寧鄉土匪。時楊岳斌爲把總，彭玉麐爲諸生，貞幹亟稱於國藩，謂二人英毅非常，同辟領水師。初敗於岳州，貞幹自引咎，言諸將無罪。國藩東征，貞幹家居未從。及其兄國華戰歿三河，貞幹誓殺賊復仇。胡林翼使領千人，自黃州轉戰潛山、太湖。從國荃攻安慶，設計招降賊將程學啓，克城之功，學啓爲多。同治元年，與國荃分路沿江進師，破魯港，克繁昌、南陵、蕪湖，會軍雨花臺。尋染疫，將假歸，援賊至，被圍，强起任戰守，圍解而病劇，卒於軍。初以功敍訓導，加國子監學正銜，賜號迅勇巴圖魯。旣破援賊，擢知府，命下而貞幹已歿。事聞，贈按察使。李鴻章爲陳戰績，詔依二品議卹，贈內閣學士，予騎都尉世職，建專祠，謚靖毅。

沈葆楨，字幼丹，福建侯官人。道光二十七年進士，選庶吉士，授編修。遷御史，數上疏論兵事，爲文宗所知。咸豐五年，出爲江西九江知府。九江已陷賊，從曾國藩筦營務。六年，署廣信府。賊酋楊輔清連陷貴溪、弋陽，將逼廣信。葆楨方赴河口籌餉，聞警馳回郡，官吏軍民多避走。妻林，先刺血書乞援於浙軍總兵饒廷選。會大雨，賊滯興安。廷選先入城，賊至，七戰皆捷，解圍去。曾國藩上其城守狀，詔嘉獎，以道員用。七年，擢廣饒九南道，留筦廣信防務。數假客軍擊走竄賊，平弋陽土匪，誅安仁抗糧奸民，加按察使銜。以伉直忤大吏，乞養親去官。

十年，起授吉贛南道。以親老辭，未出，命留原籍治團練。曾國藩屢薦其才，十一年，詔赴安慶大營委用。未幾，超擢江西巡撫，諭曰：「朕久聞沈葆楨德望冠時，才堪應變。以其家有老親，擇江西近省授以疆寄，便其迎養；且爲曾經仕宦之區，將來樹建殊勳，光榮門戶，足承親歡。如此體恤，如此委任，諒不再以養親瀆請。」葆楨奉詔，感泣赴官。時浙江淪陷，左宗棠由江西進軍規復。賊酋楊輔清、李世賢合擾江西，冀斷皖、浙運道。同治元年，葆楨親赴廣信籌防，令士民築堡自衞，堅壁淸野。倚用湘將王德榜、段起及席寶田、江忠義諸人，客軍並聽指揮，賊至輒擊退。二年，破黃文金於小路口，又破之於祁門。會浙軍克黟縣，賊由太平、石埭、建德擾江西，督軍進擊走之。是年秋，因病請假。

初，曾國藩軍餉多倚江西。葆楨以本省軍事方殷，奏留自給。江寧前敵需餉亟，而江西協解不至，國藩疏爭。御史華祝三亦疏言兩人齟齬，慮誤大局，詔兩解之，命各分其半，別以江海關撥款濟江南軍。三年，大軍圍江寧急。賊聚擾江西，圖牽後路。詔楊岳斌移師督勦，命葆楨會商機宜。旣而江寧、杭州相繼復，黃文金擁洪福瑱由浙、皖竄江西，爲入粵計。葆楨令席寶田追勦，至石城，大破之。陣擒洪仁玕、洪仁政、黃文英等，搜獲洪福瑱於荒谷中，皆伏誅。以擒首逆功，予一等輕車都尉世職，加頭品頂戴。葆楨推功諸將，疏辭，詔嘉其開誠布公，將士用命，且江西吏治民風，日有起色，宜膺殊賞，不允所請。尋乞歸養，溫詔慰留。四年，以親病請假省視，因防務急，未行，丁母憂，命治喪百日，假滿仍回任。

堅請終制，乃允之。

六年，命為總理船政大臣。初，左宗棠創議於福州馬尾山麓瀕江設船廠，未及興工，宗棠調陝甘，疏言非葆楨莫能任。葆楨釋服，始出任事。造船隖及機器諸廠，聘洋員日意格、德克碑為監督。月由海關撥經費五萬兩，期以五年告成。附設藝童學堂，預募水勇習練駕駛。事皆創立，船材來自外國，煤炭亦購諸南洋，採辦尤易侵漁。葆楨堅明約束，一無瞻徇。布政使周開錫為提調，延平知府李慶霖佐局事，皆為總督所不喜，齮齕欲去之，葆楨疏爭得留，藩署吏玩抗，以軍法斬之，衆咸驚服。

九年，丁父憂，仍請終制，暫解事，服闋始出。當其居憂，內閣學士宋晉疏請暫停船工，詔下酌議。葆楨上疏，略謂：「自強之道，與好大喜功不同，不可以浮言搖動。且洋員合同不能廢，機廠經營不可棄。不特不能即時裁撤，五年期滿，亦不可停。」推論利害切至，詔嘉納之。十一年，再涖事。先後造成兵艦二十艘，分布各海口。尋以匠徒藝成，議酌改船式，督令自造，不用洋員監督。疏陳善後事宜，並如議行。

十三年，日本因商船避風泊臺灣，又為生番所戕，藉詞調兵，覬覦番社地。詔葆楨巡視，兼辦各國通商事務。日兵已登岸結營，葆楨據理詰之。曉諭番族遵約束，修城築壘為戰備。提督唐定奎亦率淮軍至，日人如約撤兵。乃議善後事宜，疏陳福建巡撫宜移駐臺灣，吏治軍政方能整頓，詔如所請。甫內渡，獅頭社番戕官滋事，光緒元年，復往，督唐定奎等伐山開道，攻破內外獅頭等社，燬其巢，脅從者次第就撫。中路、北路亦分軍深入，諸番皆聽約束。先於琅玡增設恆春縣，至是奏設臺北府，淡水、新竹、宜蘭三縣隸之；噶瑪蘭通判移駐雞籠山；臺灣府同知移駐卑南；鹿港同知移駐水沙。連疏陳營伍積弊，請歸巡撫節制。購機器，開臺北煤鑛，爲明遺臣鄭成功請予謚建祠，以作臺民忠義之氣，並報可。遂撤軍內渡，事竣，擢兩江總督，兼通商大臣。

江南自軍事定後，已踰十年。疆吏習爲寬大，葆楨精覈吏事，治尚嚴肅。屬吏懍懍奉職，宿將驕蹇者繩以法，不稍假借。尤嚴治盜，蒞任三月，誅戮近百人，莠民屛迹。皖南教案，華教士誣良民重罪，親訊，得其受枉狀，反坐教士，立誅之，然後奏聞，洋人亦屈伏。淮南引地以次歸復，濬河、積穀、捕蝗、禁種罌粟諸政，並實力施行。數以病乞退，五年，入覲，皇太后溫諭勉以共濟時艱，毋萌退志，自此遂不言病。是年十一月，卒於位，贈太子太保，祀賢良祠，立功各省建專祠，謚文肅。子瑋慶，賜舉人，襲一等輕車都尉世職；瑜慶，恩蔭主事，官至貴州巡撫。

劉坤一，字峴莊，湖南新寧人。廩生。咸豐五年，領團練從官軍克茶陵、郴州、桂陽、宜章，敍功以教諭卽選。六年，駱秉章遣劉長佑率師援江西，坤一爲長佑族叔而年少，師事之，從軍中自領一營。長佑旣克萍鄉，令進戰蘆溪、宣風鎭，連破賊，逼袁州，招降賊目李能通。於是降者相繼，守城賊何益發夜啓西門，坤一先入，復袁州。累擢直隸州知州，賜花翎。

七年，克臨江，擢知府。八年，長佑以病歸，坤一代將其軍。偕蕭啓江渡贛江規撫州，克崇仁。啓江在上頓渡爲賊所困，往援，大破賊，遂復撫州，連克建昌，擢道員。九年，石達開犯湖南，坤一回援，解永州、新寧之圍，加鹽運使銜。賊竄廣西，從劉長佑追躡，復柳州。長佑擢撫廣西，令坤一駐柳州清餘匪，悉平之，加布政使銜。進攻潯州，十一年七月，拔其城，以按察使記名。石達開回趨川、楚，坤一扼之融縣，掩擊敗之，賊潰走入黔，授廣東按察使。

同治元年，遷廣西布政使。劉長佑赴兩廣總督任，命坤一接統其軍，赴潯州進剿。貴縣匪首黃鼎鳳，在諸匪中最狡悍，屢議剿撫，不能下。二年，坤一破之於登龍橋，遂駐守之。鼎鳳老巢曰平天寨，倚山險樹重柵，守以巨礮，覃墟相距十餘里，爲犄角。坤一陽議撫，撤軍回貴縣，潛師夜襲覃墟，遂圍平天寨，復橫州，鼎鳳勢蹙。三年四月，擒鼎鳳及其黨誅之。潯州平，賜號碩勇巴圖魯。四年，勦平思恩、南寧土匪，復永淳，擢江西巡撫。令席寶田、黃少春會剿粵匪餘黨於閩邊，五年，聚殲於廣東嘉應州，加頭品頂戴。軍事既定，坤一治尚安靜，因整頓丁漕，不便於紳戶。十一年，左都御史胡家玉疏劾之，坤一奏家玉積欠漕糧，又屢貽書干預地方事。詔兩斥之，家玉獲譴，坤一亦坐先不上聞，部議降三級調用，加恩改革職留任，降三品頂戴。尋復之，命署兩江總督。

光緒元年，擢兩廣總督。廣東號爲富穰，庫儲實空，出入不能相抵。議者請加鹽釐及洋藥稅，坤一以加鹽釐則官引愈滯，但嚴緝私販，以暢銷路；又援成案，籌款收買餘鹽，發商交運，官民交便。藥釐抽收，各地輕重不同，改歸一律，無加稅之名，歲增鉅萬。吏治重在久任，令實缺各歸本任，不輕更調。禁賭以絕盜源，水陸緝捕各營，分定地段以專責成，盜發輒獲。

二年，調授兩江總督。六年，俄羅斯以交還伊犂，藉端要挾。詔籌防務，坤一上疏，略謂：「東三省無久經戰陣之宿將勁旅，急宜綢繆。西北旣戒嚴，東南不可復生波折。日本、琉球之事宜早結束，勿使與俄人合以謀我。英、德諸國與俄猜忌日深，應如何結爲聲援，以伺俄人之後。凡此皆賴廟謨廣運，神而明之。」九年，法越搆釁，邊事戒嚴。坤一疏：「請由廣東、廣西遴派明幹大員統勁旅出關，駐紮諒山等處，以助剿土匪爲名，密與越南共籌防禦。並令越南招太原、宣光黑旗賊衆，免爲法人誘用。雲南據險設奇，以資犄角。法人知我有備，其謀自沮。雲南方擬加重越南貨稅，決不可行。重稅能施之越人，不能施之法人。越人倘因此轉嗾法人入滇通商，得以依託假冒，如沿海奸商故智，不可不慮。越南如果與法別立新約，中國縱不能禁，亦應使其愼重；或即指示機宜，免致再誤。越南積弱，若不早爲扶持，覆亡立待。滇、粤藩籬盡失，逼處堪虞。與其補救於後，曷若愼防於先。此不可不明目張膽以提挈者也。」疏入，多被採納。

十二年，丁繼母憂。十六年，仍授兩江總督。十七年，命幫辦海軍事務。二十年，皇太后萬壽，賜雙眼花翎。日本犯遼東，九連城、鳳凰城、金州、旅順悉陷，北洋海陸軍皆失利。召坤一至京，命爲欽差大臣，督關內外防剿諸軍。坤一謂兵未集，械未備，不能輕試，詔促之出關。時已遣使議和，坤一以兩宮意見未洽爲憂，瀕行，語師傅翁同龢曰：「公調和之責，比余軍事爲重也。」二十一年春，前敵宋慶、吳大澂等復屢敗，新募諸軍實不能任戰，日本議和要挾彌甚，下坤一與直隸總督王文韶決和戰之策。坤一以身任軍事，仍主戰而不堅執。未幾和議成，回任。坤一素多病，臥治江南，事持大體。言者論其左右用事，詔誡其不可偏信，振刷精神，以任艱鉅。坤一屢疏陳情乞退，不許。

二十五年，立溥儁爲穆宗嗣子，朝野洶洶，謂將有廢立事，坤一致書大學士榮祿曰：「君臣之分久定，中外之口宜防。坤一所以報國在此，所以報公亦在此。」二十六年，值德宗萬壽，加太子太保。拳匪亂起，坤一偕李鴻章、張之洞創議，會東南疆吏與各國領事訂約，互爲保護，人心始定。車駕西幸，議者或請遷都西安，坤一復偕各督撫力陳其不可，籲請回鑾。二十七年，偕張之洞會議請變法，以興學爲首務，中法之應整頓變通者十二事，西法之應兼采並用者十一事，聯銜分三疏上之。詔下政務處議行，是爲實行變法之始。洎回鑾，施恩疆吏，加太子太保。

二十八年，卒，優詔賜卹。嘉其秉性公忠，才猷宏遠，保障東南，厥功尤著，追封一等男爵，贈太傅，賜金治喪，命江寧將軍致祭，特諡忠誠。祀賢良祠，原籍、立功省建專祠。賜其子能紀四品京堂，諸孫並予官。張之洞疏陳坤一居官廉靜寬厚，不求赫赫之名，而身際艱危，維持大局，毅然擔當，從不推諉，其忠定明決，能斷大事，有古名臣風。世以所言爲允。

論曰：曾國荃當蘇、浙未復，孤軍直擣金陵，在兵事爲危機，其成功由於堅忍。鏟其本根，則枝蔓自絕，信不世之勳也。屢退復起，朝廷倚爲保障，以功名終。沈葆楨清望冠時，力任艱鉅，兵略、吏治並卓然。其手創船政，精果一時無耦。後來不能充拓，且聽廢棄，豈非因任事之難其人哉？劉坤一起家軍旅，謀國獨見其大，晚年勳望，幾軼同儕，房、杜謀斷之功，不與褒、鄂並論矣。

清史稿卷四百十四

列傳二百一

李臣典　蕭孚泗　朱洪章　劉連捷　彭毓橘
張詩日　伍維壽　朱南桂　羅逢元　李祥和　蕭慶衍　吳宗國

李臣典，字祥雲，湖南邵陽人。年十八從軍，初隸王鑫部下，後從曾國荃援江西，隸吉字營。咸豐八年，戰吉安南門外，國荃受重創，臣典大呼挺矛進，追殺至永豐、新淦。國荃奇其勇，超擢寶慶營守備。克景德鎭，復浮梁，皆爲軍鋒。十年，從戰小池驛，晉都司，賜花翎。進規安慶，戰菱湖，逼賊屯，扼其北，國荃傷股墜馬，臣典馳救以歸。偕張勝祿、張詩日戰樅陽，破援賊，水師得以進屯。十一年，攻安慶西門賊壘，陳玉成糾楊輔清數萬人圍官軍數重，戰至日中未決，馳告諸將曰：「事急矣，成敗在此舉！」臣典橫槊前驅，與諸營合力決盪，賊大奔，斬首數千級，遂拔安慶，擢參將，賜號剛勇巴圖魯。

同治元年，從國荃乘勝下沿江各城隘，進軍江寧，臣典會取丹陽鎮，奪秣陵關，以總兵記名。軍中疫作，李秀成大舉來援，逼壘鏖戰，國荃督陣，礮傷頰，臣典與副將倪桂節力禦之，桂節陣亡。賊方攻西路急，臣典曰：「此虛聲也，請備東路。」既而賊果萃東路，參將劉玉春死之。礮彈穿壁牆如雨注，臣典死守，卒不能入。圍解，加提督銜。二年，偕趙三元夜襲雨花臺石城，束草塡壕，緣梯將上，賊驚覺，燃礮轟擊，軍少卻。臣典搴旗大呼躍而上，諸軍繼之，擲火彈毀敵樓，城立拔，以提督記名。尋授河南歸德鎮總兵。偕蕭孚泗、張詩日等攻奪紫金山，又敗諸校場，連克近城諸壘。三年，克天保城，江寧之圍始合。五月，克地保城。

六月，諸軍番休進攻，賊死拒，殺傷相當。臣典偵知賊糧未盡，諸軍苦戰力漸疲，謂國荃曰：「師老矣！不急克，日久且生變。請於龍膊子重掘地道，願獨任之。」遂率副將吳宗國等日夜穴城，十五日地道成，臣典與九將同列誓狀。翼日，地雷發，臣典等蟻附入城，諸軍畢入。下令見長髮者、新薙髮者皆殺，於是殺賊十餘萬人。臣典遽病，恃壯不休息，未幾，卒於軍，年二十七。

捷上，列臣典功第一，錫封一等子爵，賜黃馬褂、雙眼花翎。命未至而臣典已歿，詔加贈太子少保，諡忠壯，吉安、安慶、江寧各建專祠。

蕭孚泗，湖南湘鄉人。咸豐三年，入湘軍，從羅澤南轉戰江西、湖北，洊擢守備。六年，從曾國荃援江西，克安福、吉水、萬安諸縣。七年，克峽江，擢游擊，賜花翎。八年，從攻吉安，賊出撲孚泗營，開壁奮擊，斃悍賊多名。旋克吉安，擢參將。九年，江西肅清，擢副將。會攻太湖，十年春，大戰小池驛，復太湖，孚泗功多，賜號勷勇巴圖魯。進攻安慶，戰菱湖，孚泗於東路橫壕倚水築新營，會擊屢破賊。分道攻安慶城外諸壘，賊援迭至，與城賊相應，更番撲官軍營壘，孚泗等且戰且築壘，賊不得逞；又偕水師副將蔡國祥截獲賊糧。八月，以地雷壞城，復安慶，以總兵記名。加提督銜，授河南歸德鎮總兵。

同治元年，國荃循江東下，孚泗爲前鋒，攻拔西梁山。會水師克太平、蕪湖，破金柱關、東梁山，進克秣陵關、江心洲，乘勝逼江寧，以提督記名。李秀成來援，分黨趨江心洲截運道，孚泗等逆擊敗之。賊攻孚泗後營礮臺，相持十餘日，賊以地雷毀營牆，孚泗以火藥數十桶擲轟，賊不得入。伺賊疲，孚泗與彭毓橘突出夾擊，踏平賊壘數十，賜黃馬褂。二年，偕總兵李臣典襲克雨花臺石城，追至上方橋，斬馘數千，又破秣陵關賊卡。夜襲上方橋，結筏渡河，扼雙橋門，連破賊隘。偕彭毓橘縱火焚其橋，襲賊屯，擢福建陸軍提督。三年，既克天保城，孚泗出鍾山北，於太平門築三壘守之，絕賊糧道。

六月，進占龍膊子山石城，孚泗與李臣典築礮臺山上，距城僅十餘丈，積沙草高與城齊，作僞攻狀，潛於其下鑿地道。賊宵攻毀礮臺，副將陳萬勝戰死，明日，會師逼城下，總兵郭鵬程、王紹羲復中礮死。及地道成，火發城圮，將士爭登，賊擲火藥抵拒，死仆相繼。孚泗手刃退者數人，士氣乃奮，盡從缺口入。李秀成匿民舍，孚泗索獲之，並擒洪仁達。論功，賜封一等男爵，賜雙眼花翎。尋丁父憂歸。光緒十年，卒於家，優卹，諡壯肅。

朱洪章，字煥文，貴州黎平人。咸豐初，應募爲鄉勇，從黎平知府胡林翼剿新寧竄匪，又剿黃平榔匪，擒匪首劉瞎㕓，以功獎外委。四年，從林翼援湖北，會克岳州。從塔齊布攻武昌，破賊洪山，遂隸塔齊布軍。戰大冶、半壁山、田家鎭、孔壠、小池口，攻九江，無役不從，以勇名。塔齊布卒，從周鳳山。鳳山敗，隸畢金科。六年，克饒州，擢千總。金科戰歿，代領其軍。江西不給餉，張芾倚蔽皖南，資之，軍始不散。又以會攻四十里街，他將敗績，被劾，降把總。九年，從曾國荃復景德鎭，復官，以守備補用。遂從曾國荃部下，戰績始著。

十年，從攻太湖，解小池驛之圍，晉都司。進攻安慶，爭壕奪壘，斬刈甚多。十一年，克安慶，超擢參將，賜號勤勇巴圖魯。從國荃由皖東下，連奪沿江要隘，擢副將。進屯雨花臺，江寧城賊出撲，屢擊破之。及援賊至，大營被圍，迭以地雷毀營牆，悍賊擁入，口銜利刃，匍匐而進。洪章督隊發槍礮，擲火焚燒，斃賊無算，傷亡士卒甚多，久之始解。洪章先以迭克城隘，以總兵記名，至是加提督銜。

同治三年，攻江寧久不拔，及開地道於龍脖子山麓告成，議推前鋒。國荃召諸將署名具軍令狀，洪章署第一，武明良第二，劉連捷第三，其他以次署畢，共得九人。發火城崩，洪章率所部長、勝、煥字三營千五百人，從倒口首先衝入，賊倉猝從城頭擲火藥傾盆下，士卒死四百餘人。洪章入城後，結圜陣與賊排擊。諸將畢入，乃分軍爲三，洪章趨中路，直攻天王府之北，短兵巷戰一日夜，搜斬逆酋尤衆，賜黃馬褂，予騎都尉世職，無論提鎭缺出，儘先題奏。初敍入城功，李臣典以決策居第一，洪章列第三，衆爲不平。洪章曰：「吾一介武夫，由行伍擢至總鎭。今幸東南底定，百戰餘生，荷天寵錫，已叨非分，又何求焉？」

四年，授湖南永州鎭總兵。光緒二年，調雲南鶴麗鎭，署昭通、臨安、騰越諸鎭。鶴麗地卑下，水潦常沒民田，有新河洩水，通塞無常。洪章在鎭，躬率士卒開濬數次，水患爲紓，民感之。十四年，因病乞開缺，病痊，曾國荃調留兩江，洪章憑弔龍脖子山，祭死士瘞所，國荃爲樹碑紀事。十五年，署狼山鎭總兵。二十年，張之洞檄募十營防金沙衞。二十一年，卒於軍。之洞疏陳戰績，稱其收復江寧，功實第一。詔宣付史館，從優議卹，謚武愼，附祀曾國藩、國荃、胡林翼專祠。

劉連捷，字南雲，湖南湘鄉人。以外委隸同族劉騰鴻湘後營，轉戰湖北。羅澤南薦諸巡撫胡林翼，檄領副後營，擢千總。咸豐六年，從騰鴻援江西，戰瑞州，騰鴻中礮殞，連捷率所部攻城，拔之。爲曾國藩所重，薦改文職，以知縣留江西補用。從曾國荃克吉安，擢同知，赴安徽助勦。十年，大捷於小池驛，擢知府。由集賢關攻安慶，破援賊。十一年，復破援賊於集賢關，克安慶，擢道員，賜號果勇巴圖魯。

同治元年，攻巢縣東關，賊立石牆於羅星山，連捷率死士夜渡河縱火燒賊營，進克西梁山、濡須口，渡江克太平府、金柱關、蕪湖，乘勝進軍江寧。連捷軍屯顏行，李秀成、李世賢糾大衆來攻，以炸礮破營壁，連捷築橫牆拒之，常乘賊懈夜出破賊壘。及賊退，以按察使記名，加布政使銜。大營恃無爲州通餉道，連捷率三千人往守，營城外石澗阜。二年，李秀成困以長圍，軍糧垂盡，彭玉麐勸突圍出，連捷誓死守。彭毓橘來援，合擊賊，走之，再復巢縣、含山、和州，賜黃馬褂。偕水師進攻九洑洲、下關。

三年，龍脖子山地道成，偕諸軍銜入城。江寧平，以布政使記名，加頭品頂戴，予騎都尉世職。湘軍凱撤，曾國藩留連捷軍三千人駐守舒城、桐城防捻匪。會霆營叛卒擾江西，連捷督軍追勦，駐防吉安、贛州，會勦粵匪餘黨於廣東嘉應州，盡殲之。連捷以傷病歸，家居十載。光緒中，曾國荃撫山西，奏起連捷練軍包頭，從國荃移屯山海關，又從至江南治江防。十三年，卒，賜卹，贈內閣學士，建專祠，謚勇介。

彭毓橘，字杏南，湖南湘鄉人。從曾國荃援江西，積功敍縣丞。及進安徽，小池驛、菱湖諸戰皆有功，又屢破援賊，累功擢知府。會諸軍下沿江諸要隘，渡江克太平府、金柱關、蕪湖，擢道員，賜號毅勇巴圖魯。

大軍逼江寧，毓橘與諸將分路取丹陽鎮、秣陵關諸要隘，夷賊壘數十，進攻雨花臺石城，賊死拒未下。李秀成率衆來援，大營被圍。毓橘方染疫，力疾禦戰，伺懈出擊，破賊壘。解圍後，毓橘與劉連捷援江北，合水師連復江浦、和州、含山、巢縣四城，江北大定。削平江寧附近諸賊壘，毓橘功爲多。龍脖子地道火發，督軍衝入，手刃退者。論功最，以布政使記名，予一等輕車都尉世職。

尋授福建汀漳龍兵備道，未之任，曾國荃疏調毓橘統湘軍赴湖北，捻匪竄擾黃州、安陸，毓橘進剿，戰比有功。同治六年，師次蘄水，毓橘率小隊數百，周覽地勢，至麒麟凹，賊大至，被圍，搏戰，死傷略盡。毓橘馬陷泥淖，被執，罵賊被害。事聞，詔視布政使陣亡例議卹，建專祠，贈內閣學士，謚忠壯，加騎都尉世職，併爲三等男爵。

張詩日，湖南湘鄉人。咸豐五年，以外委隨羅澤南戰江西，克義寧。六年，改隸曾國荃軍，克安福，戰吉安。八年，復萬安、吉水，超擢守備。九年，以克吉安及景德鎮、浮梁，累擢游擊。十年，援小池驛，復太湖、潛山，晉參將。

從攻安慶，率三營破援賊於樅陽。十一年，克安慶，擢副將，加總兵銜，賜號幹勇巴圖魯。同治元年，從克沿江要隘。及抵江寧，力守大營，破援賊。累擢，以提督記名。二年，屢破江寧城外賊壘，賜黃馬褂。

三年，克天保、地保兩城。方開掘龍膊子地道，李秀成夜自太平門突出來犯，又詐爲官軍，別從朝陽門東隅出，偪營縱火，詩日偕諸將力戰卻之。地道火發，城崩，詩日率士卒登龍廣山，奪太平門；復循神策門轉戰至獅子山，奪儀鳳門。論功最，予一等輕車都尉世職。

四年，授直隸宣化鎮總兵。五年，從曾國藩勦捻，破張總愚、牛洛紅於西平，又敗之萬金寨，進攻雙廟賊巢。賊以馬隊襲官軍後，詩日分軍回擊，追敗之洪河，又敗之郾城、召陵。因傷發回籍，六年，卒。曾國藩疏陳詩日克復江寧，當西北一路，論功在李臣典、劉連捷、蕭孚泗之次，優卹，謚勤武。

伍維壽，湖南長沙人。從曾國荃援江西，攻安慶，克沿江要隘，擢副將。奪雨花臺、聚寶門外石壘，累擢記名總兵，賜號毅勇巴圖魯。偕朱南桂破神策門，入城，率馬隊追逸賊至湖熟鎮，擒斬賊酋李萬材等，以提督記名，賜黃馬褂，予騎都尉世職。六年，授陝西漢中鎮總兵，調甘肅寧夏鎮，光緒元年，卒。

朱南桂，湖南長沙人。羅澤南舊部，轉戰兩湖，積功至副將，賜號昂勇巴圖魯。同治元年，解金柱關圍。二年，克薛鎮、博望鎮，以總兵記名。及克江寧，南桂先破神策門月城，梯而入，賜黃馬褂，予雲騎尉世職。尋授河南歸德鎮總兵。五年卒，賜䘏，謚勤勇。

羅逢元，湖南湘潭人。由武生入伍，從剿廣西。曾國藩治水師，充營官，轉戰湖北、江西，累擢副將。繼從曾國荃克安慶，以總兵記名，賜號展勇巴圖魯。進克沿江要隘，抵江寧，還守太平，屯金柱關。賊酋陳坤書大舉來犯，逢元堅守，屢戰，以少擊衆，擒斬逾萬，以提督記名。及克江寧，由南門舊陷口梯登，賜黃馬褂，予雲騎尉世職。以傷發假歸，光緒四年，卒，賜䘏。

李祥和，湖南湘鄉人。初從羅澤南，積功至游擊。嗣從曾國荃，克吉安，復安慶，累擢副將，賜號著勇巴圖魯。同治元年，從大軍進江寧，力守大營，破援賊，以提督記名。三年，攻克地保城，先登，築礮臺俯擊城中，地道始成。論功，賜黃馬褂，予雲騎尉世職。四年，授安徽壽春鎮總兵，從劉松山赴陝西剿捻匪。六年，戰洛川大賢村，中礮陣亡，賜䘏，謚武壯。

蕭慶衍，湖南湘鄉人。應募入湘軍右營，轉戰江西、湖北，積功至副將。克太湖、潛山，以總兵記名，賜號剛勇巴圖魯。同治二年，援江浦，復含山、巢縣、和州，加頭品頂戴。三年，渡江會攻江寧，克上方橋，進鍾山，築三壘太平門外。城破，於缺口衝入，奪朝陽、洪武二門，賜黃馬褂，予雲騎尉世職。

吳宗國，湖南長沙人。以勇目從剿湖北，累擢守備。同治元年，從曾國荃沿江東下，迭克要隘，功多，累擢參將，賜號資勇巴圖魯。二年，破聚寶門外上方橋、江東橋各賊壘，會水師破九洑洲、印子山賊巢，擢副將。從李臣典重開地道，城賊防益嚴，礮彈雨下。宗國手籐牌，持長繩，冒礮彈，狙行而前，抵城下測丈而返，始興工開掘。大功克成，以提督記名，予一品封典。五年，偕提督郭松林剿捻德安，戰羅家集，中伏，歿於陣，依提督例賜卹，予騎都尉世職。

論曰：洪秀全踞江寧十有餘年，曾國荃於蘇、浙未定之先，孤軍直擣，城大援衆，事勢綦難。及援賊既破，困獸之鬭，人人致死，歷兩年之久，竟蕆大功。固由指揮素定，而在事諸將，同心勠力，奮不顧身，其勇毅之烈，紀太常而光紫閣，無愧色焉。掇其尤者著於篇。